企业家财富管理痛点解决方案

——后疫情时代，企业家财富"免疫力"诊断与提升

李岩 王宇 严洪慧 著

中国财富出版社有限公司

图书在版编目（CIP）数据

企业家财富管理痛点解决方案：后疫情时代，企业家财富"免疫力"诊断与提升 / 李岩，王宇，严洪慧著.—北京：中国财富出版社有限公司，2022.10
ISBN 978-7-5047-7782-9

Ⅰ.①企…　Ⅱ.①李…②王…③严…　Ⅲ.①企业管理—研究　Ⅳ.①F272

中国版本图书馆CIP数据核字（2022）第186200号

策划编辑	朱亚宁	责任编辑	张红燕　乔　昕	版权编辑	李　洋
责任印制	梁　凡	责任校对	张莹莹	责任发行	杨恩磊

出版发行	中国财富出版社有限公司		
社　　址	北京市丰台区南四环西路188号5区20楼	邮政编码	100070
电　　话	010-52227588 转 2098（发行部）	010-52227588 转 321（总编室）	
	010-52227566（24小时读者服务）	010-52227588 转 305（质检部）	
网　　址	http://www.cfpress.com.cn	排　版	宝蕾元
经　　销	新华书店	印　刷	宝蕾元仁浩（天津）印刷有限公司
书　　号	ISBN 978-7-5047-7782-9 / F·3476		
开　　本	710mm×1000mm　1/16	版　次	2023年5月第1版
印　　张	16.75	印　次	2023年5月第1次印刷
字　　数	283千字	定　价	79.00元

版权所有·侵权必究·印装差错·负责调换

推 荐 序

我承诺为三位青年律师的新书写序之时，正值世界局势动荡和新冠肺炎疫情持续蔓延之际。随之而来的经济下行、股价震荡走低、全民潜在的健康危机和生活压力增大集中爆发等，都在迫使国家、企业和家庭从不同维度思考未来，并再一次让企业和个人将"保险保障与财富管理"问题提到显著的位置上。

我从事保险基础理论、制度、政策与市场研究近40年，见证了中国保险业在发展历程中的种种问题和行业本身对于"规范、理性、正确、充分"应用的迫切盼望。近年来，我欣慰地看到一些有想法、有远见、专业性强的青年律师加入保险与财富管理相结合的细分赛道，为保险业的健康发展、保险业功能的充分发挥提供了保障，为保险产品参与解决复杂的民商事法律问题增添了可能性。此书的撰写者正是三位年轻有为的律师。他们认真梳理家族企业和企业家们盼望破解的家族财富管理痛点，并给出了相应的解决方案。

本书值得推荐的重要原因有以下三点。

一、从"新"出发

在国家倡导共同富裕、《中华人民共和国民法典》颁布实施、信托制度逐渐回归本源功能以及企业和私人财富管理需求日益凸显的全新背景下，一部与时代发展以及法律制度规则变化相匹配的新作品的发表是必要的、及时的且具有划时代意义的。从这一点上看，我认为三位律师通过积极、认真的探索研究，从"新"出发，为财富管理行业发展、解决客户实际需求、吸引更多的专业人才加入，梳理出了清晰、完整的理论和实践基础脉络，对于探索未来财富管理的蓝海市场功不可没，他们迈出了令人欣喜的一大步。

前　言

家族企业常被认为是坚固但也脆弱的企业组织形态或所有权形态。"坚固"往往体现在创业初期，家族成员之间以血亲或姻亲关系为纽带的目标、行动的一致性，面对困难和挑战的坚韧性以及不离不弃的相互认可和笃定。"脆弱"体现在家族企业的发展期、成熟期和传承期，看似最坚不可摧的姻亲和血亲关系却最容易被某些微妙的情感和利益纠葛摧毁，进而对家人、对家族、对企业形成最具杀伤力的破坏。由于家族企业和家族利益的高度一致性以及相互依附关系，加之家族企业中血亲或姻亲关系的复杂交织，家族企业成为财富管理痛点最多的领域，也是最需要保护的领域。

从企业的成长史可以看出，中国的家族企业在中国的民营企业中占大多数，这决定了家族企业必须被更多地关注和有效地守护。中国改革开放的40余年，是中国企业和企业家不断专注于创造财富的40余年。从零开始，白手起家是大部分企业家所共同拥有的成长经历，正是这些敢于第一个吃螃蟹的人书写了中国改革开放企业发展史中最耀眼的篇章。习近平总书记于2018年11月1日在民营企业座谈会上指出，"民营经济具有'五六七八九'的特征，即贡献了50%以上的税收，60%以上的国内生产总值，70%以上的技术创新成果，80%以上的城镇劳动就业，90%以上的企业数量"。而在中国的民营企业中，家族企业占据了80%以上的比例。也就是说，今天，中国作为世界第二大经济体，中国的民营企业功不可没，尤其是中国的家族企业功不可没。

不难理解，在创业过程中，与创业的艰难一路相伴的除了企业家的初心和意志，还有家人并肩共进的一致行动。此外，还有企业家对家人无以撼动的信任和情感依赖。在企业深刻变革和转型时期，融资难、技术落后，凡事都要摸着石头过河，在这个过程中"家"所给予的力量支撑对企业家来说十分重要。

目 录

第一章　财富管理——家族企业财富不"裸奔" ……001
　第一节　家族企业的长寿基因 ……003
　第二节　新冠肺炎疫情危机中寻新契机 ……005
　第三节　法律体系保驾护航 ……006
　第四节　共同富裕大时代，家族企业家的家国情怀 ……009
　第五节　做忠于初心的称职企业家 ……010
　第六节　家族企业家的"她时代" ……014

第二章　财富管理痛点区域一：中国家族企业内部 ……017
　第一节　家族企业的初创阶段——草根不草率 ……017
　第二节　家族企业的发展阶段——财富管理之特殊关系型家族企业，各有各的殇 ……043
　第三节　家族企业的成熟阶段——成功不任性 ……053
　第四节　财富"隔离带"——企业和家族，左兜右兜要分清 ……055
　第五节　财富"交接棒"——企业和家族，有形无形不可分 ……059
　第六节　外部因素对企业财富稳定性的影响 ……070

第三章　财富管理痛点区域二：家族 ……076
　第一节　家族财富管理与规划 ……076
　第二节　婚姻财富管理与规划 ……078
　第三节　子女财富传承与规划 ……100

第四章　财富管理痛点区域三：人身风险 … 127
- 第一节　企业家人身意外或健康问题 … 127
- 第二节　企业家及家庭成员的健康风险管理 … 129
- 第三节　企业家及家庭成员的养老规划保障 … 134

第五章　财富管理痛点区域四：企业家涉税风险 … 139
- 第一节　如何依法纳税 … 139
- 第二节　应如何避免因忽视而产生税款滞纳金 … 143
- 第三节　加强合同管理才能提高税务管理水平 … 151
- 第四节　设立家族信托应当了解的涉税问题 … 159
- 第五节　CRS等国际金融账户涉税信息自动交换的背景下企业家的国际收入该何去何从 … 172
- 第六节　企业及企业家税收策划的基本要点 … 174

第六章　财富管理痛点区域五：企业或企业家的法律责任风险 … 179
- 第一节　民事责任风险——对他人利益要有同理心 … 179
- 第二节　行政处罚风险——对合规经营要有敬畏心 … 180
- 第三节　刑事责任风险——"人都进去了，赢了世界又如何" … 182

第七章　大额保单和家族信托的应用与详解 … 216
- 第一节　大额保单 … 216
- 第二节　家族信托 … 230
- 第三节　保险金信托 … 242
- 第四节　实操案例 … 249

结　语 … 254

第一章　财富管理——家族企业财富不"裸奔"

本书通篇所描述的财富管理是一个大的概念，是我们从工作实战中总结出的对于财富管理的理解和定位。这与很多业界前辈或专业人士将家族和企业的财富管理作为与企业治理、法律筹划、税务合规和财务管理等并行并重的内容定位不同。中国社会科学院金融研究所财富管理研究中心主任王增武先生，在引用和总结色诺芬对"财富"的定义（财富是一个人能够从中得到收益的东西，一个人如果能从朋友或仇敌身上得到好处，这种朋友或仇敌对他来说也是财富；反之，即使是钱，如果一个人不懂得怎样使用，钱对他来说也不能算财富）时，得出三点启示：第一，财富是一个人的全部所有物，包含有形的实物资产、金融资产以及无形的人力资本、社会资本和精神资本等；第二，财富管理是一门学问的总称，是一门艺术；第三，财富管理的目标是提高个人的幸福感，从全社会的角度来看，财富管理的目标是实现共同富裕。

本书旨在以更易被大众理解、更符合时代要求的方式，对家族企业的财富风险和管理做出全面的梳理。风险的显性与隐性，财富的有形与无形，都集中在财富这个大概念下，统筹规划，均衡共治，才能实现更好的效果。

首先，财富管理的大概念也许更符合中国目前大多数家族企业家对于财富的思维习惯和模式。企业创造的是财富，家族守护的也是财富。因此，我们更希望从财富管理的大概念出发，让家族企业家对于财富管理有一个特别简单、直观且明确的方向感、目标感和合一的利益取向，更容易高屋建瓴地理解这是"我们"的家族、"我们"的企业、"我们"的财富，财富管理就是让家族和企业的财富得以保全和增值的核心规划与工具。它能够帮助企业家提升对财富管理的重视程度，将其作为家族和企业的一项系统化工程对待。

财富管理关系着家族和企业的方方面面，所有的痛点都可以归结于财富管理，而所有的痛点都可以从这个大概念中梳理和寻找到解决方案。只要家族企业家有财富管理的大概念，就可以认定其具备了家族和企业风险联动管控的基础逻辑，至于这个大概念所涉及的各层级的细节问题和解决方案，就是我们要梳理、总结，并呈现在这本书中的内容。

其次，财富管理的新定位具有科学性、实战性，更容易形成体系，并作为企业家和家族成员的经营管理或风险预防的行为指南，有助于让企业财富管理规划和行为真正落到实处，并产生积极效果。家族和企业因财富而有了发展和传承的驱动力，一切负面问题甚至所有破坏性、灾难性事件因与财富相关因素的失衡而发生。财富不"管理"，就会处于裸奔的状态。比如，遇到天灾没有应对预案就会造成企业一蹶不振，导致财富缩水。而如果没有规则约束，遇到人祸对企业和家族来说更是灾难，人性可以脱离亲缘关系而完全沦为利益的奴隶，人性的恶就会完全没有了底线，整个企业和家族就会陷入混乱甚至走向分裂。财富管理可以从企业和家族的不同区域检视和梳理痛点，总结出有效的解决方案，并且能够结合企业和家族的发展情况，结合时代发展背景，对财富管理方法不断优化升级，形成家族企业财富管理的系统化章程或指导性文件，以供执行。这对于家族和企业来说将是福泽子孙后代的事，有利于企业基业长青，是企业践行社会责任的保障。

再次，财富管理大概念的定位，更有利于保护企业和家族的隐私，家族企业家不愿意也没有必要把企事、家事一遍遍向外人提及，不如整体打包，集中处理。

从次，财富管理作为广义的统筹管理的大概念之一，更适合家族企业的利益关联和矛盾特质。企业、家族、资产，可谓牵一发而动全身，所有利益需求都需要全盘考量。从家族企业诞生的那一刻起，企业家就要有财富管理步步为营的理念，让财富管理贯穿于企业生存发展的全过程。一个真正有能力把企业经营好的人，就像下棋的高手，往往能从大局出发，不争一子之得失，着眼于长远，走一步看三步，甚至后面五步棋的落点都已经成竹在胸。财富管理不仅仅是管理企业，为企业发展布局，更是关乎一个家庭、一个家族的财富管理，是为整个家族预防各种风险挑战、未雨绸缪的准备；是以家族文化和精神统领世代使企业永续传承的大使命，更是为企业、家庭、社会整体利益统筹规划的大局观。企业的发展连接着"小家"和"大家"，财富管理融会贯通于家族、企业、国家之中，家族企业家必须从整体宏观的角度理解财富管理，才能真正下好财富管理的这盘大棋。

最后，财富管理作为大概念，有利于家族企业家将其作为一个系统服务项目，全权委托给专业机构和专业人士统筹规划，毕竟专业的事项要交给专业的机构和人去做。家族企业家无须再自行对财富管理业务进行拆分，专业机构可以提供整体化、一站式的财富管理规划服务，让问题能够集中呈现，得到统筹解决。家族和企业的问题虽在不同的区域，却相互关联，只有整体考量后制定的方案才能产生相对完美的局部成效。

值得注意的是，目前家族企业财富管理与传承普遍缺乏从整体入手，形成资产配置、风险防范、痛点解决整体组合的概念，难以将包含家事、企事、家业在内的家族财富管理需求系统化统筹，寻求与之匹配的家族财富管理综合化解决方案。

基于以上的原因，我们希望通过对财富管理大概念的新定位，帮助企业家提升对家族和企业的财富风险与财富管理的理性和科学的认知，为家族企业家找到财富的安全坐标——横向从左至右是企业的发展脉络，是财富管理中物质的部分，纵向是两个维度、方向相反且并行互通的精神部分，分别体现自上而下的家族企业传承和自下而上的家族企业大家长与家族成员之间以及与非家族人力之间的关系管理。基于此，家族企业家对财富管理的具体内容和方式方法的梳理与理解将更具备方向性和线条感，便于企业家借鉴参考我们所呈现的以下经验总结和研究成果。

第一节　家族企业的长寿基因

打造百年企业，使基业长青、代代相传，是所有家族企业要实现的目标。全球家族企业的平均寿命为24年。企业寿命较短的成因，除了阻碍家族企业发展的客观因素，还有家族企业家对企业的发展缺少长远、整体的战略布局，追求短期利益最大化，而没有真正把企业的财富作为生命体形象化、多维度、系统化地去经营、管理和培养。财富不是数字，而是企业的生命，财富管理就是要牢牢抓住企业的生命线，从企业的创立到发展，再到成熟壮大，是一个庞大、系统的工程。按照时间序列观察日本的长寿企业，我们可以发现，连续经营百年以上的企业多达25321家，连续经营200年、300年、500年和1000年以上的企业数量分别达到3937家、1938家、147家和21家。从长寿企业数量的国家排名看，日本在超过100年企业数量和200年企业数量两项数据指标上都遥遥领先于美国、德国、英国等国家[1]。从事长寿企业研究工作20多年的后藤俊夫教授在他的《工匠精神：日本家族企业的长寿基因》一书中从国家层面、企业经营层面、价值观层面总结了日本成为长寿企业大国的原因。从国家层面来看，由于企业内部的原因，日本企业很早就摸索出了一套较为现代化的管理体系和制度，并长期用于企业管理的实践。企业经营所处的市场环境长期有利于企业生存，同时从整个国家文化来看，日本人认为延续家业是理所当然的，商人普遍认为，延续家业是其最大的职责，并具有使企业延续下去的坚强意志。从企业经营层面来看，日本企业长寿的六大因素分别是：以"短期10年，中期30年，长期100年"为代表的、立足于长期视野的企业经营理念；谨防短期的快速增长，实现"量力经营"；构筑和强化自身优势；长期与利益相关方保持良好关系，包括配偶、亲子、兄弟姐妹之间，与员工之间，与顾客、供应商、社区之间的关系；确保企业自身的安全，保持企业的独立性，尽可能回避从金融机构贷款或上市等利用他人资本的做法；让下一代有将家族企业传承下去的强烈意志。后藤俊夫教授指出，以上六大因素都与风险管理紧密相关。长寿企业之所以能够存续100年甚至200年以上，至少要成功躲避四种风险，即人事风险、业务风险、地震火灾等不可抗力风险以及伦理风险。提前做好周密的准备和对策，让危机意识和危机管理秘诀跨世代传承，能够从过去的经验中寻找和总结出快速恢复的秘诀是企业长久发展的关键所在。这些原则作为家训一代一代传下去，成为日本企业的长寿基因。拥有财富就意味着拥有风险，不能及时有

---

[1] 杨吉：《"富过三代"的企业都有什么秘诀》，《甘肃经济日报》。

效地化解风险，就会影响企业的寿命。日本的长寿企业有着强烈的防范风险意识，并能够把风险管理和企业发展融为一体。财富风险管理贯穿于日本家族企业经营的全过程，这正是家族企业家财富管理的核心和实质的体现。

第二节　新冠肺炎疫情危机中寻新契机

从2019年底开始，新冠肺炎疫情在全球肆虐、蔓延，使世界各国陷入现代史上空前的危机。作为全球性的公共卫生重大突发事件，它打乱了整个世界的经济发展秩序，给中国经济带来了严峻的新挑战，很多家族企业也经历着新冠肺炎疫情引发的经营困境。毕马威发布的《2021全球家族企业报告》中公布的调查数据显示，69%的家族企业因新冠肺炎疫情导致了收入下降；9%的家族企业由于采取了调整业务的措施，收入有所增加；22%的家族企业收入没有变化。但报告也同时指出，由于家族企业全家族总动员所形成的凝聚力、向心力和行动力的特殊信任关系纽带的牵引，使得家族企业在这场突如其来的疫情面前展示出其他企业所无法比拟的韧性优势。

毕马威在《2021全球家族企业报告》中总结了家族企业为应对新冠肺炎疫情直接影响采取的三种核心策略，即锻炼耐心、社会责任以及企业转型。普华永道发布的2021年全球家族企业调研中国报告《从信任到彰显影响力》中也指出，新冠肺炎疫情颠覆了全球社会的经济秩序，家族企业必须重新考虑其战略，以争取长期经济增长。在风云多变的外部环境影响之下，中国家族企业经历着从信任走向实现可持续发展和变革转型的过程。新冠肺炎疫情带来了危机，但我们也常说"危"中有"机"，如果我们的家族企业家能够看到其中的机遇，能够更清楚地意识到财富管理以及提升企业应对突发灾难的能力的重要性，从而将财富管理规划视为与企业发展战略布局同等重要的事，将使家族企业在这场危机中"向死而生"，这些将是家庭企业家弥足珍贵的收获。

第三节　法律体系保驾护航

一、民法典时代

2020年5月28日，第十三届全国人民代表大会三次会议表决通过了《中华人民共和国民法典》（以下简称《民法典》），并于2021年1月1日起实施。《民法典》中合同编、婚姻家庭编和继承编等财富管理与传承的相关规定，以及与《民法典》相配套的新司法解释的公布，为家族企业的财富管理以及代际传承提供了更为严谨、完整的法律依据。这也将进一步提升家族企业财富传承的规划意识，推动规划的实施落地。婚姻家庭编和继承编为个人财富、家族夫妻共同财产和企业财富划分了界限，对家族成员对家族财富的继承等做出了新的调整和规定。最重要的是，中国第一次把家庭建设和夫妻间互助关爱的要求写入了《民法典》，这为家族企业的财富传承及家族成员之间的和谐共处奠定了坚实的情感基础。

【法律依据】

《民法典》第一千零四十三条　家庭应当树立优良家风，弘扬家庭美德，重视家庭文明建设。夫妻应当互相忠实，互相尊重，互相关爱；家庭成员应当敬老爱幼，互相帮助，维护平等、和睦、文明的婚姻家庭关系。

二、进一步推动《中华人民共和国信托法》的修订

2021年，中国人民银行条法司会同中国银保监会法规部、信托部以及中国信托业协会成立了《中华人民共和国信托法》立法后评估小组，组织开展立法后评估工作，了解法律实施效果、总结现存问题、听取完善信托制度的具体建议，以期为适时推动《中华人民共和国信托法》的修改奠定良好基础。同年，全国政协委员、中国证券监督管理委员会原主席、深圳高等金融研究院理事肖钢针对家族信托资产以现金为主，配套制度尚不完善的问题，提出了将家族信托作为一项民企财富传承的顶

层设计予以推行,并进一步完善信托制度的建议,从尽快修订《中华人民共和国信托法》、完善信托的基本法律制度、建立与家族信托相配套的基础设施(包括相关部委研究拟定信托财产非交易性过户制度、信托登记实施制度、信托税收制度),解决股权信托、不动产信托设立难、税收过高的问题,出台《中华人民共和国信托法》的司法解释以及加强监管四个方面提出建议,力求保障信托财产的独立性,实现家族信托跨生命周期的产权安排和传承计划,消除民营企业家的后顾之忧。《中华人民共和国信托法》立法后评估座谈会召开时,举办方邀请了中国人民银行、中国银保监会、中国信托业协会、国内主要信托机构、高校等长期从事信托业监管、业务和理论研究的资深代表,并特邀部分曾参与现行《中华人民共和国信托法》起草的知名专家学者出席。与会代表就信托财产登记、非交易性过户制度、信托税收、信托受益权流转、受托人义务与责任等问题展开讨论,提出了大量有建设性的意见。目前,中国正在加大力度推进《中华人民共和国信托法》的修改以及司法解释的出台,旨在为现有的民营企业设立家族信托,让其成为家族财富传承顶层设计的工具,扫除现有的在信托财产登记、非交易过户、税收等方面不明确的制度障碍。

三、《中华人民共和国慈善法》助力家族企业参与共同富裕

从2016年起实施的《中华人民共和国慈善法》标志着我国开启了法治慈善新时代。《中华人民共和国慈善法》对如何参与慈善公益活动以及设立慈善信托等方面制定了相应规定,为家族企业财富积极参与第三次分配提供了一定的激励和法律保障。

四、国家司法实践助力家庭式中小微企业发展

家庭式中小微企业是家族企业的雏形,是每一个成功的家族企业成长的必经之路。因此,除了健全的法律体系,后端的司法保障也是决定家庭式中小微企业持续良性经营的关键因素。2022年1月14日,最高人民法院发

富分配应承担起更多的社会责任。企业家应在民生领域创造更多的经济价值和社会价值。针对企业家的社会责任，联合国可持续发展目标影响力指导委员会成员马蔚华教授明确指出：一个好的企业家可以为社会奉献好的产品和提供好的服务，而一个伟大的企业家不仅创造好的产品和提供好的服务，还要尽自己的努力让世界更美好[①]。在共同富裕的大背景下，家族企业应科学地将慈善追求直接纳入整体的家族企业财富管理策略当中，完成从投资到慈善基金会、慈善信托的结构设计，在实现慈善目标的同时，确保资产稳健增值，获得最有利的税收待遇，推动家族持续强大，践行共同富裕的社会责任，实现家族与国家双赢。

慈善信托是与慈善捐赠并行的慈善途径和方式，是助力共同富裕的重要工具。2022年1月，中国慈善联合会与中国信托业协会共同举办发布会，联合发布《2021年中国慈善信托发展报告》。中国慈善联合会慈善信托委员会主任蔡概还在发布会上介绍：近年来，慈善信托在超大额公益资金受托服务上凭借其独立性强、能永久相续、透明度高的优势，已逐渐得到社会的青睐。报告数据显示，截至2021年12月31日，全国累计慈善信托备案达773单，财产规模达39.35亿元。其中2021年新设立慈善信托共计227单，财产规模达5.71亿元，较上年增加32.48%。[②]

第五节　做忠于初心的称职企业家

将这样一个主题独立成节，是我们作为以律师为主的家族办公室团队的独特用意。以不同的身份讲解家族企业的财富管理效果较佳。律师团队的财富管理理念和方法更具全局性、客观性、中立性、合规性，可以将企业家及家族的各区域内看似独立、单一的风险和问题关联和整合在一起，帮助企业家做出整体化、前瞻性的布局。基于多年的执业经验和案例积累，我们认为家族企业要成功，要传承，要基业长青，必须有一个忠于初心的称职的创一代企业家领

---

① 文梅、周南：《社会企业家应该如何为共同富裕和可持续发展赋能？》。
② 《2021年中国慈善信托发展报告》发布，https://www.mca.gov.cn/article/xw/mtbd/202201/20220100039415.shtml。

袖,因为财富管理的核心问题实际上不完全局限在财富保值增值和传承的问题上,而是关于"人"和"度"的思考。所谓"人",包含了人的道德,人的精神,人的意识,人的责任,人与人之间的情感交织,人与社会的关联属性。这些都决定着人对财富管理的认知和所采用的方式方法以及最终的效果。所谓的"度"就是对财富追求的度,对自我价值实现的度,对家人和他人利益考量的度,对财富管理规划的度。总之,家族企业财富管理要想真正保护好企业,服务好家族,扶持好后辈,传承好家业,很大程度上取决于一个称职的忠于初心的企业家领袖。我们希望在为家族企业家的财富管理痛点提供解决思路和方法的同时,也可以引导企业家回归善和爱的初心,始终忠于初心。只有这样,企业家才能始终如一地、周全有序地、合理合法地管理好企业和家族的资产,让企业永续,家族和睦,兼顾慈善,实现多赢。同时,企业家也能够更容易理解和接受我们规划建议的底层逻辑和原则尺度,以形成双方在规划需求与规划服务之间的平衡和契合。这就是我们团队愿意看到的、并为之努力的最美好的结果。

图1-5-1展示了我们对于一个称职的忠于初心的企业家的理解。

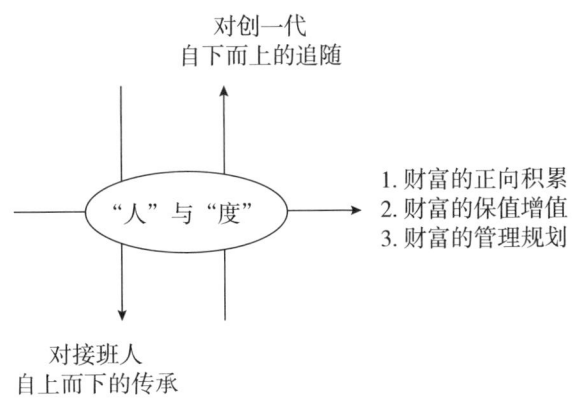

图1-5-1 企业家要做好"人"与"度"的结合

一、财富约束——避免激进

所谓君子爱财,取之有道。企业的发展和成功,利益的最大化固然是企业的商业目标,但企业从创新到领域扩张,都需要企业家用商业思维冷静审慎，不能盲目激进。企业是不是要上市，是不是要跨行业经营，是不是要全球化布局，都需要企业家对自身企业和外部形势做出充分的评估。财富是一个正向积累的过程，企业家一定要保持清晰的思路，切莫激进，这是一个称职企业家应该具备的最基础的谋略和态度。

二、意识约束——尽早规划

图1-5-1以横纵轴的形式表达我们对于"人"的基础因素对于家族企业财富管理重要性的理解，说明了家族企业财富管理规划是一个人与人、人与财富交织在一起的长期的、复杂的、潜移默化的过程，涉及姻亲关系、血亲关系、合作关系、企业和家族的关系，涉及金钱的诱惑和人情的扭扯，涉及权利的取舍和利益的平衡，涉及家业的传承和风险的预防等复杂的情况。因此，家族企业的财富管理从设立企业之初就应有全面的设计和筹划，称职的企业家应该具备风险防范意识，从企业设立之初就开始对未来企业和家族进行风险的预防和财富的规划。不能尽早规划，就可能埋下隐患，影响企业未来的发展，不利于家族的利益保护。

三、自我约束——营造和谐共生的家族氛围

比利时天主教鲁汶大学法学院教授、家族财产法专家阿兰·劳伦·韦伯克（Alain Laurent Verbeke）先生对家族掌门人提出了忠告：如果你想让家族企业能够传承下去，你必须关注家庭；否则，你就是将家族企业置于危险之中[①]。

首先，创一代的企业家是智慧、敢为、坚强有韧性、能够把握时机的一代人，这一代人吃过苦，受过累，因此对于积累起来的财富和地位更有着别人难以理解的感受，形成了自己的个性、认知和无可撼动的家族地位。企业家对自己的地位和价值认知要克制感性的膨胀，要更加理智地面对自己得来不易的家族基业，放下骄傲，以初心面对自己，面对与自己共同创业的家人。

---

① 李艳洁：《韦伯克：成功传承的前提是家庭和谐》，《家族企业》，2017年第5期。

企业家要给夫或妻、兄弟姐妹等家族创业合作者留出必要的、合理的利益共生或分割的空间，这也是家族企业能够和谐发展，避免未来家族内部利益纷争的最底层的情感制约因素。

其次，为了实现家族企业的传承，创一代企业家在对下一代接班人的培养过程中也蕴含着极其重要的情感沟通，要创造公开、公正、尊重、包容的家族成员参与环境，让下一代接班人能够在被尊重和被给予充分的空间自由发展的过程中，有自己对家族企业和家族文化以及创一代精神的领悟和思考，愿意与创一代更多地交流、沟通、探讨，更好地理解和接受创一代的创业和经营理念，最终愿意与创一代形成合力，接过家业，用自己的所学、所思、所感践行创一代形成的家族精神，保护来之不易的家族财富。

最后，企业家要承担起社会责任，积极参与社会财富的三次分配。约翰·D.洛克菲勒三世说过，每一项权利都意味着一种责任，每一个机会都意味着一种义务，每一份拥有都意味着一种职责。

四、利益约束——为"外人"留出利益空间

企业家对于非家族人力，包括外部合作者、职业经理人和员工等，都要给予充分的利益空间和激励保护，以维系非家族人力对于家族企业的向心力以及应对未来传承风险的补充情感因素。

为了实现所有的人力资源由下至上对创一代企业家的追随以及家族企业财富与精神文化由上至下的传承，创一代企业家必须从初心找到对实现家族企业基业长青具有决定性、实质性意义的情感和情义的平衡支点，毕竟财富是静态的，没有情感的，人才是真正决定财富增长和流动的因素，只有人能够把握自己的欲望和分寸，懂得放弃和成全。

五、规划约束——适度、适时、合理、合法

家族企业财富管理规划的目的是更好地促进企业的发展和家业的传继，规避企业和家族风险的交叉影响。在这个过程中，家族企业家必须把握四个原则，即适度、适时、合理、合法。财富规划不能让对财富的占有欲演变成

对他人权益的侵占和豪夺，也不能发展成自我利益的隐匿和转移，更不能踩踏法律的红线。企业家的财富管理规划应该尽早实施，不能等到意外或风险不期而至的时候再匆忙弥补。财富管理规划还要适度，过犹不及，可能会事与愿违，两败俱伤。财富管理规划要合理、合法，任何违背情理和法律的规划方案都经不住事后权利人和法律本身的挑战。所以，财富管理规划既是企业家的权利，更是企业家的义务。

第六节　家族企业家的"她时代"

在2019年万事达卡全球女性创业者指数排名中，中国内地女性企业家占比达25.6%，全球排名第27位。2020年胡润发布的全球白手起家女富豪榜单统计出全球白手起家的拥有10亿美元资产的女性企业家共计100位，其中61%来自中国。2019年10月14日，瑞信研究院（Credit Suisse Research Institute, CSRI）发布第三份 *CS Gender 3000* 报告。报告中提到：过去10年，全球女性董事占比提高了一倍；美国和亚太（日本除外）女性高管比例高于欧洲；在中国，虽然女性首席财务官比例较高，但管理层性别多元化水平提升有限；企业决策层女性成员比例与其股价和业绩表现之间存在实质的关联性。女性高管比例较高的企业，其现金流投资回报率会比男性高管比例较高的企业高出2.04%，而随着时间推移出现的波动也较小[1]。普华永道《2018年全球家族企业调研—中国报告》显示，中国内地家族企业中女性成员任职管理层比例为26%，而家族企业二代接班人中女性占比也达到了15%。由于具备独立、坚韧、包容、细致、刚柔并济、擅于平衡的情感特质，女性不仅可以成为企业的领袖，更能够充当家族和企业之间平衡交流的情感纽带。女性领导者不同的经营视角和领导方式，如更高的风险管控能力、更强的包容性和同理心、灵活性与坚韧并存等，都可以为企业创造巨大的财务潜能[2]。

---

[1] 郑四方：《女性在家族企业中更容易打破"玻璃天花板"》，《家族企业》，2020年第3期。
[2] 李秀娟、谈若枫：《危机中的突围与成长　女性企业家的悖论式领导》，《家族企业》，2021年第2期。

【案例】为自己品牌代言的董明珠

经过30多年的发展，格力电器从一个小作坊变成了世界500强企业。格力电器作为中国家电行业具有代表性的企业之一，在时代的大考中，成为中国制造领域的先锋和创新者，见证了中国空调行业从"一张白纸"成长为中国最具国际竞争力的行业之一，从零起步到"让世界爱上中国造"。董明珠作为格力电器的领航人是格力电器的功臣。人们常说董明珠是个成功的营销大师，但董明珠更是一位成功的女企业家。她曾说："我们不是商人，我们是中国优秀的企业家。企业家要有'刀刃向内'的勇气，不要掩盖丑陋、掩盖错误，要敢于亮剑。"[①]董明珠对自己严格要求，重技术，重研发和创新，正因这些，格力电器才有了今天的不朽业绩。女性企业家的韧性和执着，在董明珠身上体现得淋漓尽致。

在各大品牌邀约明星做广告宣传的时候，董明珠坚持为自己的产品代言，这是很别致的一道风景，也是女性展示诚信、自信和美的另辟蹊径。"看到有的企业，因为代言的明星出问题，反而牵连了企业自身。所以，我就出来自己代言，我是企业法人，永远跑不了，我自己也愿意用自己的声誉为格力作保。"[②]董明珠在用自己的方式为产品代言宣传，这也是女性企业家独有的魅力。

2020年新冠肺炎疫情对整个家电业销售市场造成了强烈冲击，线下销售受到严重影响，格力电器几万家门店无法正常营业，格力电器一个季度销售额就锐减了300亿元。但在9万名员工无法上岗的同时，公司还要正常给他们开工资，董明珠感到了前所未有的压力。这位敢于变革、敢于尝试的女企业家，在特殊形势下找到了一条新的发展道路——直播带货！2020年，董明珠进行了13场直播带货，成为企业家中直播带货的佼佼者，被称为"带货女王"。董明珠一向奉行不破不立的原则，对销售渠道大刀阔斧地改革，展示了制造业龙头企业创新、求变的能力和勇气。

[①] 侯隽：《三十而立！格力与董明珠亮剑再出发》，《中国经济周刊》。

[②] 《董明珠为什么选择自己为格力代言？》，https://baijiahao.baidu.com/s?id=16738034287651034 41&wfr=spider&for=pc。

董明珠作为中国女企业家的代表，以无可争议的成绩向世界展示了中国女企业家的风采以及在企业经营方面独到的柔和刚的完美特性，也给更多的中国优秀女性创业和守业者树立了标杆和榜样。我们相信越来越多的中国女性会在家族企业创业以及代际传承的过程中展现出自己特有的才能和风采，为社会创造更多的财富和社会价值。

第二章 财富管理痛点区域一：中国家族企业内部

第一节 家族企业的初创阶段——草根不草率

第四次全国经济普查数据显示，2018年末，我国中小微企业法人单位达1807万家，占全部规模企业法人单位的99.80%，微型企业数达1543.90万家，占全部中小微企业数的85%以上。根据海关总署发布的数据，2022年，以中小微企业为主的民营企业在进出口贸易中占比超50%。

从上述数据可以看出，中小微企业占据了中国市场的大部分，并且在国内国际市场中占据极其重要的地位，未来更多的家族企业将根植于家庭式中小微企业且逐渐壮大，但真正能够发展成为成功的家族企业的家庭式中小微企业只是金字塔尖的那一部分。究其原因，主要还是家庭式中小微企业在初创时期，更关注短期效益和解决基本生存问题，但恰恰在这个时期被忽略的问题埋藏着危机和隐患。因此，在企业初创阶段，企业家即便是草根，面对企业生存与未来发展的问题也绝不能草率。尤其是家庭式创业的企业，从财富积累起步就要预见到未来"安内攘外"的种种复杂问题，必须自始至终思考风险，设计架构，准备预案，走一步即为后两步做好铺垫，这样才能从容应对各种客观意外变故和主观情感撕扯。

一、初创企业财富管理之创新思维和应变能力

痛点问题一：家庭式中小微企业如何面对同质化竞争，差异化发展

【解决方案】创新思维

著名的经济学家、中欧国际工商学院经济学和金融学教授许小年先生在

一次企业家年会上发表的演讲特别值得中国的家族企业家思考。简要总结许教授的观点，即中国企业的趋同化阻滞了企业的竞争力，而造成中国企业趋同化而不是差异化的核心问题就是企业家的价值追求，这些企业家缺少独立思考的能力，缺乏创新思维。国外企业家的价值判断出于自己的本心，中国企业家的价值追求却是满足外界的评价和标准。机会主义、短期利益不会创造出真正永续的企业。为了适应经济发展所带来的差异化竞争，中国的家族企业家必须从企业创立之初就做好观念的转变，确定目标，搞清楚自己要做一个什么样的企业，遵从自己的本心，脚踏实地，富有创新精神地去为企业未来的大方向做出规划，这就是中国家族企业发展对企业家提出的创新要求。在很多人眼中马斯克也许不是正常的人，他总想去火星，但是如果马斯克没有这些奇思妙想，便没有 Space X 项目。中国的创业者往往缺少了这种创新的价值追求和思维方式。大多数家族企业是从小作坊、小公司、小店铺起步的，而能够真正发展起来的家族企业一定是有特色、有想法、为市场所需要和认可的。中国永远不缺少因模仿而短期创造财富的中小微企业，但想要发展成为有规模、有市场、能持续的家族企业，管理者必须有创新思维。从财富管理的角度来看，我们认为这是中国家族企业家必须建立起来的基础能力。

当然，任何创新都涉及伴随着风险的投资行为。因此，在创新过程中，企业家要避免行为激进。创新和传统之间要保持良好的平衡[①]。

痛点问题二：家庭式中小微企业如何应对外部环境中突发的不可抗力挑战，提升遇到不可抗力仍旧能够生存和恢复的能力

【解决方案】敏感，应变思维，提升避险能力

新冠肺炎疫情突如其来，让众多的中小微企业措手不及，虽然国家重视和加大了对于中小微企业的帮扶力度，从金融支持、企业减负、复工复产等方面尽最大努力帮助中小微企业渡过难关，但中小微企业终究还是要回归市场化的自我成长中。在新冠肺炎疫情的冲击下寻找到企业得以生存的方法，总结出企业应对灾难的智慧经验，是企业家要做的最重要的事。

---

① 后藤俊夫、陈龙：《企业可持续性发展的10大维度 保持传统与创新之间的平衡——资生堂案例分析》，《家族企业》，2021年第5期。

疫情防控期间，企业韧性又一次被世界广泛提及。有的企业所处的行业对疫情天然具有韧性，如科技、医疗和保健行业[①]，但其他行业就难以逃脱悲剧的结局。遭遇新冠肺炎疫情冲击较大的批发和零售、交通运输、住宿和餐饮、居民服务、娱乐、租赁服务6个行业的法人单位数为857万家，如果其中有5%的企业因疫情冲击难以持续经营，将涉及42.85万家企业。6个行业的个体经营户总计5134.9万家，如果有10%的个体经营户因疫情冲击难以持续经营，将涉及超过500万家。此次疫情猝不及防、汹涌而至，影响面广、伤害力强、持续时间长，加之很多中小微企业没有任何应对的预案，导致线下的实体经济剧烈震荡。事实上，这次疫情的大暴发不过是加剧了线下实体经济的系统性变革，对于科技和互联网的迅速发展给整个实体经济带来的革命化改变，企业家早应具备敏感的回应能力，提升企业线上业务的开拓和重心的转移速度。中小微企业家如果能够早些看到线下业务向线上布局的重要性和必要性，在疫情来临之前适当地转移风险，就不至于陷入极端的被动境况。疫情防控期间，由于大多数消费者处于居家状态，许多中小微企业的线下获客渠道被阻断。而疫情前就已经完成"线上+线下"布局的中小微企业占整体企业的比重较小。因此，疫情防控期间让大量的中小微企业开启了数字化升级进程。布局智能支付、线上融资、数字化营销、数字化管理等数字化升级服务的企业将迎来快速发展期[②]。因此，此次疫情提醒中国的家庭式中小微企业，对大时代、大环境变化的敏感度和对不可抗力灾难的应变力是维系企业生存和发展的另一项基础能力。

更值得一提的是，2022年的政府工作报告重点提及国家对中小微企业的进一步扶持内容：要加大拖欠中小企业账款清理力度，规范商业承兑汇票使用，机关、事业单位和国有企业要带头清欠。餐饮、住宿、零售、文化、旅游、客运等行业就业容量大、受疫情影响重，各项帮扶政策都要予以倾斜，支持这些行业企业挺得住、过难关、有奔头。可见，国家高度重视中小微企业的实际困难，也在从外部政策、营商环境方面帮助中小微企业克服困难，迎难而上，良性发展。

---

① ［德］克劳斯·施瓦布、［法］蒂埃里·马勒雷：《后疫情时代——大重构》，中信出版集团。
② 《2019年中国中小微企业数字化服务市场现状及未来展望分析：市场已超过千亿级规模，仍将保持较高增速发展》，产业信息网，https://www.chyxx.com/industry/202004/854482.html。

新一代互联网平台企业，成为中国市场经济中的生力军。这些企业以创新为核心竞争力，通过团队创业，共创共享，以股权、期权等激励手段实现了公司利益与管理层利益的一致性。在这些平台企业里，聚集了更多有才华、有想法、敢尝试的年轻人，目前有20%的平台创业者实现了财富的快速增长，可以期待这些年轻的创业者终有一天也会成为成功的企业家，这些平台企业也会成为有规模、有担当的大企业。财富管理当然也是这些企业的必修课，作为财富管理领域的专业律师团队，我们希望陪伴它们不断壮大。

二、初创企业财富管理之顶层架构设计

家族企业的顶层架构设计就像打地基，计划盖20层的建筑，按照20层的标准、要求打好地基一定是最优化、最经济实惠的方案，但如果未来的目标是建100层，显然20层深的地基就无法承载梦想了。可见，顶层设计具有从未来看现在、顶层决定底层、不可逆、系统思考的特征[①]。创业者必须从创业初期就想清楚，自己的创业设想是盖20层还是100层的楼。如果打好了20层的地基，若干年后再追逐100层楼的梦，那一定要推倒重来才行。因此，家族企业的顶层架构设计必须在企业设立之初，结合企业未来的发展方向，从顶层战略的高度搞好，打好适合企业发展的稳固的地基。企业家要从企业法律形态、股权架构设计、公司章程设计、企业治理模式等角度入手，先解决企业最基础的问题，全方位、多角度、多要素地考量设计，一切都要从家族企业的初创阶段开始！

痛点问题一：如何做好家族企业的所有权、控制权、经营权、利益分配权的平衡设计

【解决方案一】选择适合家族企业的法律形态

企业形态的初始选择和设计对于家族企业家而言是一个基础性、核心化的痛点问题。从便于企业做出科学合理的顶层架构设计方案的角度出发，目前，企业家在初创时更优化的企业形态选择包括：有限责任公司和有限合伙

---

① 常珂：《公司股权架构图解手册》，中国铁道出版社有限公司，2020年10月第1版。

企业，或是将两者结合。

有限责任公司是股东以其认缴的出资额为限对公司承担有限责任的企业组织形态。其优势在于有限责任制度对股东财产起到了天然的风险屏障作用。正常情况下，股东只在认缴的出资额范围内对公司承担责任，并不会对家庭资产造成影响，股东创业没有"搭上身家"的顾虑。因此，目前市场上绝大多数的初创企业选择设立有限责任公司。但需要提醒的是，根据《中华人民共和国公司法》（简称《公司法》）第六十三条的规定，一人有限责任公司的股东不能证明公司财产独立于股东自己的财产的，应当对公司债务承担连带责任。基于此，不建议创业者设立一人有限责任公司，这样做极易造成公司和个人资产的混同，最终导致对公司债务承担连带责任。

2006年8月修订的《中华人民共和国合伙企业法》，首次明确了有限合伙制度。有限合伙企业和普通合伙企业的本质区别在于合伙人是否以个人资产对企业债务承担无限连带责任。有限合伙企业由普通合伙人和有限合伙人组成。普通合伙人以承担无限连带责任为对价，通常以较少的出资就可以成为执行事务合伙人，并通过制定合伙协议的形式实现对合伙企业的控制权。而有限合伙人在有限合伙企业的组织形式中，仅以认缴的出资额为限承担有限责任，将个人资产和企业风险相隔离。有限合伙人不具备合伙企业的事务执行权，对外也不可以代表有限合伙企业，仅仅通过有限合伙人的身份，享有企业收益的分配权。这样的设计实现了普通合伙人对企业的绝对控制权，同时对于有限合伙人也发挥了股权激励与风险隔离的作用。目前，很多员工持股的平台为有限合伙企业的组织形式，加之有限责任公司的主体架构设计，两者实现了有效配搭：创始人可以通过控制有限合伙企业员工持股平台加强对公司的有效控制，员工通过持股平台间接持有公司的股权。

阿里巴巴和蚂蚁集团对于企业形态的设计就采用了有限责任公司和有限合伙企业两种企业组织形态相互配搭的形式。

【解决方案二】设计实现家族企业控制权的方案

家族企业财富管理的核心要素就是家族对于企业所有权和控制权的掌控，一旦家族在企业经营或财富传承的过程中失去了对企业的所有权和控制权，企业就不能冠以家族的名义和荣耀了。以下从股权架构、公司章程的订立和优化两个方面帮助家族企业家梳理实现企业控制权的各种模式、路径和工具。

第一，股权架构设计。对家族企业的控制权是家族物质财富的核心。股权架构设计始终是企业发展的生命线，对于家族企业创始人掌握企业控制权具有至关重要的意义。出资额代表股权比例，股权比例代表分红权、表决权和话语权。但理论层面上的2/3绝对控制权、1/2相对控制权、1/3相对安全比例或所谓"721""631"的股权分配形式已经无法从根本上满足现代家族企业在高速发展变化的时代背景之下实现家族控制权的基本需求了，也不能很好地应对未来的各种不可预知的情况。同时，传统法律形式上的"同股同权"也已经无法从根本上解决创业者在企业融资和发展过程中股权和控制权之间矛盾的痛点问题了。事实上，如果股权架构的设计合理巧妙，即便仅持有公司一小部分股权，也能够掌控公司的控制权，正如阿基米德所说：给我一个支点，我就能撬起整个地球。这正是股权架构设计的价值所在。

另外，股权的布局要符合家族企业战略化发展方向的需要。如果未来家族企业有上市的计划，就要在股权架构的设计上做好准备。股权架构设计的不断优化是一个动态的调整过程，也是一个个性化定制的过程。任何家族企业内部的协作关系、发展规划和目标、利益的分配模式、财富管理的整体化需求等因素都不尽相同，但这些都是影响股权架构设计的复杂因素。因此，股权的基础架构设计必须结合每一个家族企业的实际需求和特质，并为随时的优化调整和应对不确定性留出必要的空间。

股权架构设计没有最好的可复制的版本，必须不断调整，与时俱进！它和家庭创业者对创业梦想的规划和展望，以及对于创业的审慎和敬畏相关。股权架构设计既是一个法律技术层面的静态的智力成果，又是一个不断结合商业需求和企业内外部环境变化的动态的调整过程。结合家族企业自身的情况和特质，以及企业未来的发展目标，灵活、智慧地运用公司控制权的设计工具、模式和路径，可以让企业家牢牢把握家族对企业的所有权和控制权，持续保持企业的家族属性，为家族企业未来的发展和稳定传承奠定坚实的架构基础，同时也为家族企业在家族资产隔离、债务风险隔离、税务合规筹划以及未来传承等风险的防范和解决方面提供预案。

以下我们结合企业行之有效的股权架构设计方案案例，为家族企业家详解股权架构设计的各种配搭的可能性，供借鉴参考！

【案例一】蚂蚁集团

基于实现控制权的目的，蚂蚁科技集团股份有限公司（以下简称"蚂蚁集团"）采用了有限合伙企业及三层控股结构的股权架构设计方案，这是家族企业可以借鉴的企业形态和股权设计模式。

a.企业法律形态的选择

我们通过"爱企查"查询发现了蚂蚁集团的股权架构（如图2-1-1所示，其他投资机构和投资人不详细记载）。马云通过有限责任公司杭州云铂投资咨询有限公司（以下简称"杭州云铂"）和有限合伙企业杭州君洁股权投资合伙企业（以下简称"杭州君洁"）、杭州君济股权投资合伙企业（以下简称"杭州君济"）、杭州君瀚股权投资合伙企业（以下简称"杭州君瀚"）、杭州君澳股权投资合伙企业（以下简称"杭州君澳"），最终实现了对股份有限公司蚂蚁集团的控制权。[①] 可见，在这个三层控股股权架构中，其采用了有限责任公司、有限合伙企业和股份有限公司三种企业法律形态。杭州云铂最初采用一人有限责任公司的形式，由马云一人设立持股，2020年8月21日，马云将其持有的杭州云铂的66%的股权平均转让给井贤栋、胡晓明和蒋芳，马云持有剩余的34%的股权。由此，杭州云铂由一人有限责任公司转变为多人有限责任公司。在四家有限合伙企业（杭州君洁、杭州君济、杭州君澳、杭州君瀚）中，杭州云铂作为普通合伙人（GP），承担执行事务合伙人的角色。同时，这四家有限合伙企业作为阿里巴巴和蚂蚁集团员工的持股平台，发挥着股权激励的作用。而蚂蚁集团作为股份有限公司，成为上市融资的载体。

b.三层控股结构

蚂蚁集团的实际控制人马云通过对杭州云铂的直接持股，间接参与了有限合伙企业的执行事务，并最终掌握了蚂蚁集团的实际控制权和表决权。

蚂蚁集团企业组织形态的选择和股权架构设计方案，从不同的层面为解

---

① 查询访问时间为2022年1月8日。

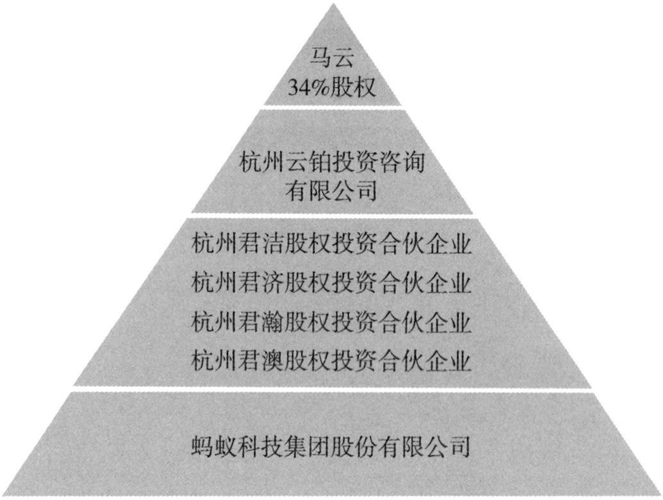

```
           马云
         34%股权

      杭州云铂投资咨询
         有限公司

    杭州君洁股权投资合伙企业
    杭州君济股权投资合伙企业
    杭州君瀚股权投资合伙企业
    杭州君澳股权投资合伙企业

       蚂蚁科技集团股份有限公司
```

图2-1-1 蚂蚁集团的股权架构

决家族企业家的痛点问题提供了教科书级的示范[1]，可供家族企业家借鉴。

c. 实现创始人控制权的掌控

马云作为蚂蚁集团的实际控制人，巧妙地运用了有限合伙企业模式和三层控股结构的杠杆作用，以相对较少的投资最终撬动起估值超2000亿美元的蚂蚁集团，将控制权和话语权牢牢掌控在自己手中。马云是持有杭州云铂34%股权的大股东，与其他三位股东之间通过签署《一致行动协议》，实际上掌控着杭州云铂的绝对控制权。而杭州云铂又是杭州君瀚、杭州君澳、杭州君济和杭州君洁的普通合伙人，具有执行事务的权利。其中，杭州君瀚、杭州君澳又通过第三层级对蚂蚁集团绝对控股。这些都进一步夯实了马云对蚂蚁集团的绝对控制权。

d. 个人风险隔离

选择有限合伙企业和有限责任公司组织形式的配搭，极好地帮助实际控制人在企业和个人风险之间搭建起防护带。杭州云铂虽然是杭州君济、杭州君洁、杭州君瀚、杭州君澳的普通合伙人，按照合伙企业法的相关规

---

[1] 胡锋、高明华、陈爱华：《控制权视角的合伙企业与股权架构设计——以蚂蚁集团为例》，《财会月刊》，2020年第17期。

定，普通合伙人对合伙企业债务承担无限连带责任，但由于杭州云铂选择了有限责任公司的组织形式，实际控制人马云作为杭州云铂的股东，仍然是以其认缴的出资额为限承担有限责任。这样两种企业组织形式的配搭，巧妙地规避了无限连带责任的风险。更值得一提的是，最初杭州云铂是马云的一人有限责任公司，《公司法》第六十三条规定，一人有限责任公司的股东不能证明公司财产独立于股东自己的财产的，应当对公司债务承担连带责任。2020年8月21日，马云通过股权转让的形式，将一人有限责任公司转变为多人有限责任公司，这样就弱化了一人有限责任公司容易造成资产混同、由股东承担债务连带清偿责任的风险。

e.员工股权激励

以技术和智力为核心的创新型科技互联网企业在其满足人力资本对应的股权定价和回报、保护大股东的控制权需求的同时，预留了适当的股权激励空间，为引入外部人才和合作者做准备。

最初，设立杭州君济和杭州君洁的目的是给阿里巴巴和蚂蚁集团的员工提供持股平台。由于阿里巴巴和蚂蚁集团的技术人员众多，而根据相关规定，有限合伙企业合伙人数量的上限为50人。因此，为了充分实现对员工的股权激励目标，又成立了两家有限合伙企业，同样作为员工持股平台，使得更多的技术和智力资源享受到应有的报酬和激励政策。

f.实际控制人的利益分配最大化

《中华人民共和国合伙企业法》允许通过有限合伙协议的形式对有限合伙企业的利润分配方式作出明确的约定。如此一来，杭州君澳和杭州君瀚作为蚂蚁集团的股东在利益分配时，就可以按照合伙协议中关于利润分配的约定，使得实际控制人马云不局限于自己的实缴资本所占比例而获得最大化的分红收益。

【法律依据】

《中华人民共和国合伙企业法》第二条　本法所称合伙企业，是指自然人、法人和其他组织依照本法在中国境内设立的普通合伙企业和有限合伙企业。

普通合伙企业由普通合伙人组成，合伙人对合伙企业债务承担无限连带责任。本法对普通合伙人承担责任的形式有特别规定的，从其规定。

有限合伙企业由普通合伙人和有限合伙人组成，普通合伙人对合伙企业债务承担无限连带责任，有限合伙人以其认缴的出资额为限对合伙企业债务承担责任。

《中华人民共和国合伙企业法》第三十三条　合伙企业的利润分配、亏损分担，按照合伙协议的约定办理；合伙协议未约定或者约定不明确的，由合伙人协商决定；协商不成的，由合伙人按照实缴出资比例分配、分担；无法确定出资比例的，由合伙人平均分配、分担。

合伙协议不得约定将全部利润分配给部分合伙人或者由部分合伙人承担全部亏损。

《中华人民共和国合伙企业法》第六十一条　有限合伙企业由二个以上五十个以下合伙人设立；但是，法律另有规定的除外。

有限合伙企业至少应当有一个普通合伙人。

《中华人民共和国合伙企业法》第六十七条　有限合伙企业由普通合伙人执行合伙事务。执行事务合伙人可以要求在合伙协议中确定执行事务的报酬及报酬提取方式。

《中华人民共和国合伙企业法》第六十八条　有限合伙人不执行合伙事务，不得对外代表有限合伙企业。

【案例二】小米的双重股权结构

飞速发展的互联网时代带动了中国一大批优秀的高科技互联网企业的崛起。互联网企业的发展需要大量的资金支持，创业者必须通过不断地股权融资来维系和支撑企业的规模扩张。在此过程中，就会出现创业者对企业的控制权和股权不断被稀释的矛盾。如果不能够在对企业控制权的保卫战中预先筹划，占取先机，这些互联网企业的科技灵魂创业者将逐渐被投资资本方蚕食，企业家最终将成为打工仔。

小米作为中国成功的科技企业代表，采用了双重股权结构设计，值得家族企业家借鉴和学习。2018年4月30日香港证券交易所正式接受同股不同权结构的公司上市申请，2018年7月，小米成为第一个正式在港交所挂牌上市并采取双重股权结构的大陆企业。在此之前，阿里巴巴集团选择在美国上市，这是由于当时香港监管部门并没有接受阿里巴巴集团的事业合伙人制度对于"一股一权"的股权平等原则的突破。

双重股权结构是指分离企业的表决权与现金流权，从而达到掌握控制权的真正目的，简称"AB股结构"①。双重股权结构的内涵与特征：双重股权结构将普通股划分为A、B两类，但其附着的表决权大小不相同，B类股相较于A类股来说拥有更多，甚至数倍的表决权，一般来说B类股是由创始人及其管理团队持有。根据小米公开披露的招股说明书，创始人雷军持有20.51%的A类股和10.9%的B类股，而第二大股东林斌则拥有A类股和B类股分别为11.46%和1.87%。总的来看，雷军作为第一大股东，其拥有的股份占了绝对优势，但他实际上并没有绝对控制权，然而，他所拥有的投票权占比则高达55.7%。由于雷军还与公司其他股东签署了投票权委托协议，作为受托人还可以实际控制额外2.2%的投票权，因此实际总表决权为57.9%。可见，雷军具有一票否决权，能够对小米进行有效控制。

小米的双重股权结构对企业的启示：企业若采取双重股权结构就可以在一定程度上节省管理层取得控制权的成本，也不易引发企业内部的股权纠纷，同时可减少企业内耗；当管理层拥有了对企业长期的控制权后，会着重考虑公司更长远的发展，也可以避免出现部分股东追求短期自身利益产生与管理层之间的冲突，影响企业决策；双重股权结构会使企业的管理层长期受雇于公司，其关系得到了长期的保障，自然也会投入更多的精力和时间来提高自身素质及技能，从而促使公司运营更高效。②

【案例三】家族信托成为家族企业的控股股东

借助专业人士设计的家族信托可以实现对家族企业的控制权，有效隔离风险，实现家族企业基业长青和家族财富的传承。雅居乐地产控股有限公司是典型的通过家族信托将原本分散的股权集中化从而精简集团架构助力上市的家族企业。公司在港交所上市重组前，企业股权分散于公司创始人陈氏五兄弟及他们的配偶手中，通过重组设立家族信托，将原先分散经营时期散布

---

① 陈若英：《论双层股权结构的公司实践及制度配套——兼论我国的监管应对》，《证券市场导报》，2014年第3期。

② 吴璠：《双重股权结构的应用研究 以小米集团为例》，《经营管理者》，2020年第8期。

于多名家族成员手中的股权集中,并注入一家名为 Top Coast、由家族创始人陈卓林夫妇在 BVI 注册成立的私人信托公司。根据 2019 年公司年报,Top Coast 拥有雅居乐地产 63% 的股权,对家族企业保持绝对控股权。陈氏家族通过这一家族信托集中分散的股权,并安排家族成员参与公司经营管理。雅居乐陈氏家族信托设立的目的是使股权集中从而构建清晰的股权架构,将原本分散于家族成员手中的股权集中从而助力企业顺利上市。家族企业成立家族信托集中控制权的方式对其他家族企业构建信托架构维持控制权具有一定借鉴意义。①

第二,公司章程的订立和优化。绝大多数的家族企业是以有限责任公司的形态存在的。在公司设立的初始阶段,最重要的"宪法性"文件就是公司章程。公司章程是按照《公司法》的规定,在公司设立之初用以规范公司治理结构,确保公司正常运营,防止公司陷入僵局和保障股东权利,约束公司、股东、董事、监事、高级管理人员法律行为的宪法性文件。公司章程是股东共同一致的意思表示,因此《公司法》很大程度上尊重了股东的意思自治权利,通过"公司章程另有规定的除外或除本法有规定的外,由公司章程规定"的形式,在涉及公司的权力结构、管理经营模式、议事表决程序规则、股权转让、股东资格承继、分红模式等方面为股东预留出灵活的、宽泛的权利与义务空间,这也正是可以发挥企业财富管理效能的关键环节。但很多企业在初创时不重视公司章程的订立,往往将其视为工商登记所必备的书面形式材料,采用的是工商行政管理部门的制式化文本,没有将具体的章程内容与公司的发展目标、创始股东的实际控制权、家族成员股东在公司的权利定位以及未来可能出现的决策矛盾等因素相关联缜密思考和设计,为未来企业发展埋下很多潜在的法律风险和隐患。公司章程的制定是大股东掌握控制权的重要一环,公司的实际控制人或大股东应该具有前瞻性地、科学地思考公司章程的意义和价值,结合公司的具体情况、发展战略、外部政策和市场环境等因素,充分利用《公司

---

① 郭艺璇:《家族信托控股对企业决策及治理的影响——基于雅居乐的案例分析》,北京外国语大学硕士论文。

法》在公司治理模式上给予的包容和开放空间，借助公司章程充分地把握创始人的权利，提升家族企业家在公司管理方面的自主性和操控力。公司创始人和家族股东在制定公司章程的时候，应尽可能全面地预判风险，周全考量，为未来经营过程中可能出现的问题甚至纠纷提早设立防线或制定预案。公司章程的个性化、合理化安排对于家族企业来说具有十分重要的战略性意义。

除《公司法》规定的公司章程必须载明的必要事项之外，我们将《公司法》中关于有限责任公司章程可以通过股东意思自治决定的重要事项进行归纳总结，并结合家族企业的实际特点、发展共性和痛点问题，为家族企业家梳理出公司章程中应该在公司创业初期提早做出规划并随时根据企业家利益的保护需要等因素修改调整的设计要点。

【法律依据】

《公司法》第二十五条　有限责任公司章程应当载明下列事项：

（一）公司名称和住所；

（二）公司经营范围；

（三）公司注册资本；

（四）股东的姓名或者名称；

（五）股东的出资方式、出资额和出资时间；

（六）公司的机构及其产生办法、职权、议事规则；

（七）公司法定代表人；

（八）股东会会议认为需要规定的其他事项。

《公司法》允许创始人协商确定的内容，即公司章程的约定事项有：法定代表人（《公司法》第十三条）；对外投资和担保的限额（《公司法》第十六条）；分取红利方式以及新增资本时认缴出资规则（《公司法》第三十四条）；股东会定期会议可以由公司章程确定（《公司法》第三十九条）；股东行使表决权的特殊规定（《公司法》第四十二条）；股东会、董事会、监事会的议事方式和表决程序（《公司法》第四十三条、第四十八条、第五十五条）；董事长、副董事长的产生办法（《公司法》第四十四条）；董事任期，但每届不得超过三年,可以连选连任(《公司法》第四十五条);股东会、董事会、执行董事、监事会或不设监事会的公司监事的职权可以由公司章程作出除《公司法》规定之外的补充性规定(《公司法》第三十七条、第四十六条、第五十条、第五十三条);股权转让(《公司法》第七十一条);股东资格继承(《公司法》第七十五条)。

痛点问题二:如何通过公司章程的设计和修改,掌握和稳固家族企业家作为股东的控制权

【解决方案】

第一,对法定代表人职位的掌控。法定代表人是指依法代表公司法人行使民事权利,履行民事义务的主要负责人。法定代表人能直接代表公司对外行使各项法律行为,法律后果通常由公司承担,公司的公章、财务控制权都集中在法定代表人手中。因此,对于家族企业家而言,欲掌控企业的控制权,就必须控制法定代表人这一职位。但同时,法定代表人在涉及公司责任时,很可能需要承担行政甚至刑事责任。因此,作为家族企业家,在选择是否担任公司法定代表人方面还需结合公司的业务领域是否涉及高风险法律责任等因素综合考虑。

第二,对股东会的掌控。股东会是由股东组成的公司最高权力机构,因此掌控股东会就成为掌控公司控制权的重要前提。可以通过公司章程的设计,对如下权利作出特别约定,以实现对公司的控制权[①]:《公司法》第四十二条的规定实际赋予了公司章程两项自由规定的权利,对于家族企业中创始股东有着非常重要的战略意义,即同股不同权和一票否决权。可以约定同股不同权,不论股权多少,通过调整表决权比例,确保拥有更多的表决权。如果表决权仍然不够,可以通过一致行动协议或委托投票等获得更多的表决权。同时,通过设置在某些事项上的一票否决权达到控制公司的目的;可以约定董事长由股东会选举产生,间接实现对董事会权力的控制;可以赋予股东会更多的职权(刘强东仅仅拥有1/5的董事会席位,但因为控制了股东大会,并通过股东大会控制了董事会,实现了对公司的控制权);公司章程可以对股东

---

① 卢庆华:《公司控制权:用小股权控制公司的九种模式》,机械工业出版社。

会定期会议的具体召开日期、地点和方式做出规定。家族企业股东会议的召开可能会由于股东之间的矛盾而陷入停滞的状态，即便是控股股东，恐怕也往往难以召开临时股东会，导致公司陷入僵局，影响公司的正常运营。因此，公司章程中如果对股东会定期会议作出了明确的约定，至少可以避免股东会无法召开的尴尬局面；在某些特殊情况下，如股权部分或全部转让给家族下一代继任者或其他家族成员，设置表决权的保留条款，确保控制权仍然保留在家族企业家手中。

第三，对董事会的掌控。对董事会的掌控，并不像掌控股东会对实现公司控制权的效果显著。换句话说，如果在正常情况下（董事会职权正常行使，没有被架空），能够实现对董事会的掌控，也是控制权提升的有效途径。

【案例】阿里巴巴合伙人对董事会的控制

阿里巴巴合伙人有一个特殊权利，即在董事会拥有提名多半董事，如果提名的董事无法通过股东会表决，阿里巴巴合伙人有继续提名董事的权利，直到阿里巴巴提名的董事被股东大会通过，且阿里巴巴合伙人提名的董事可以占有董事会过半数的席位，从而保证阿里巴巴合伙人能够牢牢地掌控董事会[①]。

第四，关于股东会的议事方式和表决程序。根据《公司法》的相关规定，股东会会议做出修改公司章程、增加或者减少注册资本的决议，以及公司合并、分立、解散或者变更公司形式的决议，必须经代表三分之二以上表决权的股东通过。这是《公司法》关于公司特别重要事项表决比例的法定要求，不可违反。但除此之外的公司的重大事项，家族企业家可以通过公司章程做出有利于大股东或实际控制人利益的各种具体约定。

第五，关于董事会的议事方式和表决程序。由于董事会的表决程序实行法定的一人一票原则，因此家族企业家要通过公司章程的约定，确定董事的选举或委派方法，以及董事会的议事规则。家族企业家委派的董事越多，就意味着掌握的表决权票数越多，对董事会的控制力越强。

企业的发展一定离不开资本市场的资金。家族企业家要谨慎对待一票否

---

① 常垧：《公司股权架构图解手册》，中国铁道出版社有限公司，2020年10月第1版。

决权,不能在融资谈判中轻易将一票否决权作为投资资本的交换条件。企业家一定要懂得如何保护公司控制权,预防对赌出局等风险,不能将公司的控制权轻易交付给资本市场。新浪创始人王志东、1号店联合创始人于刚、汽车之家创始人李想、俏江南创始人张兰等企业创始人被资本踢出局的案例值得家族企业家吸取教训。

第六,对总经理职位的掌控。总经理是公司的日常经营管理和行政事务的负责人,由董事会决定聘任或者解聘。经理对董事会负责,可由家族内部成员股东担任,也可由外部职业经理人担任。经理的职权可以由董事会授予,但该授权的权限不应超过董事会自身的权限。对于家族企业来说,对经理的选任是一件大事,如果是家族内部成员担任企业的总经理当然是对家族企业控制权的巩固,其能够天然地与家族企业利益目标达成一致,更好地服务于家族企业。因此,由家族内部成员担任总经理职位,是家族企业应该争取的权利。如果不得已引入外部职业经理人,就要通过公司章程对经理职权的设计,使其对家族企业的发展发挥正向的职能作用。在具体的操作过程中,需要从家族企业家对企业的控制权和整体利益的保护角度出发,既充分调动经理的积极性和向心力,同时也能够极好地约束经理人职权过大造成的个人膨胀和对企业利益的潜在威胁。《公司法》在公司章程中给予了经理人在职权上灵活自由的伸缩空间,既可以减少经理的职权,也可以增加其职权。公司完全可以根据实际需要,自主决定经理的权限范围,而不必囿于公司列举的职权范畴。这样就能够较为有效地避免类似于"国美事件"的发生。

【案例】职业经理人,可遇不可求

2012年8月25日,美的集团正式宣布,创始人何享健"退位",由方洪波出任美的集团董事长,并同时担任美的电器的董事长和总裁。方洪波于1992年加入美的,已经为美的奋战了30年,堪称中国最成功的职业经理人。家族企业与职业经理人之间多年的磨合和默契,职业经理人一定要承担对权利和义务契约的守护责任。而公司章程对于经理人职权的约定,正是家族企业家内心信任和职业经理人道德约束形成合力的基础和端口。

第七,对分红权的掌控。《公司法》允许股东以约定方式改变红利的分配规则，股东可以确定红利的分配方式。对于家族企业来说，通过公司章程约定分红权的分配方式，主要出于以下两方面的原因：

一方面，股权激励和平衡其他股东的利益。家族企业创始人作为大股东，为了实现对公司的控制权，往往要控制绝对多数的股权，但为了激励或平衡其他股东，往往可以采用其他股东多分红的方式。如果不按股权比例分红，必须在公司章程中对每个股东的分红比例予以明确。

另一方面，设置分红权的保留条款，防止家族财富外流风险。家族企业家会考虑提前将全部或部分股权转移至下一代家族成员名下。但在这个过程中，可能出现子女挥霍败家，家族企业股权旁落至他人之手或子女由于婚姻关系而产生个人财产与婚后财产的混同等情况，一旦婚姻关系解除，夫妻财产被分割，就会产生家族财富外流的风险。所以，建议家族企业家应通过公司章程条款的设计保留分红权，即便大部分股权已经转移至子女名下，家族企业家也可以确保在有生之年仍将企业的决策权和分红权牢牢掌握在自己手中。

第八，关于股东资格继承权的掌控。2018年修改后的《公司法》第七十五条首次在法律上将股权继承和股东资格继承做了区分，由于股权具有财产和人身的双重属性，如果不将股权的财产属性和人身属性区分，在发生继承时，继承人（可能涉及多人，包括限制民事行为能力人甚至无民事行为能力人）自然成为股东，很容易打破原先股东的平衡，破坏公司的治理结构，这与有限责任公司人合性的特征不符。股权财产性权利的继承和股东资格的继承被区分后，继承人可以同时继承股权和股东资格，但也允许公司章程做出区分规定，即公司章程可以规定继承人能继承股权，但不能取得股东资格。家族企业家应该在公司章程中区别对待股权和股东身份的继承问题，提前做好规划。基于家族企业传承的考量，应当允许继承人取得股东资格，如果公司章程约定继承人不能取得股东资格，应当就继承的股权如何处理，包括处理的方式、作价等做出明确的约定。

第九，关于股权转让的掌控。根据《公司法》第七十一条，公司章程可以对股权的对外转让做出另行规定。

家族企业家出于股权融资的考虑，将一部分股权让渡给外部股权投资人，意味着对公司股权的稀释。为保证家族企业家的控制权，就要对股权的对外转让做出保护性的特殊约定。

如果有股权代持的情况，可以在公司章程中约定代持股东转让股权之前必须通过董事会履行股权转让的通知义务。确认了通知的程序，被代持股东就能够随时了解代持人股权转让的动作，及时阻止代持人的违约操作，保障自己的合法权益。同时，通过公司章程对代持人在公司中的身份和职权加以限制，对罢免解除程序做出约定，可为代持人的道德风险预留出防范的空间。

【法律依据】

《公司法》第十三条　公司法定代表人依照公司章程的规定，由董事长、执行董事或者经理担任，并依法登记。公司法定代表人变更，应当办理变更登记。

《公司法》第十六条　公司向其他企业投资或者为他人提供担保，依照公司章程的规定，由董事会或者股东会、股东大会决议；公司章程对投资或者担保的总额及单项投资或者担保的数额有限额规定的，不得超过规定的限额。

《公司法》第三十四条　股东按照实缴的出资比例分取红利；公司新增资本时，股东有权优先按照实缴的出资比例认缴出资。但是，全体股东约定不按照出资比例分取红利或者不按照出资比例优先认缴出资的除外。

《公司法》第三十九条　股东会会议分为定期会议和临时会议。

定期会议应当依照公司章程的规定按时召开。

《公司法》第四十一条　召开股东会会议，应当于会议召开十五日前通知全体股东；但是，公司章程另有规定或者全体股东另有约定的除外。

《公司法》第四十二条　股东会会议由股东按照出资比例行使表决权；但是，公司章程另有规定的除外。

《公司法》第四十三条　股东会的议事方式和表决程序，除本法有规定的外，由公司章程规定。

股东会会议作出修改公司章程、增加或者减少注册资本的决议，以及公司合并、分立、解散或者变更公司形式的决议，必须经代表三分之二以上表决权的股东通过。

《公司法》第四十四条　有限责任公司设董事会，其成员为三人至十三人；但是，本法第五十条另有规定的除外。

董事会设董事长一人，可以设副董事长。董事长、副董事长的产生办法由公司章程规定。

《公司法》第四十五条　董事任期由公司章程规定，但每届任期不得超过三年。董事任期届满，连选可以连任。

董事任期届满未及时改选，或者董事在任期内辞职导致董事会成员低于法定人数的，在改选出的董事就任前，原董事仍应当依照法律、行政法规和公司章程的规定，履行董事职务。

《公司法》第四十七条　董事会会议由董事长召集和主持；董事长不能履行职务或者不履行职务的，由副董事长召集和主持；副董事长不能履行职务或者不履行职务的，由半数以上董事共同推举一名董事召集和主持。

《公司法》第四十八条　董事会的议事方式和表决程序，除本法有规定的外，由公司章程规定。

董事会应当对所议事项的决定作成会议记录，出席会议的董事应当在会议记录上签名。

董事会决议的表决，实行一人一票。

《公司法》第四十九条　有限责任公司可以设经理，由董事会决定聘任或者解聘。经理对董事会负责，行使下列职权：

（一）主持公司的生产经营管理工作，组织实施董事会决议；

（二）组织实施公司年度经营计划和投资方案；

（三）拟订公司内部管理机构设置方案；

（四）拟订公司的基本管理制度；

（五）制定公司的具体规章；

（六）提请聘任或者解聘公司副经理、财务负责人；

（七）决定聘任或者解聘除应由董事会决定聘任或者解聘以外的负责管理人员；

（八）董事会授予的其他职权。

公司章程对经理职权另有规定的，从其规定。

经理列席董事会会议。

《公司法》第五十条　股东人数较少或者规模较小的有限责任公司，可以设一名执行董事，不设董事会。执行董事可以兼任公司经理。

执行董事的职权由公司章程规定。

策性、开发性金融作用。推进涉企信用信息共享，加快税务、海关、电力等单位与金融机构信息联通，扩大政府性融资担保对中小微企业的覆盖面，努力营造良好融资生态，进一步推动解决实体经济特别是中小微企业融资难题。

可见，中国正在为中小微企业创造更优质、更完善的融资环境，开辟更多的融资渠道和平台，降低融资风险，健全保障体系。只要中小微企业打造好自身，就一定可以找到适合自己的融资之道。下面我们通过表2-1-1将除主板之外的多个融资途径做简要对比和说明①。

表2-1-1 融资途径比对表

融资途径	时间	适用	简要附加说明
中小板（一板）	2004年5月27日开板	深交所为鼓励自主创新而专门设置的中小企业聚集板块	中小企业板块运行所遵循的法律、法规和部门规章，与主板市场相同，中小企业板块的上市公司须符合主板市场的发行上市条件和信息披露要求。同时实行运行独立、监察独立、代码独立、指数独立
创业板（二板）	2009年10月23日，中国创业板开板	暂时无法在主板市场上市的具有高成长性的中小企业和高科技企业	在创业板市场上市的企业规模较小、上市条件相对较低，中小企业更容易上市募集发展所需资金
科创板（上交所新设）	2019年6月13日，科创板正式开板	符合国家战略、突破关键核心技术、市场认可度高的科技创新企业；属于新一代信息技术、高端装备、新材料、新能源、节能环保以及生物医药等高新技术产业和战略性新兴产业的科技创新企业；互联网、大数据、云计算、人工智能和制造业深度融合的科技创新企业	我国推出的科创板允许上市公司设置表决权差异安排，适应了知识密集型行业的高科技公司在保持创始人团队控制权情况下的融资需要②。比如，我国的科创板允许AB股架构，2020年1月20日在科创板挂牌上市的优刻得股份有限公司，就开创了A类股同股不同权架构设计的市场先河

---

① 《主板、中小板、创业板、科创板和新三板有什么区别？——市场特点》，https://www.sac.net.cn/tzzyd/tzabc/nwwd/201912/t20191226_141117.html。

② 胡锋、高明华、陈爱华：《控制权视角的合伙企业与股权架构设计——以蚂蚁集团为例》，《财会月刊》，2020年第17期。

续表

融资途径	时间	适用	简要附加说明
新三板	2012年7月设立，在2016年5月，对挂牌公司实施分层管理，分为基础层和创新层，2020年7月再增设精选层	主要针对的是中小微企业。近几年来，新三板市场挂牌企业近8000家，全部是中小企业，而且90%以上是民营中小企业	全国中小企业股份转让系统有限责任公司是新三板平台的运营管理机构，全国股转系统设置基础层、创新层和精选层，符合不同条件的挂牌公司分别被纳入不同市场层级管理
北京证券交易所（简称北交所）	2021年11月15日，北交所正式揭牌开市	为创新型中小企业量身打造	在与新三板的关系上，北交所与新三板现有创新层、基础层坚持统筹协调与制度联动，维护市场结构平衡。新三板基础层、创新层仍作为全国性证券交易场所服务于全国中小企业[①]，也就是说北交所仍是新三板的一部分，与创新层、基础层一起组成"升级版"新三板

注：中小微企业的融资法律服务也是一个个性化、系统化操作的复杂过程，需要团队针对各企业的不同情况提供专业的法律意见和法律支持。因此，在本书中，我们没有针对上述融资渠道具体的融资准入条件和操作流程做具体的展开说明。

北京证券交易所有限责任公司董事长徐明先生在2021金融街论坛年会上的发言中提到：当前中国有4000多万家企业，其中95%以上是中小企业，科技型中小企业超过22万家。在下一步全国股转系统和北交所市场建设中，将紧紧围绕中小企业主体，构建覆盖中小企业全链条的金融服务体系，探索资本市场发展普惠金融的"中国方案"。

北交所于2021年9月3日注册成立，是经国务院批准设立的中国第一家公司制证券交易所。2021年11月15日，北交所正式揭牌开市。北交所是一个为创新型中小企业量身打造的证券交易所，旨在支持中小企业科技创新发

---

① 《北交所（北京证券交易所）、科创板、创业板比较，看这一篇就够了》，https://www.kxianxueyuan.com/jiaoyishichang/4920.html。

股权性融资协议时，为解决交易双方对目标公司未来发展的不确定性、信息不对称以及代理成本而设计的包含了股权回购、金钱补偿等对未来目标公司的估值进行调整的协议。从订立"对赌协议"的主体来看，有投资方与目标公司的股东或者实际控制人"对赌"，投资方与目标公司"对赌"，投资方与目标公司的股东、目标公司"对赌"等形式。人民法院在审理"对赌协议"纠纷案件时，不仅应当适用合同法的相关规定，还应当适用公司法的相关规定；既要坚持鼓励投资方对实体企业特别是科技创新企业投资原则，从而在一定程度上缓解企业融资难问题，又要贯彻资本维持原则和保护债权人合法权益原则，依法平衡投资方、公司债权人、公司之间的利益。对于投资方与目标公司的股东或者实际控制人订立的"对赌协议"，如无其他无效事由，认定有效并支持实际履行，实践中并无争议。但投资方与目标公司订立的"对赌协议"是否有效以及能否实际履行，存在争议。对此，应当把握如下处理规则：

【与目标公司"对赌"】投资方与目标公司订立的"对赌协议"在不存在法定无效事由的情况下，目标公司仅以存在股权回购或者金钱补偿约定为由，主张"对赌协议"无效的，人民法院不予支持，但投资方主张实际履行的，人民法院应当审查是否符合公司法关于"股东不得抽逃出资"及股份回购的强制性规定，判决是否支持其诉讼请求。

投资方请求目标公司回购股权的，人民法院应当依据公司法第三十五条关于"股东不得抽逃出资"或者第一百四十二条关于股份回购的强制性规定进行审查。经审查，目标公司未完成减资程序的，人民法院应当驳回其诉讼请求。

投资方请求目标公司承担金钱补偿义务的，人民法院应当依据公司法第三十五条关于"股东不得抽逃出资"和第一百六十六条关于利润分配的强制性规定进行审查。经审查，目标公司没有利润或者虽有利润但不足以补偿投资方的，人民法院应当驳回或者部分支持其诉讼请求。今后目标公司有利润时，投资方还可以依据该事实另行提起诉讼。

《最高人民法院关于依法妥善审理涉新冠肺炎疫情民事案件若干问题的指导意见（二）》：

对于批发零售、住宿餐饮、物流运输、文化旅游等受疫情或者疫情防控措施影响严重的公司或者其股东、实际控制人与投资方因履行"业绩对赌协议"引发的纠纷,人民法院应当充分考虑疫情或者疫情防控措施对目标公司业绩影响的实际情况,引导双方当事人协商变更或者解除合同。当事人协商不成,按约定的业绩标准或者业绩补偿数额继续履行对一方当事人明显不公平的,人民法院应当结合案件的实际情况,根据公平原则变更或者解除合同;解除合同的,应当依法合理分配因合同解除造成的损失。

"业绩对赌协议"未明确约定公司中小股东与控股股东或者实际控制人就业绩补偿承担连带责任的,对投资方要求中小股东与公司、控股股东或实际控制人共同向其承担连带责任的诉讼请求,人民法院不予支持。

第二节 家族企业的发展阶段——财富管理之特殊关系型家族企业,各有各的殇

如果说一个家族企业的初级阶段是设立和试水,积累第一桶金,保证企业存活下来,那么一个家族企业的发展阶段就是守住初级阶段家族企业的阶段性成果,进一步检验企业制度规则的有效性以及结合对未来企业的发展战略设计与风险预判对现有一系列举措进行调整和进一步完善财富管理规划的过程。从这个角度讲,实际上这个发展期就是不断稳固家族企业形态并且向长寿家族企业逐步推进的过程,而这个过程中所要进行的很多调整都是必要的,但也是极其艰难和痛苦的。

一、夫妻档家族企业财富稳定性管理和风险防范

1988年,Sharan Barnett在自己的专著中首次给夫妻档家族企业家一个专门的称谓,即Copreneurs(Couple企业家和Entrepreneur企业家的合称),中文被译为配偶企业家。在我国医药、教育培训、房地产、互联网电商市场等领域中配偶企业家比比皆是。

在创业的初期,最值得信任的合伙人就是自己的配偶。生活中的枕边人

成为工作上的合作者,夫妻之间如果有足够的了解和互信,在创业初期缺钱、缺更合适的合伙人或外部投资人的时候,夫妻档应该是最好的创业合作基底。但当企业发展壮大,小有所成的时候,这种叠加在工作中的婚姻关系就不一定能够经得起发展模式滞后、权利诱惑和利益挑战了。配偶企业家一旦发生权力争斗、矛盾分歧或婚姻变故,就会大概率地影响企业发展,甚至会将家族企业命运推向另一个极端。近年来,配偶企业家的"争斗"和"拆伙"给家族企业带来负面影响甚至无法挽回的经济损失和错失发展机遇的案例不胜枚举,配偶企业家在企业和私人财富管理中的痛点问题越来越尖锐地显现出来。究竟是应该从源头上就摒弃这种夫妻档的企业模式,还是应该在创业初期未雨绸缪,预先通过合理的企业股权架构设计和财富规划更好地规避风险或在企业的发展过程中及时有效地进行财富风险的规划补充,这是配偶企业家必须思考和解决的重要痛点问题。此部分的痛点问题主要涉及四个方面。

第一个方面,配偶企业家在创业初期对企业股权的架构设计不合理或者根本没有设计;

第二个方面,配偶企业家在发展过程中对企业控制权的纷争或其他原因导致夫妻反目离婚,对家族企业产生了直接的巨大冲击;

第三个方面,夫妻档企业人格混同导致夫妻以共同财产连带承担公司债务的风险;

第四个方面,配偶企业家对企业和家庭的财富风险缺少前瞻性、长远的预防措施和规划。

很多夫妻档企业的成功案例说明,夫妻档企业出现问题的根本原因不在于创始人之间的夫妻关系,毕竟夫妻之间具有外人无法取代的信任感和行动一致性,还在于配偶企业家是否能够更好地默契协作,是否能够在适当的时机有对对方的成全和彼此的包容退让,是否可以在企业设立和发展的不同时期对企业内部架构设计、企业所有权和控制权、企业治理和分配机制等做出明确约定,是否能够审时度势地引入现代企业治理模式和专业人才,是否对企业的财富管理和风险控制做出了预先的防范和合理的规划。

【解决方案一】夫妻一方退出企业管理不失为一种好的选择

【案例】夫唱妇随型配偶企业家——阿里巴巴的马云和张瑛、百度的李彦宏和马东敏

1995年,当马云意图走出事业的第一步,计划做中国黄页的时候,只有妻子张瑛投了赞成票,想尽一切办法凑了1万元帮助马云创业。在马云的阿里巴巴成功的时候,时任阿里巴巴中国事业部总经理的张瑛选择了退出。对于这对夫唱妇随型的配偶企业家,一方选择在企业发展适当的时机直接退出,支持另一方引入更为完善的企业控制和管理机制,不失为夫妻档企业发展的简单且有效的正面范例。

同样,百度早期的成功,离不开马东敏对李彦宏的支持。后期,企业越做越大,需要现代化的管理制度和人才引进模式,为了让企业更好地发展,马东敏逐渐退出百度的日常运营。

【解决方案二】合理的股权结构,明确的分工,引入法律和制度规范

以有限责任公司的企业模式为例,对于配偶企业家的股权分配结构以及公司的实际控制权(表决权)要有明确的归属和书面约定。如果配偶企业家不能够对公司的股权架构和权力分配做出预先的、理性的、合理的约定,极易使公司决策陷入僵局,并影响企业的发展。

一方面,合理分配夫妻股权,构建合理的股权结构。

股权结构设计的不合理必然会导致配偶企业家之间出现矛盾,尤其是股权均分是最典型的不合理的股权结构,"真功夫""海底捞"就是典型的由于股权均分诱发夫妻档企业股东矛盾的案例。股权的绝对平均,使得配偶企业家没有任何一方处于绝对控股地位,双方很难在决策和行动上保持一致。

另一方面,夫妻双方在公司内部的分工和职责要明确。

【解决方案三】尽可能理性地面对分歧和情感纠葛,将矛盾或婚姻关系破裂给企业造成的负面影响降至最低

【案例】势均力敌型配偶企业家——当当网的李国庆和俞渝

当当网曾被称为"中国的亚马逊",是风光无限的互联网电商巨头。在当当网鼎盛时期，淘宝还在摸索，京东还未转型电商。如今，当当网仍在，但愈演愈烈的李国庆和俞渝夫妻夺权大战似乎已遮蔽了当当网的所有锋芒。二人相互的言语和行动都已经不在得当体面的尺度之内，俞渝所求的"顾客无碍，当当更好"，或许真的比解决这一场可能旷日持久的离婚纠纷更加难上加难。

【解决方案四】避免夫妻档公司人格混同，法人面纱被刺穿

为维护债权人的合法权益，《公司法》规定了一人有限责任公司的股东不能证明公司财产独立于股东自己的财产的，应当对公司债务承担连带责任，这就是企业家应当了解的《公司法》理论上的"刺穿法人面纱"原则。对于夫妻档公司，造成公司人格混同、法人面纱被刺穿的根本原因就是100%控股的夫妻股东无法举证证明公司财产与夫妻股东财产独立的，公司就有可能被判定为实质意义上的一人有限责任公司，夫妻双方应当对公司债务承担连带责任。

结合最高人民法院出具的《中华人民共和国最高人民法院民事裁定书》（2020）最高法民申1515号司法判例，其中"本院经审查认为"部分是这样阐述的："高×霞与张×在设立有限责任公司时，并未能向工商登记部门提交分割财产证明""股东高×霞不能证明其个人财产独立于金×嘉公司，即不能证明公司财产独立于股东自己的财产，故原审判决以'高×霞系张×妻子，涉案债务发生于双方婚姻存续期间'为由，判决高×霞承担共同付款责任并无不当。"最高人民法院出具的《中华人民共和国最高人民法院民事判决书》（2019）最高法民再372号司法判例中亦阐明："一人有限责任公司只有一个股东，缺乏社团性和相应的公司机关，没有分权制衡的内部治理结构，缺乏内部监督。股东既是所有者，又是管理者，个人财产和公司财产极易混同，极易损害公司债权人利益""青×瑞公司由熊×平、沈×霞夫妻二人在婚姻关系存续期间设立，公司资产归熊×平、沈×霞共同共有，双方利益具有高度一致性，亦难以形成有效的内部监督。熊×平、沈×霞均实际参与公司的管理经营，夫妻其他共同财产与青×瑞公司财产亦容易混同，从而损害债权人利益""综上，青×瑞公司与一人有限责任公司在主体构成和规范适用上具有高度相似性，二审法院认定青×瑞公司系实质意义上的一人有限责任公司并无不当"。

从上述两个案例可以看出，司法裁判观点认为如果夫妻档公司符合以下特征，就可以认定为一人有限责任公司：

第一，公司的注册资本来源于夫妻共同财产；

第二，公司的资产归夫妻共同所有，夫妻双方利益具有高度一致性；

第三，公司的主体构成和规范适用与一人有限责任公司具有高度相似性；

第四，夫妻双方均实际参与公司的管理经营；

第五，没有证据证明夫妻共同财产与公司资产有效隔离；

第六，公司资产的混同损害了债权人利益。

鉴于夫妻股东之间的特殊关系，为防止夫妻股东对夫妻档公司的债务承担连带责任，配偶企业家应通过合法、有效的规划方式，在家庭财产与公司财产之间搭建财富的"防火墙"，有效隔离风险，以免企业债务波及家庭财富安全。

第一，在企业设立初期，夫妻双方应签订书面的婚前或婚内财产协议。协议约定各自的出资归各自所有，不属于夫妻共同财产，并在工商行政管理部门进行工商登记备案。同时，对于夫妻双方的出资方式、出资来源及各股东运营管理过程中的权限、利益分配等问题做出明确约定，并在公司内部建立一套规范完整的财务制度。

第二，在公司运营过程中，夫妻档公司要加强规范化运作，不要将公司财产随意挪作个人或家庭用途。在将个人或家庭资产用于公司运营时，要以规范的投资、借款或者租赁形式，不要轻易无偿提供给公司使用，确有必要时也一定要以书面协议形式对财产用途、使用目的及支付对价等关键性问题作出明确约定。

第三，对于公司清算过程中涉及的债务清偿问题，应以公司独立财产作为破产财产制定清算方案，夫妻股东切忌将个人财产与公司破产财产混同，对公司财产清偿不足部分以私人财产对特定债权人进行个别清偿。如此一来，其他未得到全部清偿的债权人很有可能会以财产混同为由诉请夫妻股东同样以私人财产对其债权进行清偿。

【法律依据】

《公司法》第二十条　公司股东滥用公司法人独立地位和股东有限责任，逃避债务，严重损害公司债权人利益的，应当对公司债务承担连带责任。

《公司法》第五十七条　本法所称一人有限责任公司，是指只有一个自然人股东或者一个法人股东的有限责任公司。

《公司法》第六十三条　一人有限责任公司的股东不能证明公司财产独立于股东自己的财产的，应当对公司债务承担连带责任。

【解决方案五】擅用大额保单、保险金信托、家族信托等有效的金融工具

【案例】患难与共型配偶企业家——杜鹃和黄光裕

"等你回来，我一定还给你一个更好的国美！"当年黄光裕妻子杜鹃的这句话令很多人感动不已。黄光裕出狱时，国美仍在，妻子杜鹃功不可没。与更多为了利益和权力闹得不可开交的配偶企业家相比，杜鹃用相濡以沫的真情扛起了家族内外的重担，帮助丈夫延续了家族的事业和精神，为中国的夫妻档企业发展贡献了另一套值得称赞和临摹的样本。事实上，挽救国美的除了杜鹃的这一份不离不弃，还有这对配偶企业家未雨绸缪的财富风险防范意识。原来，夫妻二人有一个约定，通过购置大额保单，为家庭准备出预防风险的备用金，也正是大额保单的保单贷款功能，帮助逆境中的国美度过了资金链的寒冬，化解了企业的经济危机，避免了企业控制权的旁落以及公司股份被稀释的风险。利用法律工具、保险及信托金融工具，为家庭、企业建立起抵挡风雨的坚实屏障，是配偶企业家可以借鉴的有效的家企资产隔离和风险防范的举措。

二、兄弟姐妹档家族企业财富稳定性管理和风险防范

龙之九子，各有不同，无论性格、胸怀、胆识、智慧如何，"仁义和道德"是较难做到的。

兄弟阋墙，同室操戈，只要涉及权位、利益、威严、功名，"平衡和礼让"就很难做到。

兄弟姐妹们携手创业时，往往争先恐后地吃苦，向前冲，待企业成功辉煌之时，总要争头号功臣，争坐第一把交椅。对得来不易的财富也会争抢。夫妻之间的利益容易朝着一致的方向发展或调整，毕竟姻亲的结合通常产生的是正

向的凝聚力和利益驱动力，但兄弟姐妹档家族企业更容易出现利益和需求的分歧，因为兄弟姐妹通常会各自形成家庭，并以小家庭为单位与其他小家庭之间产生反向的争夺力和利益破坏力，更容易导致家族企业的解体。

痛点问题：如何保证兄弟姐妹档家族企业的和谐发展和稳定传承

【解决方案一】理智分家，明智选择；情感在前，利益在后；公平合理，尊重规则

【案例】新希望家族四兄弟分家不分心

新希望集团刘氏兄弟刘永行、刘永言、刘永美、刘永好10年携手，堪称兄弟档家族企业的典范。

刘永行在兄弟联手经营家族企业的过程中逐渐意识到：家族企业最大的弊病就在于兄弟多人都在企业任高官，外面有才能的人进不来，而且一家人的思维方式多少有些类似，没有一个突破点。另外大家各有各的想法，各自能力又很强，要决策某件事就很难，容易耽误商机。

当然，现代企业制度的引入不必然给家族企业带来正向的效果，家族企业如果要绵延发展，还是要靠着家族的内化和向心力的不断提升，与其靠着"外人"为家族企业实现积极的效能，不如更好地通过立规矩，培养和激发家族成员对家族企业最本真的忠诚和凝聚力优势。1997年11月4日，希望集团发布公告[1]：根据希望集团董事会决议，希望集团下面只设大陆、东方、华西、南方四个二级实业公司，分别由刘永言、刘永行、刘永美、刘永好负责。希望集团同时决定，自1997年6月3日起，由刘永行董事长出任法人代表，负责希望集团对内对外的活动；由刘永美任总经理主持集团的日常工作；刘永好不再担任集团的法人代表。公告并指出刘永好所创立的新希望集团只是希望集团下属南方公司的一个分支机构。这是刘氏家族的第二次分家，却更成功地开启了希望集团的另一番辉煌。相比之下，1992年兄弟四

---

[1] 裴蓉：《源动力——中国民营企业传承突围》，《家族企业》，2021年第1期。

人第一次分家，刘氏家族企业还是犯了大忌，即四兄弟将集团股权均分为四份，每人占比25%。如果没有兄弟之间深厚的情感链接，分家不分心，希望集团极有可能由于简单粗暴的股权分配模式葬送了家族企业的大好前程。因此我们也建议兄弟档家族企业家在企业分而治之的时候，切勿轻易将股权平均分配，因为这样做极易造成企业决策僵局等复杂混乱的局面。对于刘氏家族第一次的平均分权，不得不说有侥幸或幸运的成分，当然也从另外一个方面说明，家族企业的成功，更多地要归功于"人"的因素，人自身良好的品质和素养，在利益面前的分寸和理智，才可能为兄弟姐妹创业带来稳固、持续、长久的保障。

更值得家族企业家学习借鉴的是，刘氏家族在第二次分家的过程中，秉持公平合理的分配原则，制定了严格的内部规则，并共同严格遵守。第二次分权，刘永好和刘永行之间进行资产分割，两人按照"资产平均分配"的原则，将全国27家子公司的资产一分为二。同时，兄弟之间约法三章：两个片区禁止跨区域开拓市场；干部流动必须双方认可；董事会开支不得在集团报销。简要总结为：不抢地盘，不准挖人，不准乱伸手。正是亲兄弟，明算账，设规则，严遵守，才能让兄弟情义和利益的平衡成为现实。因此，我们建议更多的兄弟姐妹档家族企业，能够人字为本，情义当头，利益滞后，讲求规则。

【解决方案二】 企业和家族明晰治理，去家族化，引入现代企业管理制度，大胆起用外部管理人

【案例】 吉利集团大刀阔斧去家族化

从1998年第一辆吉利汽车正式下线开始，浙江吉利控股集团用了20年的时间成为一个年销量过百万辆的汽车巨头企业。浙江吉利控股集团李书福的成功有来自创业初期亲兄弟李书芳、李胥兵、李书通的支持和家族的帮衬。但企业发展到一定规模后，在守业的过程中，李书福也意识到股权不清，权利不明，裙带关系和规章制度无法有效执行等种种家族化弊端。兄弟之间也出现了不同的想法。李书福对企业进行去家族化改革。到2003年，吉利集团的高管，全部换成了职业经理人。虽然这种做法引发了吉利集团的阵痛，但也让吉利集团实现了人才的专业化和企业管理的现代化。2005年吉利集团在

香港上市。①

去家族化不是绝对的好的路径，只有基于家族内部成员相互信任，且具有有效的沟通机制所形成的集权化的家族式企业才能使家族企业所有权和控制权掌握在家族成员手中。因此，兄弟姐妹守业还需要依靠彼此扶持和信任。同时，去家族化也不等同于家族成员的退出。家族企业的弊端来自股权不清，权利不明，企业和家族之间难以形成有效的平衡，家族成员往往通过在家族企业中的地位、话语权、分红权等方面控制企业，拉帮结派，谋求私利，让家族企业不得不考虑从外部引入人才和机制管理企业，加大了企业的代理成本。去家族化是一种选择，但应该是一个备选项，而不是家族企业发展的必然选择。

越是讲亲情的地方，越要设定边界，所谓"亲兄弟（姐妹）明算账"，越明晰越好，越让兄弟（姐妹）们心服口服越好！这样才能封堵人性的贪婪和罪恶，才能让亲情释放无以比拟的正能量。

三、父（母）子（女）档家族企业财富稳定性管理和风险防范

有些父母无法平衡、分离企业家角色和家长角色，这容易导致子女长期在两种角色的混沌中成长和挣扎，有些子女会认为自己永远在父母的捆绑之下生活，没有自我、自由和选择的权利。情感的长期缺位和错位让子女无法以正常的心态理解和接受与父母共同参与家族企业的经营，更不愿意接受父母对自己强权式的传承安排，子女与家族企业渐行渐远，与父母之间的隔阂也越来越深。

痛点问题：如何顺利实现父（母）一辈、子（女）一辈的权力交接

【案例】双汇父子反目成仇

双汇集团父子之间的战争，注定让万氏企业的传承蒙上了阴影。

2021年8月2日，万洲国际以第474位入选财富Plus全球《财富》世界

---

① 裴蓉：《源动力——中国民营企业传承突围》，《家族企业》，2021年第1期。

500强排行榜。此外，万洲国际子公司双汇发展也于此前入选2021年《财富》中国500强排行榜，位列第151位[1]。在众多企业遭受新冠肺炎疫情冲击的大背景下，双汇所做的从饲料、养殖、屠宰到肉制品加工、包装、终端连锁的全产业链布局战略成就了其明显的产业竞争优势。2021年8月7日，即双汇发展与万洲国际双双发布中期业绩的时候，万隆之子万洪建没有出现在同时公布的公司新的任命名单中。也许正是由于父亲的这一决定，2021年8月17日，万洪建公开发表了《万洪建：我眼中的父亲和万隆》的文章，引燃了家族长期内部矛盾的导火线，双汇集团父子之间的战争正式公开化。当日，万洲国际股价下跌11%，双汇发展股价下跌超5%，蒸发掉的市值高达127亿元。

与夫妻关系的不合则分，兄弟姐妹之间的合久必分相比，父（母）子（女）关系看似应该更加稳固。但事实上，家族企业的创一代与子女之间的血缘关系因为创一代的绝对权威以及疏于与子女的沟通而产生无法调和的矛盾，更容易走向极端。众多情感因素的共同作用，常会造成家族内部的破坏性能量在悄无声息中不断积累。一旦达到引爆点，所产生的"内向爆破"的破坏力是极其巨大的，也基本难以防御[2]。因此父（母）子（女）之间缺乏爱的沟通是阻滞家族企业经营发展和代际传承中最主要的情感因素。在清华大学五道口金融学院全球家族企业研究中心主任高皓看来，进行代际传承的阶段是家族企业最脆弱的时刻，因为传承意味着企业内外部责任、权力和利益关系的根本性调整，会对企业高管、员工、供应商、客户、其他股东、债权人、资本市场、媒体、公众乃至政府部门等多方利益相关者产生不同程度的影响。在这一敏感过程中，两代人应像走钢丝一样谨慎、专业地做出重大决策，处理好各种重要关系，这样才有可能避开传承中的致命性风险，实现平稳有序的传承。双汇事件背后，暴露了家族企业代际传承中普遍存在的痛点问题。

---

[1]《万洲国际进入〈财富〉世界500强 旗下双汇发展位列中国500强》，https://baijiahao.baidu.com/s?id=1706970189794191608&wfr=spider&for=pc。

[2]《双汇"家族战争"启示录》，http://www.cfbr.com.cn/news/1659.html。

【解决方案】

创一代父母在家族企业创立发展的过程中,不能忽视对子女的陪伴和同子女的沟通,子女本身就是家族和企业的共同财富,创一代不能因为忙于家族企业的发展而忽略了对子女的爱、尊重、理解、包容以及科学培养,这才是家族成员在企业经营过程中能够和谐相处,子女愿意并有能力撑起家业的内因基础。不强迫下一代接班,一切从心出发,让下一代理解创一代的艰难和坚持,并主动选择承继创一代得来不易的家族基业。

创一代尽可能早地让继二代接触和了解家族企业的运作,让继二代对家族企业有归属感,这是激发责任感和家族荣誉感的基础。

创一代也要对继二代有信心,既然做了选择,就果断放手,不搞"垂帘听政",让继二代感受到被信任、被尊重,更好地"海阔凭鱼跃,天高任鸟飞",才能够让继二代找到家族企业新领导者的感觉,勇于承担起家族企业的重任。

在家业交接过程中,对继二代与家族企业"老臣"之间的沟通和融合,创一代还是要发挥润滑剂的作用,避免家族企业内部拉帮结派,暗流涌动,表面和谐,实质上却令家族企业元气大伤。

为避免继二代缺乏经验或过于激进而造成企业走下坡路,家族企业家应耐心帮扶,做好导师,也可以通过外聘职业经理人或资深人士辅佐继二代的工作。"扶君上马,再送一程"总是必要的。

第三节 家族企业的成熟阶段——成功不任性

普华永道发布的2021年全球家族企业调研中国报告《从信任到彰显影响力》中对家族企业做出了这样的定义:30%或以上股份由单一家族拥有的上市公司;或由单一家族控制公司过半数具表决权股份的非上市/私营企业。

普华永道发布的2018年全球家族企业调研中国报告显示,截至2017年,家族企业占A股市场上所有私营企业的比例为55.7%,截至2017年4月,有累计多达1112家家族企业在国内股票交易所上市。选择上市与不上市,完全由家族企业的发展战略和利弊权衡决定。出于融资补充现金流、扩大再生产的需求而选择上市，相应的代价是股权被稀释和被恶意收购的可能性。同时，企业相关的重要信息需要按照法律法规的规定予以充分披露。因此，引入外部资本要慎之又慎！企业的公众化并不是每一个家族企业殊途同归的终极目标，很多成功的家族企业坚持不上市战略，实践证明也不会影响家族企业的持续扩大发展。因此，上不上市，还是因企业而异，见仁见智。

痛点问题：家族企业挂牌上市看似水到渠成，但能否修得正果还是未知数

家族企业发展到一定的规模，申请挂牌上市，进入资本市场，融集企业扩大再生产所需资金，进一步推动家族企业扩大规模和良性发展，这是每一个家族企业家的美好愿景。但资本市场复杂因素众多，家族企业必须在上市前做好风险防控的前置动作，使家族企业上市修成正果。

【解决方案】

第一，家族企业是否改制、改制时机的把握以及改制的决策权衡。

家族企业在上市前必须完成股份制改造，这是上市准备工作中最重要的基础动作。家族企业家对于该不该改制，选择什么时机改制，改制过程中要克服哪些困难、如何平衡利益冲突要考虑清楚。

第二，股份制改造不改变企业的家族属性。

家族企业进入资本市场必然会造成部分股权的让渡，这对家族企业控制权和管理权会产生威胁，影响家族企业的稳固发展和传承，甚至可能改变家族企业的家族所有和控制的本质属性，这是家族企业持续代际内化发展和公众化进程中最难把控和解决的矛盾点。因此，在上市之前，家族企业家一定要做好企业控股架构和治理模式的调整，科学利用家族股权信托等金融工具谨慎布局，不要赢了资本但输了自己辛苦创下的江山。

第三，信息披露。

家族企业上市需要遵守严格的信息披露程序，这也是很多家族企业的风险点。家族企业的信息披露涉及工商登记、财务、税务以及涉诉情况等方面，如果家族企业存在违规违法操作甚至存在诉讼案件悬而未决，包括家族企业控股股东的离婚纠纷，都可能影响上市融资审查批准的进程。因此，上市对

于家族企业的规范性经营，以及可能影响股价的重大关联性消息的披露要求是家族应该重视的合规环节。

第四，家族企业坚持不上市，也不失为上上策。

【案例】李锦记坚持不上市，"如果上市，做很多事情出发点就变了"

迄今已有130余年历史的李锦记家族，创造了名扬世界的酱料王国，几乎只要有华人的地方就有李锦记的蚝油和酱油。因此，李锦记集团不缺钱，这是李锦记不上市的底气。但李锦记不上市的根本原因在于要保持纯粹的家族企业身份。李锦记有一个严格的规定，有血缘关系的家族成员，才能持有公司股份。这与企业所有者的价值判断与选择有关，也与传统文化因素的影响有关[①]。

李锦记的第四代传人李惠民曾公开表示，企业不上市有很多优势：计划事情可以更长线，投资不一定要很快获得回报，做生意有秘密是正常的，比如配方、财务状况，我们并不愿意披露。像李锦记这样把"家族"放在至高无上的位置的企业并不多，李锦记的坚持不上市或许可以解读为一种传统"家"文化现象，以"家"为纽带，诚信经商，坚持做属于自己家族的企业，并以家族独有的"宪法规则"和企业治理模式实现了家族企业的百年传承，值得每一位家族企业家借鉴学习。

第四节　财富"隔离带"——企业和家族，左兜右兜要分清

家族企业在初始阶段最容易出现企业资产和家族资产的混同问题。企业和家族分不开，但同时企业和家族必须分开：前者说的是利益一体化、一致性；后者强调的是资产和风险合法有效地隔离。

2020年中国企业家家族财富管理白皮书的调查数据显示，约七成企业家尚未采用任何有效的风险隔离措施，已采用家族信托等风险隔离手段将家族

[①] 《李锦记：不上市的家族企业》，《印刷经理人》，2011年第10期。

个人财富与企业财产进行隔离的企业家只有约5%。可见，家族企业家对将个人资产与企业资产相互隔离的意识是极其薄弱的。

痛点问题：如何扯起企业和家族的财富"隔离带"

企业和家族的财富不是左兜揣右兜，其合法的基础界限在于完税，只有企业和股东完税后的分红，才是真正属于股东和家族的钱，才可以顺理成章、理直气壮地用来消费和传承。事实上，很多不合规的行为会导致企业和家族资产混同，家族企业家应该识别并有意识地规避。

其一，企业家或家族成员个人账户收取企业经营账款或企业财产直接记载于企业家个人或家族成员名下，由股东或家庭成员直接占有、使用或摊薄企业的应纳税收入；

其二，企业家或家族成员无偿使用企业资金，或财产不做财务记录，或将企业家个人及家族开支列入公司经营成本，企业账务与家族账务无法区分；

其三，由股东个人或夫妻共同财产为企业贷款承担无限连带保证责任；

其四，直接用家族财富为企业补充现金流；

其五，私自挪用企业资产；

其六，抽回出资或直接分割公司资产；

其七，用企业资产为家庭购置房产，造成物权的混同。

【解决方案】

第一，切忌用个人账户收取企业往来账款。

第二，建立完善的财务制度和监督管理制度，家族日常的开支决不能从公司账务直接列支。

第三，为企业做担保，一定要带好"护身符"。当企业遇到资金困难需要借贷或融资时，企业家要根据实际情况采取适当的担保措施，提早做好个人和家庭财产的保护，可以要求公司为企业家提供反担保。

通过事前的规划，做好企业资产与家庭资产的有效隔离。家族企业家可以通过婚前财产协议、保险、信托等法律或金融工具提前做好家企资产隔离。尤其是利用对赌协议引入外部资本的时候，一定要提前做好家企隔离，防止对赌协议可能引发的企业风险蔓延至整个家族。

【法律依据】

《中华人民共和国民法典》第六百八十九条 保证人可以要求债务人提供反担保。

《中华人民共和国民法典》第六百八十六条 保证的方式包括一般保证和连带责任保证。

当事人在保证合同中对保证方式没有约定或者约定不明确的，按照一般保证承担保证责任。

原《中华人民共和国担保法》（自2021年1月1日起废止）第十九条 当事人对保证方式没有约定或者约定不明确的，按照连带责任保证承担保证责任。

将《中华人民共和国民法典》与《中华人民共和国担保法》对比后，我们发现，前者对保证方式作出了修改，改为由保证人对被保证债务承担补充责任，减轻了保证人的责任。

第四，家里的钱落袋为安。家里的钱放入企业可以称为"投资"或"增资"，是企业家或家族成员的自由决策。但企业的钱拿回家可以定性为"挪用"或"侵占"，可能涉及刑事责任。因此，不能随便拿，也不要轻易给。家族的钱是家族成员安稳幸福的保障，并能够在家族企业家等重要成员突发意外、重病等风险的情况下维持家族正常的生活开支。家族财富与企业财富的隔离保护至关重要。钱给了企业再拿回来就没那么容易了。让家族财富落袋为安，选择大额保单、保险金信托、家族信托等金融工具，通过合理合法的架构设计为家族财富保值增值，隔离未来的债务风险，并能够按照自己的意愿在二代子女中传承，是家族企业家最佳的选择。

第五，公司"代持"家族房产，一定要有字有据。借用公司的名义购房行为的法律风险在于造成了家庭和企业之间物权资产的混同。房产作为企业名下的资产，已与企业经营风险捆绑在一起，一旦企业经营出现危机，其名下房产的安全会随时受到冲击。作为企业的固定资产，在企业出现严重亏损或债务纠纷而被强制执行时，该房产很可能被作为抵债资产被抵押甚至被拍卖。若家族企业家想将房产所有权转至个人名下，还需要经公司股东会或董事会决议同意，无形中企业家要承担额外的税务成本。

根据《中华人民共和国民法典》物权编的有关规定，商品房的所有权归记载于商品房产权证上的权利人所有。虽然以公司名义购买商品房的方式合法性方面不存在问题，但是在实际操作中，企业家还应谨慎看待该种代为购房模式，事先做好相关预防措施，防患于未然。

a.签订书面购房协议

企业家在以企业名义购房之前，应当与企业签订购房协议，注明所购房产具体信息，明确购房款由企业家个人支付，企业仅是代持房屋产权。同时，该购房协议还应当经公司股东会或董事会决议同意。

b.通过企业家个人账户支付购房款

切勿将购房款先汇给企业账户，再由企业账户支付房款，因为如此操作一旦发生纠纷，司法机关一般不会认定该款项是属于企业家的购房款。为避免此类情况发生，企业家应当从个人账户中直接向开发商支付购房款，并留存证据。

c.将已登记在公司名下的房产抵押给企业家，并办妥抵押登记手续

为防止企业擅自处分房产或对抗公司债权人要求变卖企业名下房产的法律风险，企业家应当办理房产的抵押登记手续，成为合法的抵押权人。

第六，别让无形的手揭开公司面纱拿走属于家族的钱。有限责任公司的企业形式赋予了股东一道保护屏障，但如果股东出现未按约定履行出资义务或随意抽逃出资等违反《公司法》的行为，揭开公司面纱原则将迫使股东为公司的债务承担连带清偿责任。

【法律依据】

《公司法》第二十条　公司股东应当遵守法律、行政法规和公司章程，依法行使股东权利，不得滥用股东权利损害公司或者其他股东的利益；不得滥用公司法人独立地位和股东有限责任损害公司债权人的利益。

公司股东滥用股东权利给公司或者其他股东造成损失的，应当依法承担赔偿责任。

公司股东滥用公司法人独立地位和股东有限责任，逃避债务，严重损害公司债权人利益的，应当对公司债务承担连带责任。

第五节 财富"交接棒"——企业和家族，有形无形不可分

日本人常说"爷爷种田、孙子种田"，意思是一个人或者一个家庭的第一代开始为财富奋斗后，他们的第三代往往会因为没有动力或者不思进取再次回到底层社会，回到贫穷的起点。中国人常说的"富不过三代""父买、子修建、孙儿卖、重孙街上当乞丐"讲的都是一个家族的后代子孙没有能力将第一代人努力积累的财富成功地世代相传，甚至是轻易地奢靡挥霍或者为了占有财富不惜撕裂亲情，最终造成家族企业从辉煌走向没落。

家族企业的代际传承应该物质和精神两手抓。如果企业家仅仅从狭义的有形财富的角度去考量家族企业的代际传承，对于家族企业来说无疑是短视且禁不起时间检验和风险挑战的。家族企业家一定要从代际传承的长度、宽度和深度上提升风险和规划认知，明确家族企业的代际传承是一个广义概念的、长期性、系统性、挑战性的工程，包括物质财富的传承、人之道德、胸怀、格局的传承和企业家族文化、风尚、精神的传承。代际传承是一件从家族企业设立之初就要思考和预备的最核心的大事，它事关企业在每一个期待中或意料外事件发生的时间节点上的有序有效应对风险变化甚至是企业的生死存亡，事关每一个家庭成员长久利益甚至人生命运。

按照美国布鲁克林家族企业学院的研究，70%的家族企业没有传到第二代，88%的家族企业没有传到第三代，只有3%的企业在第四代以后还在经营。中国的家族企业家受几千年中国传统"家"文化的影响，更希望自己的家族和企业能够相互正向影响，共荣永续。在日本，最长寿的企业金刚组，已经成功存续了1400余年。在中国，也有很多代际传承成功经验可供学习。李锦记家族成功传至第五代，新希望集团的"混合式"传承模式，远东集团蒋锡培家族的齐家、齐心，福耀玻璃曹德旺家族的父子同行，娃哈哈集团宗庆后的女儿接掌大任等，这些家族企业在代际传承方面的经验都值得中国的家族企业家研读和借鉴。如何做好家族企业的代际传承，要在借鉴、总结他人经验的基础上，探索出一条最适合自己的家族企业传承之道。

择对待生活的方式。2019年褚马学院正式成立。马静芬在成立仪式上说："一个鸡蛋从外面打破，是食物。从里面打破，是生命。外面穿的衣服，再怎么漂亮也只是衣服。它也许会让你很开心，但是不会改变你的人生。可是如果从心态来改变的话，你整个人生说不定就变了，就会提升了。"财富传承非常重要，但是精神传承更为难得。乐观坚毅、仁义大爱就是褚氏家族最宝贵的精神财富。相信在这种精神传承的基础上，褚橙事业可以经受住时间的考验，世代相传。①

【解决方案二】和谐的家庭关系是家族财富顺利传承的重要决定因素

2005年，南非学者在研究中小型家族企业接班人意愿中发现影响二代接班意愿的最重要因素可能是家庭关系②。开明的家族企业家应该意识到，家族企业的发展有赖于所有家族成员的善意、能力、责任和投入。因此，我们建议家族企业家为了使家族企业能在家族内部顺利传承，应该重视对家庭关系的经营，要让亲情的力量助力家族企业的代际传承。具体措施包括：家族企业家要持守誓言，"执子之手与子偕老"，良好的夫妻关系是家族和企业繁荣之本；家族企业家要珍惜手足，对共同创业或共同承继家业的同辈家族至亲尊重和包容，利在后，情为先；家族企业家要放下姿态，多陪伴和关爱孩子，倾听孩子的声音和观点。如果两代人之间的关系特别亲密，下一代接班的意愿和可能性就高。很多家族继承人通常会有两种比较极端的想法：一方面他们想在自己所从事的领域表现出色；另一方面他们有一种优越感，认为这个最高之位是专为他们准备的，但这种感觉通常又会被极度的雄心和不安全感占据和影响。这极易让家族继承人陷入强烈的情感纠结中。家族企业家作为父母，唯一的办法就是给予孩子们更多的爱、支持和接纳③。如果可以在第一代创业者和第二代接班人之间产生一脉相承的家族企业价值观，这将为企业的代际传承串联起顺畅的情感和精神主线，缩小甚至消除代际隔阂。让"高高在上"和"自我价值"不再对立，让"限制操控"和"自由发展"不再撕扯，让爱、理解和尊重在两代人之

---

① 郑四方：《哀牢山上的月亮——专访褚橙庄园创始人马静芬》，《家族企业》，2020年第3期。
② 丁弘彬：《家族关系是影响二代接班意愿最重要因素》，《家族企业》。
③ ［美］塞耶·奇塔姆·威利斯（Thayer Cheatham Willis）著，胡丽英译：《家族财富传承：驶离财富阴暗带》，东方出版社。

间成为情感主色；平等地养育和对待子女，不要限制女儿在家族企业中发挥作用，不要以任何理由怀疑女性家族成员在家族企业领导岗位上的表现，更不要以任何方式将女性家族成员排除在家族企业经营管理之外[①]。

【解决方案三】家族治理

不同的家族，有着不同的思想价值观，不同的企业，有着不同的发展思路。因此，家族治理体系也各有不同，合理的家族治理体系能够帮助家族有"法"可依，有"章"可循。家族治理结构包括：家族会议制度（家族大会）和家族理事会（家族的董事会）或家族委员会（家族理事会的职责包括：制订家族教育计划、确保计划实施的责任、与董事会成员进行互动、评估家族价值观和愿景、组织家族和股东会议、鼓励家族成员参与家族活动、从下一代成员中开发家族领导者、开发家族的社交和慈善活动等[②]）；家族办公室（家族治理结构作为必需品，伴随在家族企业的不同阶段，并且在不同的阶段呈现出不同的形式，有不同的要求。在家族企业初始阶段，家族企业成员通常选择家族会议决策家族和企业事务。这个阶段，家族会议规模比较小，可以选择经常聚会讨论家族发展的策略和规划、价值观和愿景以及下一代的培养计划。当家族企业步入发展期，家族事务复杂，家族成员超过30人时建立家族理事会，从家族成员中选举产生家族理事会。而当家族进入相对成熟阶段，就需要建立家族办公室，作为家族资产规划和行政管理中心。家族办公室完全独立于企业之外，相当于家族企业的董事会，对家族的投资管理、财富规划、税务合规、风险预防等职能事项负责，可以帮助家族成员从复杂的事项中解脱出来，专注于长远的企业发展策略和规划[③]）。

中国古有《颜氏家训》《温公家范》，但中国现代家族企业鲜有较为明确并认真执行的家族宪法。究其原因，一方面，受制于中国家族企业的发展历

---

① 吕峰、Sanjay Goel：《更认真地倾听柔和的声音 让女性参与家族企业管理》，《家族企业》，2020年第3期。
② ［美］兰德尔·卡洛克、［美］约翰·沃德著，谢芳、高皓译：《家族企业最佳实践：家族和谐与企业成功的双层规划流程》，东方出版社。
③ 芮萌：《家族需要建立治理架构》，《家族企业》，2017年第8期。

程短，家族人口规模小；另一方面，家族企业家对于"家"文化和企业的"商"文化之间的关联度的认知并没有真正上升到急迫需要家族宪法统领家族成员参与企业经营的高度。

家族宪法是一个企业家族的根本大法，是家族成员参与企业经营的行为规范，是家族财富的分配机制，是家族的核心价值观，是对家族成员的赏善罚恶，是家族成员之间纠纷的解决机制和家族风险的预防体系。中国的家族企业想要持久发展，必须明确规范家族治理体系中的根本大法，使其成为维系家族企业发展和企业、家族内部和谐，形成统一的家族价值观的具体的成文法保障。

痛点问题二：中国的家族企业如何设立家族宪法，并使之充分发挥家族治理的功能

家族宪法要明晰家族核心价值，明晰敏感问题的处理方式，将家族治理制度化。其内容包括家族使命宣言、家族核心价值、行为准则、家族委员会与董事会的双层规划、股权分配及转让、股利分配、家族成员雇佣、继承人培养及选择、家族成员退出流程、冲突调解、制裁，以及家族宪法修改等方面[①]。

除了上述家族宪法包含的内容，家族宪法中还可以约定家族成员的绩效考核条款。这是特别有趣且有效的部分。因为家族成员天然的家族血缘属性常常使其有特别的优越感和兜底的安全感。因此家族成员极易降低对自己的要求，从而造成能力、贡献与企业的发展不匹配的结果。提出对家族成员的业绩考核，是因为家族成员才是家族企业最可信赖的人力资源。但同时，为了避免家族成员与生俱来的身份优势使其陷入情感和利益的不平衡矛盾之中，家族企业更需要通过行之有效的方式，一方面让亲情与企业共荣发展持续链接，另一方面让现代企业治理中的绩效制度与每一个家族成员对企业的贡献指数相关联，让家族成员清晰地认识到亲情是天然的，而利益的分享必须建立在"劳有所得，多劳多得"的原则基础之上，让家族成员在企业和家族中的角色有所切换，在企业里就是要遵循既定的原则和规则，如此才更有利于家族企业的持续发展以及家族和企业治理。

---

① 范博宏：《关键世代：走出华人家族企业传承之困》，东方出版社。

【案例】李锦记家族治理

李锦记家族在传承发展中曾经发生过两次内斗危机,虽然李锦记已经顺利地传至第五代,但两次内斗还是使企业元气大伤。到21世纪,李氏兄弟开始反思,怎样才能保证家族继承人之间不会因争权夺利而自相摧残,进而提高家族的凝聚力。

李氏兄弟专门去欧美、日本那些已经完成代际传承的家族企业去观摩、学习,他们发现,家族团结是比企业发展更重要的事情,由此形成了李锦记特有的一套价值观,即"我们>我"。他们认为,应该先追求家族的永续,然后才是企业的永续。因为只有家族永续才是根基,而企业若没有始终不变的核心价值理念,必然无法完成永续。李锦记以"家族至上"为理念,设立了"家族委员会",以父母(第三代李文达夫妻)和五兄妹为核心成员。这是家族的最高权力机构,下设"家族业务""家族办公室""家族慈善基金""家族投资公司""家族培训中心"等。其特性是集体领导,重大的事务全部要交由"家族委员会"集中讨论决定。除了"家族委员会",还有一个由28人组成的家族大会。

与此同时,李锦记还制定了《李锦记家族宪法》,家族宪法成了李锦记的统一行动方案,使家族和企业的发展有了完整统一的规划,并确保了家族的长久和睦,包括公司治理、接班人培养、家族会议、家庭内部规范、家族成员退休规定以及家族宪法修改和决议执行六个方面,具体内容如下[①]:

1.公司治理

李锦记集团坚持家族控股,只有具有血缘关系的家族成员才能持有公司股份,下一代无论男女,只要具有血缘关系,就具有股份继承权;董事局一定要有非家族人士担任独立董事;酱料和保健品两大核心业务的主席必须是家族成员,主席人选每2年选举一次;集团董事长必须是家族成员,CEO可以外聘。

2.接班人培养

对于是否接手家族生意,下一代拥有自主选择权。后代要进入家族企业,必须符合三个条件:第一,至少要读到大学毕业,之后至少要在外部公

---

① 张建华、景一、薛梅:《家族传承》,机械工业出版社。

司工作3至5年。第二，应聘程序和入职后的考核必须和非家族成员相同，必须从基层做起。第三，如果无法胜任工作，可以给一次机会，若仍旧没有起色，一样要被辞退；如果下一代在外打拼有所成就，李锦记需要时可将其"挖"回。

3. 家族会议

每3个月召开一次家族会议，每次4天。前3天由"家族委员会"核心成员参加，最后1天家族成员全部参加；会议设一名主持人，由委员会核心成员轮流担任。

4. 家庭内部规范

不要晚结婚，不准离婚，不准有婚外情；如果有人离婚或有婚外情，自动退出董事会；如果有人因个人原因退出董事会或公司，其股份可以卖给公司，但仍然不离开家族，仍是"家族委员会"成员，参加会议。

5. 家族成员退休规定

家族成员年满65岁时退休。

6. 家族宪法修改和决议执行

宪法内容的制定和修改，必须经"家族委员会"75%以上通过；一般家族事务的决议超过51%就算通过。

【解决方案】慈善在代际中传承

洛克菲勒家族内部盛行这样一句忠告："您的财产在蒸蒸日上，翻滚得像一场暴风雪。您必须让它散得比积得快！要不然，它会把您和您的儿女、儿女的儿女们压垮的。"家族企业的财富不能仅仅在家族内部分配流动，更应该融入社会慈善，让财富伴着爱心从家族内部散出，造福社会，同时也让家族和企业收获更多。

首先，慈善精神可以反哺于家族和家族企业，让家族和家族企业更具有社会影响力和良好的声誉。

其次，良好的声誉可以促进家族企业的发展，从而收获更多的物质积累。同时在做慈善的过程中还可以接触到更多的社交资源和平台，拓展社会关系。

再次，家族后代可以在投身慈善事业的过程中，更多地了解慈善奉献的意义，感受到慈善为家族和家族企业带来的巨大的荣誉感，不断提升对慈善理念的认同感，并将其与家族企业的价值观和家族文化紧密融合在一起。

从次，家族慈善可以增强家族的凝聚力，也便于树立家族精神内核，对于家族成员和后世子孙的创业和教育有示范作用，大大提升家族产业永续传承的概率。

最后，将慈善融入家族治理和代际传承也是家族企业发展顺应时代要求的重要举措。我国共同富裕目标的提出，核心意义在于缩小社会贫富差距，实现橄榄球状的社会财富分配模式，这也需要家族企业家能够积极参与慈善公益，增进社会福祉。家族要加大对慈善事业的关注和投入，一个将慈善作为家族规则和精神要求的家族，一定能够实现世代的稳定传承，因为一个家族现在有爱的样子，也是它未来被爱的样子。

家族企业应建立慈善基金会、社会团体、社会服务机构等慈善组织，借助慈善信托，积极投身社会公益事业，关注慈善与社会民生，传播社会正能量，提升企业影响力。

家族企业家应该通过专业机构，在以《中华人民共和国慈善法》为主的法律许可的框架内选择和设计慈善发展模式。

【案例】中国首善——"心若菩提"的曹德旺

2021年，曹德旺宣布捐出100亿元筹建"福耀科技大学"，重点培养国内弱势专业的高精尖人才，打破国外对科技的垄断，而且这所大学在建成后完全上交给国家。至此，加上过去几十年间曹德旺为社会的捐款，合计超过200亿元。2020年中国胡润富豪榜，曹德旺个人财富165亿元，只排名在第325位，他虽然不是首富，却捐款最多。曹德旺是一位有善心、有责任心、有家国情怀的企业家，他热衷于慈善，积极承担和践行着成功企业家的社会责任。

二、物质传承

在中国，众多家族企业走过几十年的发展历程，正迎来首轮代际传承期。家族企业的所有权和控制权进入"交棒区"，如不慎出现"掉棒断代"的情况，对于家族企业来说将是莫大的遗憾甚至灾难。

痛点问题：谁是家族合格的继承人，如何将企业的所有权和控制权交给下一代家族继任者

【解决方案一】制定家族成员成长计划书

家族应就家族成员成长培养安排制订出清晰的书面计划，及早为家族企业代际传承的候选人储备培养准备周全的方案。

家族成员对家族企业具有天然的责任感，是保全企业家族属性的自然且最佳的选择。因此对家族成员从小的培养对于企业的代际传承显然是机不可失、时不我待的大事。子女的性格、爱好、专注力、创新意识、思维模式、意志品质、财富观念等都是从小不断地通过良性的培育而形成的。子女们更早地懂得家族和企业文化、价值观、发展理念，有意识地参与到家族和企业的事务中来，体会父母一辈创业守富的不易，树立正确的金钱观念，使自己的价值观逐步向家族和企业的价值观靠近，就会为家族企业的内向传承奠定坚实的基础。

【案例】李嘉诚"分而传之，分而授之"的传承模式

李氏家族是香港首个千亿元财富家族。李嘉诚是如何传承和分配这巨额财富的呢？事实上，李嘉诚进行家族财富传承时的一个重要的参考依据就是两个儿子的不同个性。长子李泽钜谨慎守成，次子李泽楷则张扬创新。当然，这些都离不开李氏家族对两个孩子从小的培养。李嘉诚意识到只有适合的人才能做适合的事，因此，李嘉诚没有将李泽钜、李泽楷安排在一个家族企业中，而是将现有业务交给李泽钜，配合家族信托传承工具的应用。同时，给予李泽楷资金，让他开拓属于他自己的业务天地。[1]

【解决方案二】制定继任计划书

普华永道的相关调研数据显示，只有19%的中国内地、20%的中国香港家族企业受访者拥有健全的、明文记载且清晰传达的继任计划书[2]。为了最大

---

[1] 吴治国、吴珠智：《家族财富管理》，机械工业出版社。
[2] 《2021年全球家族企业调研—中国报告》，https://www.pwccn.com/zh/services/entrepreneurial-and-private-business/private-family-business-services/global-family-business-survey-2021.html。

限度确保家族企业所有权的延续，家族企业家应在外部专业人士的协助下，将继任计划书的制订工作置于重要位置。这份计划书应能涵盖如何培养家族接班人或者聘请外部职业经理人辅佐或接手掌权的相关事宜。继任计划书是家族企业家将面对的最烦琐的工作，意味着家族企业家放下自己的企业主的身份和权威，放下荣耀，在家族企业继承人的问题上做出最有利于家族企业发展传承的选任抉择，保障权力的顺利过渡。继任计划书是一个系统化的接班机制，通过对企业继任者的人选要求，有计划地物色、培养和锻炼继任者，使企业成功实现新老交替和可持续发展。

【解决方案三】股权传承安排

企业的"最佳"股权结构是家族企业利益博弈的结果。因此，股权传承一定要有妥善的安排，没有安排就注定将家族成员推向无止境的争斗之中。同时，如果股权分配方案不合理，也注定给家族企业的经营管理带来负面影响。在股权传承中，家族企业要避免在继承人中平均分配股权。尤其是在多子女的情况下，这意味着股权的平均分散，而且在经过多代传承后，这种分散会继续深化，没有人真正能够控制局面，这样导致家族企业无法进行重大决策。股权平等还意味着责任相同，没有人真正有动力为家族企业的长远发展挺身而出，承担责任[1]。因此，在给家族成员的股权传承安排问题上，我们给家族企业家提供的解决方案是：

第一，对于非上市家族企业，分离表决权与分红权，即同股不同权的安排。

第二，完善公司章程，通过公司章程的约定限制除家族企业接班人之外的家族成员的决策权，确保家族企业接班人对家族企业的表决权和控制权。同时，也通过公司章程避免继承人大股东对其他兄弟姐妹等小股东的利益造成损害。

第三，由一个子女继承公司的传承方式。从多个子女中选择一人继承股权，对其他没有获得股权分配的子女予以补偿。补偿的方式可以是给其他子女购买大额人寿保单或大额保险金，也可以通过给予资金和人脉等方式帮助其他

---

[1] 《2021年全球家族企业调研—中国报告》，https://www.pwccn.com/zh/services/entrepreneurial-and-private-business/private-family-business-services/global-family-business-survey-2021.html。

【解决方案二】对家族企业的商业模式重新思考和定位，提升企业的创新意识；把"危"看成"机"，把"机"转为"势"，把"势"变成"行"[①]

面对中美贸易战局势紧张和新冠肺炎疫情导致的全球公共卫生危机等外部因素对全球经济的强大冲击，家族企业必须进一步思考通过分散风险和创新产品和服务，来应对家族企业在现有产品或服务受制于外部市场环境变化所导致的业务下滑等局面。根据普华永道《2021年全球家族企业调研—中国报告》提供的信息和数据，在受访的家族企业中，45%的中国内地家族企业、9%的中国香港家族企业已制定清晰且切实可行的数字化转型路线图。家族企业已经敏锐地意识到了数字化转型的重要性，而新冠肺炎疫情的暴发也进一步催化了家族企业的业务创新思维。自疫情暴发以来，电子商务、在线游戏、数字医疗、在线教育和IT服务等支持远程工作的相关行业出现显著增长。当然，任何新型领域的业务扩张，还需要家族企业审时度势和对自身的发展理念、需求、能力等因素有审慎而正确的评估，不能盲目跟风。在任何情况下，保持与时俱进的创新意识是财富管理体系中应对各种突发外部因素风险的有效措施。

【解决方案三】危机之中建立与利益相关者、上下游合作伙伴和社区的密切联系，在借力和互助中建立共渡危机的企业联动体系，最大限度地资源共享。同时，践行社会责任，提升社会形象[②]

【案例】云端实现企业人力资源互助共存[③]

受疫情影响，2020年餐饮行业零售额仅在春节期间就损失5000亿元。当餐饮企业生死一线，上万名员工闲置待业的时候，生鲜零售平台却是订单大增，人手短缺。疫情面前，一场跨行业间的互助自救行动正在展开，而第一个吃螃蟹的人正是阿里巴巴集团旗下的盒马。2020年2月3日，盒马宣布与北京心正意诚餐饮管理有限公司旗下品牌云海肴、新世纪青年饮食有限公司（青年餐厅）合作，从这两家暂停营业的餐饮企业招聘临时员工500名。2020年2月4日，云海肴的员工就陆续到盒马上班了。

[①] 王方华、席西民：《逆势突围：56位管理学家建言》，中国人民大学出版社。
[②] 王方华、席西民：《逆势突围：56位管理学家建言》，中国人民大学出版社。
[③] 《疫情催生"共享员工"，解救企业的灵活用工招式》，https://www.sohu.com/a/375540771_120147879。

同时，钉钉为5000万名中小学生开设在线课堂，企业微信、飞书等在线办公软件助力复工，通讯大数据支撑各地的精准防控，滴滴组织多城市医护车队、腾讯多方联动在线门诊、"人民好医生"App为肺炎患者开辟求助通道等企业践行社会责任的典型案例，都在不断激励和启发着企业主通过各种有效的方式形成企业间借力互助、齐心合力抗疫的良好社会氛围和资源大共享、大整合的强大社会力量。

后藤俊夫教授也在论述企业长寿的秘诀时提到，长寿企业的一个重要特点就是企业经过长期努力培养，已经与周边的社区形成了稳固的信赖关系。[①]企业是社会的一员，企业实力的根源在于与周围的协调。疫情中很多企业能够存活下来，得益于周围利益相关同行、社区的及时救助，相互借力。家族企业在疫情当中，既可以靠着企业间相互帮衬的力量得以恢复经营能力，也可以在这个过程中更好地践行社会责任，彰显社会价值和良好的企业声誉。可见，企业间的相互帮助是构成企业复原力最重要的因素。

【解决方案四】从企业合规角度建立起家族企业的危机治理机制

南开大学教授、中国公司治理研究院院长李维安先生认为，此次疫情促使企业更加深刻地认识到危机治理和绿色健康的重要性，促使企业完善相关制度和治理体系，提高企业的治理机制的执行力，以提升企业应对疫情的免疫力[②]。做任何事情都不能异想天开，做企业，每一环节都需要有完善的规程、规制，企业合规管理是企业发展的重中之重。建立家族企业的危机治理机制，得益于对行业的洞察、经验的积累、思维的进步、调整的决心。家族企业应不断从外部环境危机中吸取教训并总结经验，让企业有适应市场的敏锐度和准确性，同时具有调整转型的勇气和能力。

二、政策风险

国家的政策变化一定有其背后的深层次原因和复杂因素的考量，是国家从政

---

① ［日］后藤俊夫著，王保林、周晓娜译：《工匠精神——日本家族企业的长寿基因》，中国人民大学出版社。

② 李维安：《后疫情时代的行业格局重构和企业危机治理》，《家族企业》，2020年第3期。

策层面"绿化"行业生态、指导行业正向良性发展的重要举措。但政策变化往往会给家族企业的发展带来巨变。家族企业也应建立应对机制，提升应对的能力。

痛点问题：家族企业家应该如何应对国家层面的政策变化给企业稳定性，以及战略布局造成的震荡性影响

【解决方案一】家族企业家应清醒地审视行业内存在的问题，包括行业乱象给整个行业生态造成的不良影响，对国家层面涉入行业市场的可能性干预做必要的准备

【解决方案二】针对家族企业经营业务，家族企业家应敏感捕捉和预备新赛道，为政策风险导致的行业被动转型做好预案

【案例】双减政策——减了负担，也减没了教培行业！一夜间，新东方股价暴跌

为深入贯彻党的十九大和十九届五中全会精神，切实提升学校育人水平，持续规范校外培训（包括线上培训和线下培训），有效减轻义务教育阶段学生过重作业负担和校外培训负担，2021年7月24日，中共中央办公厅、国务院办公厅印发《关于进一步减轻义务教育阶段学生作业负担和校外培训负担的意见》(以下简称双减政策)。双减政策要求，坚持从严审批机构。各地不再审批新的面向义务教育阶段学生的学科类校外培训机构，现有学科类培训机构统一登记为非营利性机构。对原备案的线上学科类培训机构，改为审批制。各省（自治区、直辖市）要对已备案的线上学科类培训机构全面排查，并按标准重新办理审批手续。学科类培训机构一律不得上市融资，严禁资本化运作；上市公司不得通过股票市场融资投资学科类培训机构，不得通过发行股份或支付现金等方式购买学科类培训机构资产。对于本次政策变化给教育培训行业造成的巨震，资本市场第一时间做出反应。美股市场上，好未来暴跌70.76%，股价从两位数变为6美元；高途集团下跌63.26%；新东方下跌54.22%[①]。

---

① 孙嘉夏、程雅：《教培行业迎"双减"政策 多家公司提示影响》，每日经济新闻。

2021年10月25日晚，新东方集团宣布：将停止经营中国内地义务教育阶段学科类校外培训服务。双减政策的出台，对于已经在中国英语教育培训行业驰骋了接近30年的新东方来说是一个毁灭性的打击。俞敏洪表示，新东方将会迎来全新转型，成立一个大型农业平台。直播带货和农业是新东方探索的转型方向。2021年12月28日，新东方创始人俞敏洪正式开启助农直播专场。同时，新东方在线CEO孙东旭携"东方甄选"直播间同时开播。东方甄选〔运营主体是东方优选（北京）科技有限公司。启信宝数据显示，其成立于2021年10月27日，为新东方在线全资子公司，法定代表人是新东方在线执行董事、行政总裁孙东旭〕就是俞敏洪此前介绍的大型农业平台。东方甄选的主营业务是农产品的带货直播，后续将逐渐向农产品供应链上下游做扩展[1]。校外学科类教培行业已经走到十字路口，教培机构转型已是大势所趋，其中素质教育和职业教育成为重要选择。很多受到双减政策冲击的教育培训企业，敏感地掉头至教育行业的细分赛道，这在一定程度上帮助企业挽留了既有生源，维系了企业的生存[2]。

---

[1] 王峰：《俞敏洪农产品直播首秀之后 超百名新东方老师转型垂类带货主播》，21世纪经济报道。
[2] 许洁、张安：《"双减"政策催生行业巨变 教培机构期待浴火重生》，证券日报。

第三章　财富管理痛点区域二：家族

第一节　家族财富管理与规划

一、财富管理——保持善意，越早越好的规划原则

家族财富管理规划的善意原则是所有方案可以落实执行并经得起时间考验的重要保障和合规基础。家族财富管理规划一旦脱离了善意的缰绳，就会走向恶意偏颇的另一面。无论是家族成员挪用、侵占企业资产，家族成员之间隐匿财产，还是算计债权人，都不是家族财富管理规划最本质的初衷，也终将会面临法律责任的挑战。善意包含两个方面：一方面，诚意为商，财富取之有道，企业家要保证家族财富来源合法；另一方面，善意规划，不欺瞒、不逃债，规划要合理合法。家族财富管理规划要做到源头合法，诚心守信，这样才能为家族和企业的共荣发展、家族成员关系的维护，以及家族财富的世代传继铺平道路。当然，这对于家族的信誉和口碑意义也很大。

越早规划越好，说起来容易，但实际行动起来还是受限于企业家的风险防范意识。很多家族企业家做财富规划的时间意识淡薄，不急不躁，没有将家族资产的合理规划提升到非常紧迫且必要的重要位置，这既不利于家族资产的保值增值，更不利于家族资产保障性功能的发挥。任何一个家族，不论资产多么富足，都禁不起意外风险的发生。因此，家族企业家必须及早地对家族财富进行合理合法、专业的规划，科学利用法律和金融工具，将家庭资产妥善放置在"安全区"和"保障区"，充分发挥资产保护作用和杠杆作用，让家族资产能够财保其值，财施其用，人有终，财不尽，不惧风雨，世代受益。

二、财富管理——保持冷静，有规律地投资

沃伦·巴菲特（Warren Buffett）曾说：当我准备买入一只股票的时候，我会综合考虑整个公司的状况，就像逛商场，看遍整个商场的商品之后我才会决定要不要买。而巴菲特先生另一个重要的投资秘诀是进行有规律的投资。冷静而有规律是巴菲特先生的投资之道。作为投资界神一般的存在，巴菲特先生拥有一套属于自己的投资逻辑。家族企业家在家族财富的保值增值方面也应该建立起适合自己的投资理念和体系，其前提是如巴菲特先生一样，冷静而有规律！

家族事务和理财事务一体两面，密不可分。为了实现家族财富的长期保值增值，家族领袖要对家族事务和理财事务进行控制。理财活动应当始终基于家族目标，兼顾家族整体、个别成员、集体文化、理财策略的方方面面[①]。

痛点问题：家庭成员如何在投资理财方面保持理念和行动的一致性

【解决方案】

家族成员应该对投资有一致的风险防御认知，总结出家族内部的投资原则和投资的规范细则。

很多家族企业家偏爱激进型投资。与稳健型、保障型投资相比，企业家更愿意接受收益高、获益快的投资方式。但事实上，不同的投资方式，具有不同的功能和目的，不能单纯以收益率和收益周期等标准决定家族的投资喜好和习惯。家族投资体系是关乎所有家族成员生存和幸福感的头等大事，投资者要充分考虑其长期性和稳定性。冷静的投资态度和有规律的家族投资体系是家族财富管理规划不可或缺的理性需求。

成功的家族投资理财模式可归结为以下七大相互关联的要务。投资者如能认真、严格地遵守、实施，就能适应新的理财环境，确保家族财富的长期保值增值[②]：

---

① ［美］马克·海恩斯·丹尼尔、［美］汤姆·麦卡洛著，童伟华译：《家族理财之道——财富增长与跨代传承的七大要务》，机械工业出版社。

② 同上。

第一，明确家族的愿景、价值观及目标；

第二，制定务实的家族投资框架；

第三，制定长期家族理财战略，设计资产配置模型，并与家族治理和领导模式相契合；

第四，拟定年度投资方针，制定具体投资战术；

第五，监测投资业绩，随机应变；

第六，选聘可信赖的财务顾问；

第七，凝聚并教育家族成员。

同时，成功家族的投资模式中要更多地兼顾解决家族成员在债务、税务（包括遗产税和房产税等）、人身意外、婚姻等方面风险的预防和隔离要求，实现底层投资、利益保障的目的，毕竟高回报的激进型投资意味着高风险，同时又缺乏风险隔离功能，不能在家族企业投资理财体系中占比太高。

第二节 婚姻财富管理与规划

财富既可以让人感到幸福，也可以给人带来诱惑。在婚姻面前，财富既可以锦上添花，也可以污染人心，使爱情变得虚伪。家族企业家的婚姻变化是发生率极高的风险，婚变不仅使感情不在，也会造成家族财富严重缩水，甚至会对家族企业的正常运营和发展产生极大的负面影响，带来极大冲击。2021年1月1日开始实施的《中华人民共和国民法典》设置了离婚冷静期。虽然冷静期的设置可以在一定程度上防止冲动离婚，但对于家族企业家来说，极有可能因为冷静期的程序规定，使得婚姻关系解除所带来的财产分割，以及家族企业股东身份和股权变动等问题面临更大的变数和挑战。财产分割协商谈判的时间拉长，可能意味着更大的妥协和无法预料的损失，甚至由于信息披露的要求，一旦家族企业家婚姻破裂的消息甚嚣尘上，企业正在进行着的上市计划可能面临搁置，甚至错失上市良机。因此，婚姻财富管理和规划应该及早进行，出现婚姻问题的时候再做打算为时已晚。

此外，家族企业家也许无可避免地要为企业的融资行为承担必要的担保责任,婚姻财富管理和规划可以帮助家族企业家在尚未对外承担债务责任的情况下就做好家族资产的隔离,及早将家族资产放置在保值增值的安全地带,不受到未来可能发生的一方个人债务的牵连和侵蚀。

一、签署婚前/婚内财产协议,明确财产归属

签订财产协议对于夫妻之间确认财产归属以及债务的分割发挥着重要作用。一方面,婚前财产协议可以明确夫妻各自的婚前财产范围,避免婚前个人资产与婚后财产的混同;另一方面,婚内财产协议,可以将未在婚前明确的个人财产重新确认归属方,或者可以对夫妻共同财产重新做出调整,安排属于各自所有、共同所有或者部分各自所有、部分共同所有。需要提示的是,夫妻之间的婚姻财产协议仅在夫妻之间发生法律效力,不能对抗善意的第三方债权人。也就是说,企业家夫妻之间要避免为了逃债目的而签署婚内财产协议。夫妻财产协议应注意以下问题:

第一,采用书面形式。

第二,不得采用欺诈、胁迫等手段迫使对方违背真实意愿。

第三,避免类似于在某种情况下一方净身出户的"忠诚协议"。

第四,婚姻财产协议的约定不能明显有失公平,还是要体现平等公正原则。

第五,关于公司股东资格变化,应在婚内协议中约定配偶同意公司股东资格不因婚姻关系破裂而改变。配偶一方不得干涉企业家对公司的控制,企业家可以通过其他方式给予配偶一方补偿。也就是说,配偶不会因为股权的分割而获得股东的资格,这样企业的运营不会因为配偶的股东资格的介入而变得更加复杂。

第六,财产协议要预留出调整空间,充分考虑婚姻存续期间财产的变化情况,如对股权在婚后的非自然增值部分等财产做预先约定。

第七,财产协议中应对双方的债务做出明确的约定,包括签约当时以及未来可能出现的潜在债务,以保全家族财产不因夫妻一方个人负债而受到整体的牵连。

第八,企业家签订婚前协议和婚内协议的过程中要充分考虑涉外因素。

家族的资产全球化使得家族企业家在制定婚前/婚内财产协议的时候必须考虑不同的国家关于财产以及债务分配的法律规定的区别，充分考虑到法律适用问题，避免出现协议约定内容与适用不同国家的法律规定之间的冲突，导致协议无效的情况发生。

第九，婚姻财产协议应该由专业的律师负责起草。

第十，借助大额保单、保险金信托或家族信托的方式更好地保护家族财富的安全。

【法律依据】

《中华人民共和国民法典》第一千零六十五条　男女双方可以约定婚姻关系存续期间所得的财产以及婚前财产归各自所有、共同所有或者部分各自所有、部分共同所有。约定应当采用书面形式。没有约定或者约定不明确的，适用本法第一千零六十二条、第一千零六十三条的规定。

《中华人民共和国民法典》第一千零七十七条　自婚姻登记机关收到离婚登记申请之日起三十日内，任何一方不愿意离婚的，可以向婚姻登记机关撤回离婚登记申请。

前款规定期限届满后三十日内，双方应当亲自到婚姻登记机关申请发给离婚证；未申请的，视为撤回离婚登记申请。

二、做好夫妻个人财产和共同财产的区分与保护

【法律依据】

《中华人民共和国民法典》第一千零六十二条　夫妻在婚姻关系存续期间所得的下列财产，为夫妻的共同财产，归夫妻共同所有：

（一）工资、奖金、劳务报酬；

（二）生产、经营、投资的收益；

（三）知识产权的收益；

（四）继承或者受赠的财产，但是本法第一千零六十三条第三项规定的除外；

（五）其他应当归共同所有的财产。

此处,"其他应当归共同所有的财产"包括:

第一,一方以个人财产投资取得的收益,如婚前个人财产婚后经过夫妻共同管理、经营部分的增值,为夫妻共同财产。

第二,男女双方实际取得或者应当取得的住房补贴、住房公积金。

第三,男女双方实际取得或者应当取得的基本养老金、破产安置补偿费。

【法律依据】

《中华人民共和国民法典》第一千零六十三条　下列财产为夫妻一方的个人财产:

(一)一方的婚前财产;

(二)一方因受到人身损害获得的赔偿或者补偿;

(三)遗嘱或者赠与合同中确定只归一方的财产;

(四)一方专用的生活用品;

(五)其他应当归一方的财产。

此处,"其他应当归一方的财产"包括[①]:

第一,婚前个人财产自然增值和未经共同管理、经营部分的增值。

第二,复原、转业军人的复原费、转业费、医疗补助费和回乡生产补助费。

第三,夫妻一方的人身保险金。人寿保险金、伤害保险金等具有人身性质的,属于个人财产。

第四,其他个人财产,如与个人身份密切相关的奖品、奖金,国家资助优秀科学工作者的科研津贴,一方创作的手稿、文稿、艺术品设计图、草图等智力成果。

痛点问题:股东的配偶未经股东本人同意或授权转让股东名下股权是否具有法律效力

公司股权属于《公司法》上的财产性权益,对其处分应由登记的股东本人或其授权的人行使。在没有得到股东授权或事后追认之前,股东的配

---

① 杨立新、李怡雯:《中国民法典新规则要点》,法律出版社。

公司章程的修订优化以及婚前协议、遗嘱、股权信托等方式进行股权的周密筹划和安排,以避免涉外婚姻破裂导致股权纠纷的缠累和家族资产的外流。

【法律依据】

最高人民法院关于适用《中华人民共和国涉外民事关系法律适用法》若干问题的解释(一)第十一条　案件涉及两个或者两个以上的涉外民事关系时,人民法院应当分别确定应当适用的法律。

五、离婚析产

(一)协议离婚的财产分割

夫妻双方能够通过签订离婚协议的方式,对夫妻共同财产作出明确的分配,较为平和地解除婚姻关系是婚姻走到尽头时对往日情感最理智地放下和对彼此最好的成全。但我们也建议家族企业家,即便双方对于财产的分配没有异议,书面的离婚协议还是应由律师根据双方的意愿,结合共同财产的状况等因素提供专业的意见或亲自草拟离婚协议,以避免在协议表述的准确性和涉及财产的完整性方面出现严重的歧义或纰漏。

另外,离婚协议应该是夫妻解除婚姻关系和对夫妻共同财产分割归属真实的意思表示,并不能将离婚协议作为"避风港",实现避债或谋取其他不正当利益目的。作为债务人的夫妻一方通过签订离婚协议,将夫妻共同财产恶意地无偿全部转让给另一方,且不获取任何对价,给债权人利益造成损害的,债权人有权行使撤销权。法院可判决将财产恢复至离婚协议签署之前的权利状态。在夫妻关系存续期间形成的共同债务,即使双方通过离婚协议的方式约定共同财产归某一方所有,如该协议明显损害了债权人权益,债权人也可通过诉讼方式行使撤销权。

【法律依据】

《中华人民共和国民法典》第一千零七十六条　夫妻双方自愿离婚的,应当签订书面离婚协议,并亲自到婚姻登记机关申请离婚登记。

离婚协议应当载明双方自愿离婚的意思表示和对子女抚养、财产以及债务处理等事项协商一致的意见。

(二)诉讼离婚的财产分割

诉讼离婚时夫妻共同财产的认定和分割原则如下:

第一,一方婚前存款婚后获得的银行利息的分割。婚前的存款在婚后所产生的银行利息,应该属于法定孳息,与存款人的个人劳动投入无关,因此,仍属于夫妻一方婚前的个人财产。

第二,夫妻共同财产中以一方名义在有限责任公司的出资额分割。

【法律依据】

《最高人民法院关于适用〈中华人民共和国民法典〉婚姻家庭编的解释(一)》第七十三条 人民法院审理离婚案件,涉及分割夫妻共同财产中以一方名义在有限责任公司的出资额,另一方不是该公司股东的,按以下情形分别处理:

(一)夫妻双方协商一致将出资额部分或者全部转让给该股东的配偶,其他股东过半数同意,并且其他股东均明确表示放弃优先购买权的,该股东的配偶可以成为该公司股东。

(二)夫妻双方就出资额转让份额和转让价格等事项协商一致后,其他股东半数以上不同意转让,但愿意以同等条件购买该出资额的,人民法院可以对转让出资所得财产进行分割。其他股东半数以上不同意转让,也不愿意以同等条件购买该出资额的,视为其同意转让,该股东的配偶可以成为该公司股东。

用于证明前款规定的股东同意的证据,可以是股东会议材料,也可以是当事人通过其他合法途径取得的股东的书面声明材料。

第三,夫妻共同财产中以一方名义在合伙企业中的出资分割。

【法律依据】

《最高人民法院关于适用〈中华人民共和国民法典〉婚姻家庭编的解释(一)》第七十四条 人民法院审理离婚案件,涉及分割夫妻共同财产中以一方名义在合伙企业中的出资,另一方不是该企业合伙人的,当夫妻双方协商一致，将其合伙企业中的财产份额全部或者部分转让给对方时，按以下情形分别处理：

（一）其他合伙人一致同意的，该配偶依法取得合伙人地位。

（二）其他合伙人不同意转让，在同等条件下行使优先购买权的，可以对转让所得的财产进行分割。

（三）其他合伙人不同意转让，也不行使优先购买权，但同意该合伙人退伙或者削减部分财产份额的，可以对结算后的财产进行分割。

（四）其他合伙人既不同意转让，也不行使优先购买权，又不同意该合伙人退伙或者削减部分财产份额的，视为全体合伙人同意转让，该配偶依法取得合伙人地位。

第四，夫妻以一方名义投资设立独资企业中的共同财产分割。

【法律依据】

《最高人民法院关于适用〈中华人民共和国民法典〉婚姻家庭编的解释（一）》第七十五条　夫妻以一方名义投资设立个人独资企业的，人民法院分割夫妻在该个人独资企业中的共同财产时，应当按照以下情形分别处理：

（一）一方主张经营该企业的，对企业资产进行评估后，由取得企业资产所有权一方给予另一方相应的补偿。

（二）双方均主张经营该企业的，在双方竞价基础上，由取得企业资产所有权的一方给予另一方相应的补偿。

（三）双方均不愿意经营该企业的，按照《中华人民共和国个人独资企业法》等有关规定办理。

第五，关于股票、债券、投资基金份额等有价证券以及未上市股份有限公司股份的分割。

【法律依据】

《最高人民法院关于适用〈中华人民共和国民法典〉婚姻家庭编的解释（一）》第七十二条　夫妻双方分割共同财产中的股票、债券、投资基金份额等有价证券以及未上市股份有限公司股份时，协商不成或者按市价分配有困难的，人民法院可以根据数量按比例分配。

在离婚过程中，家族企业具有的家族和企业的双重属性，决定了家族企业的财富和权力的重新分割以及重新平衡是非常复杂也是注定双输的过程。如果没有事先的防御性设计和安排，家族企业家以及下一代的婚姻纠纷极大可能引发股权分割，形成控制权争夺的焦灼局面，从而影响家族企业的所有权结构和公司治理结构的稳定。

第六，婚前获得的家族企业股权在婚后的增值部分分割。婚前持有的家族企业股权在婚后的增值收益（包括溢价和分红）是否属于夫妻共同财产，还是要依据自然增值和非自然增值的标准进行综合判断。

根据《最高人民法院关于适用〈中华人民共和国民法典〉婚姻家庭编的解释（一）》第二十六条的规定（夫妻一方个人财产在婚后产生的收益，除孳息和自然增值外，应认定为夫妻共同财产），股东作为公司股权的所有权人，实际并没有参与公司经营，此时股权的增值应当为"自然增值"。但现实中的情况是，公司股东常在公司中担任职务，参与公司经营。因此，其所涉及的股权增值，就不属于"自然增值"。股权增值是否为"自然增值"的判断标准为公司股东是否实际参与公司经营管理。家族企业中的家族成员在婚前获得公司股权，在婚后作为股东参与公司经营，其所持有公司股权的增值部分就属于夫妻共同财产。离婚时，配偶一方可以主张要求平均分割股权的增值部分。另外，未分配利润转增的资本、公积金、公司增资扩股股东优先购买的股权及配股也应属于夫妻双方共同所有。

夫妻一方并不想直接分割股权，而是要求股权变现分割的情况，会涉及股权评估的问题。上市股份公司的股价比较好确定，因此，股份有限公司（不论是否上市）的股权分割相对简单，而未上市股份有限公司可以直接按照股权数量分割。相比之下，有限责任公司的股价很难确定，股权的分割就比较复杂，一般情况下，要通过评估公司进行评估，以此来确定股价。评估的过程会受到种种主观和客观因素的影响，股价难以确定，如果公司其他股东不行使优先购买权，股权就无法变现，而配偶又不愿意成为公司股东的情况下，夫妻之间只能通过协商确定最后的股权补偿方案。此时，夫妻之间已无感情,往往只剩下财富的博弈。

【法律依据】

《中华人民共和国民法典》第一千零八十七条 离婚时,夫妻的共同财产由双方协议处理;协议不成的,由人民法院根据财产的具体情况,按照照顾子女、女方和无过错方权益的原则判决。

第七,婚后获得股权及增值部分的分割。此分割相对简单,除非夫妻双方另有约定,否则婚后获得的公司股权及增值部分(包括溢价和分红)应属于夫妻共同财产,在离婚时平均分配。这种股权的平均分配给家族企业家,甚至企业造成的影响和损失将会是巨大的,家族企业家必须针对自己的婚姻问题可能给所持股权和企业造成的影响制定预案。

【案例】 A股天价离婚案:莱绅通灵珠宝股份有限公司(以下简称莱绅通灵)实际控制人沈东军与妻子马峭离婚案[①]

从2018年11月至2021年12月1日收到离婚诉讼的二审终审判决书,整整三年多的时间,这场离婚大战终于告一段落。最终的结局是沈东军在莱绅通灵的相关股权资产的一半分给马峭,由于马峭与其哥哥马峻、嫂子蔺毅泽作为一致行动人,接掌了公司,沈东军失去了实际控制人的地位。

第八,房产的分割。

【法律依据】

《最高人民法院关于适用〈中华人民共和国民法典〉婚姻家庭编的解释(一)》第二十八条 一方未经另一方同意出售夫妻共同所有的房屋,第三人善意购买、支付合理对价并已办理不动产登记,另一方主张追回该房屋的,人民法院不予支持。

---

① 《A股再现天价离婚案:离婚离丢了实控人宝座》,https://mp.weixin.qq.com/s/-ZFJUZKB0ed3M4hHKQE7TA。

夫妻一方擅自处分共同所有的房屋造成另一方损失，离婚时另一方请求赔偿损失的，人民法院应予支持。

《最高人民法院关于适用〈中华人民共和国民法典〉婚姻家庭编的解释（一）》第二十九条　当事人结婚前，父母为双方购置房屋出资的，该出资应当认定为对自己子女个人的赠与，但父母明确表示赠与双方的除外。

当事人结婚后，父母为双方购置房屋出资的，依照约定处理；没有约定或者约定不明确的，按照民法典第一千零六十二条第一款第四项规定的原则处理。

《最高人民法院关于适用〈中华人民共和国民法典〉婚姻家庭编的解释（一）》第三十二条　婚前或者婚姻关系存续期间，当事人约定将一方所有的房产赠与另一方或者共有，赠与方在赠与房产变更登记之前撤销赠与，另一方请求判令继续履行的，人民法院可以按照民法典第六百五十八条的规定处理。

《最高人民法院关于适用〈中华人民共和国民法典〉婚姻家庭编的解释（一）》第七十九条　婚姻关系存续期间，双方用夫妻共同财产出资购买以一方父母名义参加房改的房屋，登记在一方父母名下，离婚时另一方主张按照夫妻共同财产对该房屋进行分割的，人民法院不予支持。购买该房屋时的出资，可以作为债权处理。

第九，对离婚时没有分割的财产重新分割。夫妻离婚时有遗漏共同财产没有分割的，离婚后可以再协商分割遗漏的财产，如果协商不成，可向法院起诉。

痛点问题：家族企业家的"后离婚时代"——离婚之后，可能的没完没了的"瓜葛"

家族企业家"顺利"解除婚姻关系之后，双方也许真的可以从此各自安好。但人性幽深，尤其是当家族企业的发展越来越好的时候，退出家族企业的一方很可能产生严重的心理失衡，以至于调转回来，寻找各种理由要求重新分割家族财产。因此，家族企业家从离婚分家的那一刻起，仍要从思想、心理和财务上为可能进入的"后离婚时代"做好充分的准备，以应对离婚配偶在未来提出的新的财产分割诉求。掌控家族企业的一方，要在思想及财务上准备一笔"离婚备用金"，而且做好不止一次进行支付的心理准备。

投资了真功夫、土豆网、赶集网三家企业的今日资本总裁徐新曾郁闷地表带入低谷。2017年，二人离婚。张晓兰将她在葵花药业的所有股权全部转让给关彦斌，关彦斌在3年的时间里支付给张晓兰9亿元的股权对价。看似和平的分手，实际上背后隐藏着一场意想不到的灾难级的风波。2018年12月22日，也就是在关彦斌向张晓兰支付完6.5亿元之后双方发生了争执，关彦斌用刀砍向了张晓兰，致使张晓兰成为植物人。关彦斌自杀未遂，从此辞任上市公司董事长职务。2020年7月16日，法院以故意杀人罪一审判处关彦斌有期徒刑11年。2020年12月，二审维持原判。这是家族企业夫妻创始人离婚内斗中过程激烈、结果惨痛的极端案例。对于再婚的二人来说，为什么创业成功却难以携手白头？为什么离婚后会发生如此惨烈的冲突？这是由关彦斌的两个女儿和张晓兰的儿子在家族企业传承过程中的家业控制权和继承权的争夺引起的，还是由二人的情感纠葛引起的？其中原因我们不得而知。但通过这一极端的案例，我们可以看出再婚重组家庭注定存在很多情感的短板，夫妻双方对于各自子女的利益保护有着不同的现实考量。

第三节　子女财富传承与规划

一、子女的教育规划

子女本身就是家族最大的财富。如果说企业出财，家族出人，那么家族企业或企业家族就是人创造财，财需要人。家族企业最大的家族属性决定了家族的人力资源是企业发展和传承之本，子女后辈才是家族企业未来的价值和希望。因此，对子女的教育规划不能太过聚焦。中国的家族企业的培养模式太有针对性，新生代被普遍教育为接班人就得掌握甲乙丙丁技能等，只被允许学工商管理等科目，只能做与企业管理相关的事情。

痛点问题：家族企业子女的教育如何从小规划，以求为未来接班做好准备

【解决方案一】孩子的价值观教育

对于家族企业子女们的培养，应该从独立、坚毅、诚信、有责任感等方面的品格和与企业和家族相一致的价值观开始。

【解决方案二】子女的财商教育

家族企业家在孩子适当的年龄阶段,对其进行金融和财富继承方面的知识教育和挑战教育非常必要[①]。财商教育对于从小含着金汤匙的富裕企业家族的孩子们有着非凡的意义。试想,孩子们不了解财富是什么,财富意味着什么,如何管理和支配,甚至对自己未来对家族企业可能的继承权毫无兴趣或概念,未来的某一天,这些在成长过程中被给予最优质物质条件的孩子们,一旦在毫无准备的情况下,被父母安排进家族企业,他们将如何应对?估计家族企业的财富将会以惯性奢靡的方式或毫无常识、章法地被挥霍和葬送。从这一点分析,家族企业家必须重视孩子们的财商教育,提升孩子们对于财富和财富规划的理解以及为未来接受家族财富继承的挑战做好准备。

二、子女婚前财产的规划

痛点问题一:子女未来的生活保障

家族企业家的子女未来的生活保障应该是父母最大的牵挂。在子女未成年或成年未缔结婚姻关系之前,充分考虑到各种难以预知的风险导致子女的生活无保障的情况,及早为子女预备出必要的生活资料,包括现金、房产以及保值增值的财富等,这是家族企业家必须解决的痛点问题。

【解决方案一】通过购买大额保单为子女的教育、婚嫁、创业、养老预备充足的资金。 为防止子女未来对保单收益肆意挥霍、预防激进投资或创业失败造成财富缩水,家族企业家可以选择将大额保单置于保险金信托之中,通过信托协议安排对子女未来的生活费用进行有序、有效地干预

【解决方案二】将房产过户给子女或为子女购置房产并登记在子女名下,保障其在任何情况下都有属于自己的合法房产

为了保证上述两个方案的落实,特别提示家族企业家注意:夫妻关系存

[①] [美]塞耶·奇塔姆·威利斯著,胡丽英译:《家族财富传承:驶离财富阴暗带》,东方出版社。

续期间，夫妻一方或双方为子女购买的大额保单视为对子女的赠与，离婚时一般不作为夫妻共同财产进行分割。当然，不同的个案也有不同的情况，如夫妻一方可能出于转移夫妻共同财产的目的而以子女为被保险人或受益人购买大额保单，离婚时，另一方要求对保单的现金价值进行分割，不同地区的法院裁判观点不尽相同。因此，在为子女配置大额保单时尽可能出于夫妻双方共同的意思表示或善意的合法目的；家族资金状况良好，没有负债时购置大额保单或不动产。

【案例】离婚协议对房产的约定在负债之前，过户登记请求权可以排除执行

2009年11月30日，邓丽红与李戈签订的离婚协议书约定案涉房屋归儿子李静远所有。最高人民法院审理认为，离婚协议书中对案涉房屋的约定虽然不直接产生物权变动的法律效力，但案涉房屋作为邓丽红与李戈原婚姻关系存续期间的夫妻共同财产，双方在婚姻关系解除时约定案涉房屋归儿子李静远所有，具有生活保障功能。李静远享有将案涉房屋的所有权变更登记至其名下的请求权。2016年，顺德丰公司基于金钱债权请求查封案涉房屋。综合比较李静远的请求权与顺德丰公司的金钱债权，李静远的请求权具有特定指向性，且该权利早于顺德丰公司对邓丽红所形成的金钱债权，李静远的请求权应当优于顺德丰公司的金钱债权受到保护。

痛点问题二：子女在缔结婚姻关系时如何做好婚前婚后财产的隔离

【解决方案】

签署婚前/婚内财产协议、设立专门的个人财产账户可有效避免婚前财产与婚后财产的混同。具体的解决方案可参见本节第四部分"多子女家庭财产的传承规划"中"生前赠与"的相关内容。

痛点问题三：对于子女所持家族企业股权的保护

家族企业家为了防止家族财富变成子女婚内夫妻共同财产，往往会选择在子女结婚前转让股权，但在子女婚姻存续期间，如果子女参与家族企业的实际经营，股权的增值部分就会被认定为子女的夫妻共同财产。同时，如果子女未能就财富提前做出安排，一旦出现意外，股权就会由该子女的法定继承人继承，引发家族资产外流，动摇家族企业控制权。

【案例】三星长女李富真的婚姻败笔

三星长女李富真是不折不扣含着金汤匙出生的大小姐，25岁加入了三星家族企业。1999年8月，不顾父母的反对，李富真坚持嫁给了自己的保安任佑宰。2014年，李富真向法院提出离婚，开始了长达几年的离婚拉锯战。2017年7月，韩国首尔家庭法院判决两人解除婚姻关系，唯一的儿子归李富真抚养，任佑宰则分得86亿韩元家产，任佑宰不服提起上诉，他认为他应该分得李富真的一半财产约1.2万亿韩元。2019年9月26日，二审结果出炉，首尔高等法院当天判决两人解除婚姻关系，原告李富真支付被告任佑宰财产分割款141亿韩元（约合人民币8381万元）。时隔两年，二审裁判的离婚夫妻财产的分割金额比一审增加了55亿韩元[1]。

三、非婚生子女问题

痛点问题：非婚生子女的家族财富传承

【案例】游族网络董事长身故后非婚生子女出现要求继承股权[2]

游族网络董事长被毒身亡，以及之后出现的非婚生子女的危机事件，给游族

---

[1]《韩国三星长公主：和凤凰男的狗血婚姻，焉知非福？》，https://baijiahao.baidu.com/s?id=1685038451425338710&wfr=spider&for=pc。

[2]《39岁董事长被毒身亡不到20天，30亿遗产争夺拉开大幕》，https://www.sohu.com/a/444747475_340836。

网络上市公司及林奇的家庭子女带来了极大的动荡和影响。根据游族网络披露的《公司章程》，其内容中并没有对自然人股东去世后的股东资格继承问题做出特别约定。因此，如果林某某真的是林奇的非婚生子（婚生子和非婚生子的继承序列是一致的），则他对林奇的所有遗产享有合法继承权，包括林奇在游族网络的股东资格。如果林某某的亲子身份得到确认，则证明上海市浦东公证处出具的（2021）沪浦证字第111号《公证书》遗漏了法定继承人，该份《公证书》的内容将存在重大疏漏，违背客观事实，因此公证处将会撤销《公证书》，相关公证文件自始无效。在新的《公证书》或司法裁判文书对林奇的法定继承做出最终的确认之前，上市公司的股票将处于不确定状态，这将使上市公司的股价造成巨大的波动，进而影响整个上市公司的声誉和商业利益，同时也会损害公众股民的利益。可见，企业和企业家以及家族（家庭）的利益始终是捆绑在一起的，任何意外的变故和复杂的家族（家庭）关系导致的利益争夺，都势必影响企业的发展进程。

【解决方案】

第一，家族企业家不要在主观上排斥遗嘱，虽然中国人的传统文化认知上忌讳提前对身后事做出安排，但家族企业家还是要清楚理性地对待巨额财富传承的有序性和家族成员亲情关系的稳定性。莫让金钱在亲情面前成了人性的照妖镜。

第二，安排遗嘱执行人，采取设立家族办公室、家族信托等方式对公司股权、股票等资产进行有效的管理和传承。在设立家族信托时，与配偶签署婚内财产协议，明确用来做家族信托的财产是个人财产。在配偶同意的前提下，可以在家族信托的框架下对非婚生子女进行自主的安排。

【法律依据】

《中华人民共和国民法典》第一千一百二十七条　本编所称子女，包括婚生子女、非婚生子女、养子女和有抚养关系的继子女。

四、多子女家族财产的传承规划

相对于独生子女家庭来说，多子女家庭在家族企业的代际传承方面具备一定的人力资本的优势，家族企业的继承人有了培育并择优的可能。但从家族财富传承的角度来看，多子女意味着存在后代为争夺家族财产而陷入恶性的"内卷"行为的可能，并激发家族矛盾，使家族和企业陷入双重"内耗"。

（一）生前赠与

家族企业家会在生前提早按照自己的意愿将现金、股权、房产等家族资产赠与下一代，如果没有相应的约束和控制措施的话，这种简单的赠与行为或许是极其危险的。

痛点问题：生前赠与使得家族企业家失去对企业的控制权；子女将父母赠与的资产挥霍散尽或冒进投资失败，资产被抵押或质押，最终被拍卖或被执行；子女结婚时将父母赠与的个人资产与婚后资产混同导致离婚时资产被分割，家族财富外流

【解决方案一】家族企业家父母对于股权赠与要有妥善的计划安排，草率地赠与会影响家族企业家对企业和家族财富的有效控制

【解决方案二】家族企业家尽可能在子女婚前赠与房产，登记在子女名下，不要与子女婚后财产混同。如果在子女婚后向其赠与房产，可以通过书面形式明确仅为对子女单方赠与，避免子女婚姻变化导致房产被分割

【解决方案三】通过设立保险金信托或家族信托对资产进行有规划的安排和传承

保险金信托和家族信托可以有效地预防子女对父母赠与资产的挥霍，帮助子女有计划地支配资产，同时做好子女的婚前财产隔离和保护，避免和子女婚后的财产混同，能按照父母的意愿为子女设计人生各阶段个性化的定向传承分配方案。

【法律依据】

《中华人民共和国民法典》第六百六十三条　受赠人有下列情形之一的，赠与人可以撤销赠与：

（一）严重侵害赠与人或者赠与人近亲属的合法权益；

（二）对赠与人有扶养义务而不履行；

（三）不履行赠与合同约定的义务。

赠与人的撤销权，自知道或者应当知道撤销事由之日起一年内行使。

（二）法定继承

无论是出于主观还是出于客观的考虑，如果家族企业家没有对家族资产做出有效的遗嘱安排，一旦离世，家族资产就会自动进入法定继承程序。而在这个过程中，多子女家族极易出现争产大战，进而对家族成员的关系，以及家族企业的正常运行造成伤害和影响。

【案例】三星王国会长的身后事难平

2020年10月25日，韩国三星集团会长李健熙辞世，享年78岁。李健熙的遗产包括三星生命和三星电子等20万亿韩元（折合成人民币1165亿元）规模的股份以及房地产、艺术品、货币财产、无形资产等巨额家族财富。没有关于三星会长李健熙留有遗嘱的权威报道，这就意味着上述的遗产将按照韩国的相关法律由李健熙的法定继承人继承。而如此庞大的财富体系通过法定继承形式在李氏家族中进行传承显然是存在巨大风险的。复杂的家族继承关系极易引发继承人的遗产争夺战，进而引发家族的内斗和企业的内耗。因此，对于家族企业家来说，对遗产的管理和提前规划是财富管理的重要举措。

痛点问题一：股东资格的法定继承问题

根据《公司法》第七十五条的规定，自然人股东死亡后，其合法继承人可以继承股东资格；但是，公司章程另有规定的除外。同时，家族企业家也可以通过遗嘱进一步明确股东资格的继承安排。对于一个家族成员关系复杂的家族企业来说，如果公司章程和遗嘱都没有针对家族企业的股东资格的承继问题做出任何合理有效的计划，完全依靠股东资格法定继承的原则和程序，往往会造成整个家族内部失序和企业股东身份由多个继承人共享、股权被均摊稀释而影响企业的相关决策或家族财富外流的局面。

【解决方案】

一方面，家族企业家结合企业和家族的具体情况，通过公司章程明确股东资格的合法继承人，排除其他合法继承人的股东身份的继承权，如可以排除不具备完全民事行为能力的未成年人子女、非婚生子女或年岁已高的父母对于股东身份的继承权。

另一方面，对于其他未能继承股东资格的继承人，可以通过遗嘱、大额保单、保险金信托或家族信托受益的方式设计补偿方案。

【案例】云南柏联集团掌门人意外身故后的遗产大战

2014年12月20日，云南籍企业家郝琳前往法国收购红酒酒庄，没想到乘坐直升机巡视酒庄时飞机失事，郝琳与12岁的儿子遇难身亡。郝琳去世后，200亿元家产该谁继承的问题，让他90多岁的父亲和遗孀展开了争产大战。郝父将儿媳刘湘云告上了法庭。在起诉状中，郝父明确提出了依法判令确认其享有柏联集团有限公司的股东资格、依法判令确认其享有昆明柏联商业管理有限公司的股东资格的请求。郝父认为，柏联集团总裁郝琳是他儿子，作为第一顺序继承人，他有权合法继承应得的遗产，他请求法院确认其在柏联集团的股东资格，并取得集团公司42.72%的股权，划分应得的集团旗下柏联商业管理有限公司25%的股权[①]。如果郝琳生前通过公司章程同时订立遗嘱，对股东的身份进行适当的处分，那么当突发事件不幸来临后，也许不会给亲人们带来纠纷和伤害。

痛点问题二：被代持股权的法定继承问题

家族企业家所持股权可以通过遗嘱和股权信托等形式预先安排传承。以下我们主要针对家族企业家的被代持股权的法定继承问题，提示家族企业家提早规划，以免给继承人造成不必要的麻烦或纠纷。最高人民法院的相关司法判例的裁判要旨提到："在股权确认纠纷中，继承人要求确认由他人代被继

---

① 《云南坠亡富豪父子留百亿遗产：谁先死亡成争夺关键》，https://www.sohu.com/a/205136830_772154。

承人持有的股权归继承人所有，法院不予支持。因继承人取得被继承人财产权益属于继承纠纷，与股权确认纠纷不是同一法律关系，法院仅对代持股事实进行确认，即法院仅确认被继承人与他人之间是否有代持股关系，被代持股权是否归被继承人所有，而不是对被继承人股东资格的确认，故不应将属于被继承人的实体权利直接判归继承人所有。"可见，在名义股东否认股权代持，不配合股权转让的情况下，实际出资人死亡后，继承人若要顺利实现对被继承人被代持股权的继承，应先通过第一个诉讼程序确认被继承人与名义股东之间存在股权代持关系，继承人对所诉主张负有举证责任，一方面需要证明实际出资人和名义股东之间存在股权代持关系，另一方面需提供自己合法继承人身份的证明。事实上，诉讼的过程往往会出现很多复杂的情况和难以把控的风险，使被代持股权的继承权无法得到确认和执行。

【解决方案】

第一，家族企业家尽量不要采用股权代持方式持有家族企业股权。

第二，家族企业家通过股权代持形式隐名持有股权，应提前通过股权代持协议以及取得其他股东关于同意隐名股东或其合法继承人在未来任何时候有权显名的法律文件，为股权显名化做好铺垫。

第三，证据是股权显名的重要依据，一定要做好证据的留存。

痛点问题三：债务"继承"（承担）

被继承人债务的"继承"取决于继承人是否继承了被继承人的遗产，并在所继承的遗产范围内对被继承人的债务进行清偿。

【案例一】谁愿自己未成年的孩子背起自己的债

2020年12月25日，游族网络股份有限公司董事长林奇遭人投毒，抢救10天后去世，年仅39岁！这位"80后"的上市公司董事长，2009年创办了游族网络公司，曾推出过页游《三十六计》《盗墓笔记》，手游《少年三国志》《少年西游记》《荒野乱斗》《权力的游戏：凛冬将至》等游戏。作为"80后"的上市公司CEO，到2020年11月，林奇财富位列《2020胡润80后白手起家富豪榜》第31位。

林奇的意外去世不到20天，非婚生子女浮出水面，引发了林奇的遗产争夺战。同时，由于债务纠纷，林奇的三个婚生子女成为被告。对于自己的意外，因非婚生子女问题引发遗产大战，又因生前的债务，让未成年子女成为被告，这些应该都是林奇万万没有想到的，更是不愿意看到的。而根据游族网络披露，林奇生前未留有对持有公司股份2.2亿股股票财产作出处分的遗嘱。

11月3日晚间，红塔证券（601236.SH）发布公告称，公司已于10月向法院起诉游族网络（002174.SZ）原实控人林奇的三名子女林小溪、林芮璟、林漓（下称"三被告"），要求三人偿还融资借款本息共计2.67亿元[①]。

这是一项由股票质押引发的诉讼案件。通过质押持有的游族网络3541万股股份，林奇生前曾在红塔证券获得2.3亿元借款。但因林奇意外离世，其名下持有的股票，由三被告继承，三被告的母亲许芬芬为三被告的法定监护人及本案中法定代理人。

实际上，这场遗产争夺战所反映的，其实就是财富传承没有做好规划而导致的风险。这也是家族企业家在遗产分配上，经常会面临的风险。

【案例二】富贵鸟子女拒绝"富贵"

"富贵鸟"品牌创立后逐渐发展成为中国响当当的鞋业品牌。2013年12月，富贵鸟在香港主板挂牌上市。但令人遗憾的是，富贵鸟由于债务危机、违规担保以及违规信息披露等问题逐渐走向没落。2017年6月，富贵鸟的联合创始人林国强意外去世。当年12月，由于林国强在富贵鸟涉及的一系列金融借款合同纠纷中作为担保人，涉及借款金额高达2.9亿元，所以银行提起诉讼时，要求林国强的配偶及子女作为第一顺位继承人在遗产继承范围内承担连带清偿责任。由于父亲的遗产不足以清偿高额债务，因此子女当庭宣布放弃继承父亲的遗产。

【法律依据】

《中华人民共和国民法典》第一千一百二十二条　遗产是自然人死亡时遗

[①] 魏中原：《被红塔证券追讨2.6亿债务　游族网络林奇三名子女成被告》，第一财经日报。

留的个人合法财产。

依照法律规定或者根据其性质不得继承的遗产，不得继承。

《中华人民共和国民法典》第一千一百二十七条　遗产按照下列顺序继承：

（一）第一顺序：配偶、子女、父母；

（二）第二顺序：兄弟姐妹、祖父母、外祖父母。

继承开始后，由第一顺序继承人继承，第二顺序继承人不继承；没有第一顺序继承人继承的，由第二顺序继承人继承。

本编所称子女，包括婚生子女、非婚生子女、养子女和有扶养关系的继子女。

本编所称父母，包括生父母、养父母和有扶养关系的继父母。

本编所称兄弟姐妹，包括同父母的兄弟姐妹、同父异母或者同母异父的兄弟姐妹、养兄弟姐妹、有扶养关系的继兄弟姐妹。

《中华人民共和国民法典》第一千一百三十条　同一顺序继承人继承遗产的份额，一般应当均等。

对生活有特殊困难又缺乏劳动能力的继承人，分配遗产时，应当予以照顾。

对被继承人尽了主要扶养义务或者与被继承人共同生活的继承人，分配遗产时，可以多分。

有扶养能力和有扶养条件的继承人，不尽扶养义务的，分配遗产时，应当不分或者少分。

继承人协商同意的，也可以不均等。

《中华人民共和国民法典》第一千一百六十一条　继承人以所得遗产实际价值为限清偿被继承人依法应当缴纳的税款和债务。超过遗产实际价值部分，继承人自愿偿还的不在此限。

继承人放弃继承的，对被继承人依法应当缴纳的税款和债务可以不负清偿责任。

《最高人民法院关于适用〈中华人民共和国民法典〉继承编的解释（一）》第三十二条　继承人因放弃继承权，致其不能履行法定义务的，放弃继承权的行为无效。

《最高人民法院关于适用〈中华人民共和国民法典〉继承编的解释（一）》第三十三条　继承人放弃继承应当以书面形式向遗产管理人或者其他继承人表示。

《最高人民法院关于适用〈中华人民共和国民法典〉继承编的解释（一）》第三十四条　在诉讼中，继承人向人民法院以口头方式表示放弃继承的，要制作笔录，由放弃继承的人签名。

《最高人民法院关于适用〈中华人民共和国民法典〉继承编的解释（一）》第三十五条　继承人放弃继承的意思表示，应当在继承开始后、遗产分割前作出。遗产分割后表示放弃的不再是继承权，而是所有权。

《最高人民法院关于适用〈中华人民共和国民法典〉继承编的解释（一）》第三十六条　遗产处理前或者在诉讼进行中，继承人对放弃继承反悔的，由人民法院根据其提出的具体理由，决定是否承认。遗产处理后，继承人对放弃继承反悔的，不予承认。

《最高人民法院关于适用〈中华人民共和国民法典〉继承编的解释（一）》第三十七条　放弃继承的效力，追溯到继承开始的时间。

（三）遗嘱继承

《中华人民共和国民法典》取消了公证遗嘱的优先效力，立遗嘱人立有数份遗嘱，内容相抵触的，以最后的遗嘱为准，同时，增加了录像遗嘱和打印遗嘱的方式，承认遗嘱信托的合法性。

1.自书遗嘱

自书遗嘱是指由遗嘱人亲笔书写制作的遗嘱。

【法律依据】

《中华人民共和国民法典》第一千一百三十四条　自书遗嘱由遗嘱人亲笔书写，签名，注明年、月、日。

2.代书遗嘱

代书遗嘱，是指由遗嘱人口述遗嘱内容，他人代为书写而制作的遗嘱。

【法律依据】

《中华人民共和国民法典》第一千一百三十五条　代书遗嘱应当有两个以上见证人在场见证，由其中一人代书，并由遗嘱人、代书人和其他见证人签名，注明年、月、日。

3. 打印遗嘱

打印遗嘱是指运用电脑、打印机等电子设备打印制作的遗嘱。

【法律依据】

《中华人民共和国民法典》第一千一百三十六条　打印遗嘱应当有两个以上见证人在场见证。遗嘱人和见证人应当在遗嘱每一页签名，注明年、月、日。

打印遗嘱是《中华人民共和国民法典》新增设的遗嘱形式。随着时代的发展和变化，电脑、打印机等电子设备在日常生活中已经普及运用和快速发展，打印文件也远多于手写文件，打印遗嘱形式的增设可以说是顺应时代发展需求的。

4. 录音录像遗嘱

录音录像遗嘱是指以录音、录像方式，录制下来的遗嘱人的口述遗嘱。

【法律依据】

《中华人民共和国民法典》第一千一百三十七条　以录音录像形式立的遗嘱，应当有两个以上见证人在场见证。遗嘱人和见证人应当在录音录像中记录其姓名或者肖像，以及年、月、日。

录像遗嘱也是顺应时代发展需求、使现代科技设备普及应用的新增重要遗嘱形式。录像相较于录音更具信服力，更能够真实地记录遗嘱人的意思表达和展现身体与精神状态。遗嘱人和见证人，以及录像记录人员须注意，录像遗嘱需要录制遗嘱人和两名见证人清晰完整的正面肖像。无论录音还是录像形式，都要求遗嘱内容明确完整，在录音录像的开头应该由遗嘱人明确录制内容为遗嘱，并且符合法律规定，明确遗嘱人和见证人的姓名、身份以及录制的年、月、日。

5. 口头遗嘱

口头遗嘱是指在危急情况下，由遗嘱人口头表述的，而不以任何方式记载的遗嘱。

【法律依据】

《中华人民共和国民法典》第一千一百三十八条　遗嘱人在危急情况下，可以立口头遗嘱。口头遗嘱应当有两个以上见证人在场见证。危急情况消除后，遗嘱人能够以书面或者录音录像形式立遗嘱的，所立的口头遗嘱无效。

口头遗嘱相对于其他遗嘱形式来说比较特殊，它是只有在遗嘱人处于危急情况下，如生死关头，才能采用的遗嘱形式。当这种危急情况消除后，遗嘱人还是要采取其他形式订立遗嘱。

6.公证遗嘱

公证遗嘱是指经过国家公证机关依法认可其真实性与合法性的书面遗嘱。

【法律依据】

《中华人民共和国民法典》第一千一百三十九条　公证遗嘱由遗嘱人经公证机构办理。

《中华人民共和国民法典》施行后，公证遗嘱是变化最大的一种遗嘱形式。公证遗嘱的法律效力将不再优于其他形式的遗嘱，使得立遗嘱人不必拘泥于公证遗嘱本身的形式，也代表着对立遗嘱人意思自治的肯定和尊重。

【法律依据】

《中华人民共和国民法典》第一千一百四十二条　遗嘱人可以撤回、变更自己所立的遗嘱。

立遗嘱后，遗嘱人实施与遗嘱内容相反的民事法律行为的，视为对遗嘱相关内容的撤回。

立有数份遗嘱，内容相抵触的，以最后的遗嘱为准。

（四）遗嘱的优势

遗嘱内容明确了立遗嘱人的遗产类型、具体位置、权属和价值，继承人可以根据遗嘱列明的财产清单或财产线索，较为便捷地查找到遗产（尤其是家族企业，其资产配置可能遍布全球）。遗嘱内容明确了继承人范围和相应的遗产继承份额。对于继承人关系复杂的家族而言，一份清晰明确的遗嘱可以在很大程度上战胜人性的贪婪和减少不必要的争斗；对于很难估值的可继承财产，如股权、艺术品等，一份清晰明确的遗嘱可以在很大程度上避免财产价值分割的缠累。

遗嘱，是对企业、家族和家族成员爱和责任的体现，是对家族财富平稳有序过渡和永续传承的规划和安排，一份优质高效的遗嘱，或许可以在很大程度上帮助企业和家族克服因为没有遗嘱而带来的不确定的家族风波，甚至可以避免一场由财富引发的家族灾难。

（五）遗嘱的有限性

首先，遗嘱的优点无可否认，遗嘱人可以按照自己的意愿指定财产继承人和分配遗产，但单独使用遗嘱作为家族财富传承工具并不能有效地或顺利地帮助家族使财富在所有继承人中毫无争议地完成分配。尤其是对于家族关系复杂、成员众多的大家族而言，仅凭一份遗嘱，难以平衡各方的利益需求。人性的阴暗使继承人总是禁不住巨额遗产的诱惑，为争取更多的权利和份额，继承人们会试图挑战遗嘱的有效性。因此，遗产"战争"的第一场战役就是提起确认遗嘱效力的诉讼，家族成员也由此进入旷日持久的家族争产的鏖战之中。

其次，确认了遗嘱的有效性之后，遗嘱的执行还有一道重要且艰难的程序——继承权公证。一般情况下，继承人想顺利地继承到遗产，需要得到公证机关提供的继承权公证书。继承权公证书申请程序包括：

第一，继承权公证要求所有继承人都到场，这是最终获得继承权公证书最难逾越的关卡。受客观和主观因素的影响，继承人能否到场或者愿不愿意配合到场都是不可控的因素。

第二，所有继承人全体同意遗嘱的内容，只要有一个继承人不同意或提出异议，继承权公证程序就无法继续，甚至就此终止。

第三，若有的继承人已经去世，则其他继承人需要提供去世的继承人相关的死亡证明材料。如果不能出具，继承权公证书无法正常开具。

这三道关卡，常常使得遗嘱执行陷于僵局甚至死局。这也是遗嘱最大的问题所在，是遗嘱作为家族财富传承工具最明显的劣势。

最后，家族企业的遗嘱所涉遗产往往是境内和境外资产相互结合，境外资产遍布全球各地。对于境外遗产的继承，往往涉及不同国家的法律法规，需要遵行不同的程序要求，因此也会造成遗产继承程序的拖沓和遗嘱最终难以执行的情况。

【案例】霍英东遗嘱未能阻止家族成员内斗16年，大战仍在继续

2006年，霍英东去世。霍英东一生共娶了三房太太，有13个孩子，10个儿子，3个女儿。霍英东生前立有遗嘱，二房三房子女不可经商，并且在他去世后20年内不可分家。霍英东希望通过该遗嘱避免三房子女之间遗产的争夺和矛盾，但没有料想到，16年后，2022年新年伊始，在经历了2011年更换遗嘱执行人的纠葛之后，遗产战争硝烟再起，大房三子霍震宇、女儿霍丽萍、霍丽娜因南沙发展项目权益纠纷将二哥霍震寰送上了法庭，目前该纠纷正在香港展开聆讯[1]。可见，一份不变的遗嘱，难以抵御家族企业发展和财富积累等动态变化给各个家族成员的内心带来的需求变化。因遗产纠纷而起的家族内部矛盾在霍英东去世16年后仍然没有偃旗息鼓的意思，看来人对于财富的欲望一旦被激起，便难以"涛声依旧"了。

（六）遗嘱信托

遗嘱信托（testamentary trust）是指通过遗嘱这种法律行为而设立的信托，也叫死后信托，是委托人以遗嘱的方式将财产规划内容，包括交付信托后遗产的管理、分配、运用及给付等内容详细订立于遗嘱中，是在委托人死亡后生效的一种遗产管理安排。《中华人民共和国民法典》承认了遗嘱信托的合法性，实现了《中华人民共和国民法典》与《中华人民共和国信托法》的有效衔接，意味着遗嘱信托不仅要符合《中华人民共和国民法典》继承编中关于遗嘱的规定，也要符合《中华人民共和国信托法》的规定。

委托人可以预先以立遗嘱的方式，将财产的规划内容，包括交付信托后遗产的管理、分配、运用及给付等内容详细订立于遗嘱中，等到遗嘱生效时，

---

[1] 《霍英东家族争产案开庭：10年过去，硝烟再起》，https://baijiahao.baidu.com/s?id=1721825823198898395&wfr=spider&for=pc。

再将信托财产转移给受托人,由受托人依据委托人遗嘱所交办的事项,管理或处分信托财产。与金钱、不动产或有价证券等个人信托业务比较,遗嘱信托最大的不同点在于,遗嘱信托是在委托人死亡后才生效。遗嘱信托第一次正式写入《中华人民共和国民法典》,即第一千一百三十三条第四款为新增条文,规定了"自然人可以依法设立遗嘱信托"。在遗嘱信托法律关系中有三方主体,即委托人,也就是立遗嘱人(被继承人);受托人,信托公司;受益人,可以是法定继承人中的一人、数人或者全部,也可以为法定继承人以外的人。

五、遗嘱执行人和遗产管理人

遗嘱执行人是遗嘱人在遗嘱中明确指定的,将生效后的遗嘱内容付诸执行的人。遗嘱执行人既可以是法定继承人,也可以是法定继承人以外的人。

遗产管理人是指对死者遗产负责保存和管理职责的人。遗产管理人代表被继承人的意思,保存和管理被继承人的遗产,防止其遗产被他人侵夺或争抢,使被继承人遗嘱指定的或者法定的继承人、受遗赠人继承遗产或取得遗产权利[①]。《中华人民共和国民法典》新增"遗产管理人制度",在第一千一百四十五至一千一百四十九条详细规定了"遗产管理人的选任、指定、职责、责任、报酬",有利于保护被继承人的合法权益。

(一)选任

(1)继承开始后,遗嘱执行人为遗产管理人。
(2)没有遗嘱执行人的,继承人应当及时推选遗产管理人。
(3)继承人未推选的,由继承人共同担任遗产管理人。
(4)没有继承人或者继承人均放弃继承的,由被继承人生前住所地的民政部门或者村民委员会担任遗产管理人。

(二)指定

对遗产管理人的确定有争议的,利害关系人可以向人民法院申请指定遗

---

① 杨立新、李怡雯:《中国民法典新规则要点》,法律出版社。

产管理人。

（三）职责

遗产管理人应当履行下列职责：
（1）清理遗产并制作遗产清单。
（2）向继承人报告遗产情况。
（3）采取必要措施防止遗产毁损、灭失。
（4）处理被继承人的债权债务。
（5）按照遗嘱或者依照法律规定分割遗产。
（6）实施与管理遗产有关的其他必要行为。

（四）责任

遗产管理人应当依法履行职责，因故意或者重大过失造成继承人、受遗赠人、债权人损害的，应当承担民事责任。

（五）报酬

遗产管理人可以依照法律规定或者按照约定获得报酬。

律师担任遗嘱执行人和遗产管理人的优势：

从遗产管理人的法定职责范围中我们可以看出，遗产管理人负责落实执行的相关工作和成效对于家族企业及家族成员的继承利益都是极其重要的，但就细节而言也是极其复杂烦琐的，这是一个彰显客观中立、公平公正、专业高效的过程。面对巨额遗产的管理和分配，面对整个企业和家族，律师及律师团队作为遗嘱执行人和遗产管理人才是最佳选择，这是律师同时具备主观中立性和客观专业性两个基本素养所决定的。

首先，律师与被继承人及各继承人之间均无利害关系，与遗产分配结果也没有利益关联，能够客观中立并忠诚于被继承人、家族继承人或其他遗产利害关系人的委托，保证家族遗产分配最终的效率和效果。

其次，由于企业家族被继承人遗产类型多样，分布范围广，更涉及不同法域下的企业投资、知识产权、税务、继承、信托和保险等法律体系的不同规定，所有庞杂的问题必须由专业的律师通过合法专业的方式解决，这样才能保证遗产的完整性、安全性和保值增值，才能让遗产在代际传承的过程中不缩水，不外流，顺利实现传承。

再次，律师作为遗嘱执行人和遗产管理人，更容易被家族继承人们接受，即便在遗嘱的有效性或遗产继承的过程中出现纠纷，律师也能够凭借专业和经验把控与驾驭复杂的局面，平衡各方的利益诉求，提出可行性的调解方案，让遗嘱执行和遗产分配在实现被继承人的意愿的同时，也让继承人们回归到感性的理解和包容，理性地接受和配合。

从次，律师在法律框架下享有一定的调查取证权，能够及时对不清晰的遗产线索或出现权属争议的遗产进行梳理查证，留存证据，能够避免或减少家族遗产传承过程中出现的不明确或不必要的障碍。

最后，提前选定律师或律师团队，参与到从拟定有效的遗嘱开始，到遗嘱的执行，直至遗产的保管、分配的全过程，制定出系统、科学、完整的家族遗产管理方案，确保遗产的安全性和完整性，在实现财产保值增值的同时，提高家族遗产继承的效率，避免家族成员之间的纷争，减少家族内部遗产分配对家族企业正常经营运作的影响，使财富的代际传承顺利实施。

【案例】深圳首例指定遗产管理人案例

2020年8月，王某不幸因病去世。王某的妻子、母亲、王某与妻子的婚生子小王三人均为王某遗产的第一顺序继承人。在王某留下的遗产中，包含一起民间借贷案件中被告应向王某支付的480万元借款本金及利息。王某生前已向该案民事调解书的执行管辖法院某法院申请执行，后因王某去世，某法院裁定该案中止执行，申请恢复执行需由王某的遗产管理人办理相关事宜。对于由谁担任遗产管理人的问题三人犯了难。几番商议后仍没有结果，王某的妻子便诉至福田区法院，请求法院指定自己为王某遗产的唯一管理人。在法院审理案件的过程中，王某的母亲和儿子小王认可了王某妻子的主张，均同意指定王某的妻子作为王某遗产的唯一管理人。深圳市福田区法院认为，王某的配偶、儿子小王、母亲作为王某的第一顺位法定继承人同意由王某的妻子作为王某遗产的唯一管理人，符合相关法律规定。据此，福田区法院依照相关法律规定判决指定王某的妻子作为王某遗产的唯一管理人[①]。

对于企业家族来说，任何一位继承人作为遗产管理人都注定逃脱不了道德和利益的拷问。由继承人担任遗产管理人，当然成本最低。但是，继承人对于家族巨额遗产本能的占有欲，常常战胜其个人的自律和对遗嘱执行、遗产管理应有的公正和中立，即便有法律的约束，也难以平衡和保障其他继承人的合法权利和遗嘱利益。因此，我们还是建议家族企业家要提早订立遗嘱，并且不要单独使用，需结合家族的实际情况，与婚姻协议、公司章程、不同的金融工具，以及其他必要的书面协议等完整规划，用协同配搭的做法来解决家族内部遗产继承的种种复杂状况，并指定律师和律师团队作为遗产管理人和遗嘱执行人，擅用遗嘱信托。

【法律依据】

《中华人民共和国民法典》第一千一百三十三条第一款　自然人可以依照本法规定立遗嘱处分个人财产，并可以指定遗嘱执行人。

《中华人民共和国民法典》第一千一百四十五条　继承开始后，遗嘱执行人为遗产管理人；没有遗嘱执行人的，继承人应当及时推选遗产管理人；继承人未推选的，由继承人共同担任遗产管理人；没有继承人或者继承人均放弃继承的，由被继承人生前住所地的民政部门或者村民委员会担任遗产管理人。

《中华人民共和国民法典》第一千一百四十六条　对遗产管理人的确定有争议的，利害关系人可以向人民法院申请指定遗产管理人。

《中华人民共和国民法典》第一千一百四十七条　遗产管理人应当履行下列职责：

（一）清理遗产并制作遗产清单；

（二）向继承人报告遗产情况；

（三）采取必要措施防止遗产毁损、灭失；

（四）处理被继承人的债权债务；

[①] 《亲人离世留下一笔遗产，谁来管？深圳首例指定遗产管理人案件判了！》，https://www.sohu.com/a/504530206_121010211。

（五）按照遗嘱或者依照法律规定分割遗产；

（六）实施与管理遗产有关的其他必要行为。

《中华人民共和国民法典》第一千一百四十八条　遗产管理人应当依法履行职责，因故意或者重大过失造成继承人、受遗赠人、债权人损害的，应当承担民事责任。

《中华人民共和国民法典》第一千一百四十九条　遗产管理人可以依照法律规定或者按照约定获得报酬。

六、涉外继承

痛点问题一：家族企业家或其子女长期居住于国外或身份变化为外籍公民，且家族企业的资产呈现全球化布局的特点，如何应对和解决家族资产的涉外继承问题

根据《最高人民法院关于适用〈中华人民共和国民事诉讼法〉的解释》第五百二十条的规定：有下列情形之一，人民法院可以认定为涉外民事案件：

（一）当事人一方或者双方是外国人、无国籍人、外国企业或者组织的；

（二）当事人一方或者双方的经常居所地在中华人民共和国领域外的；

（三）标的物在中华人民共和国领域外的；

（四）产生、变更或者消灭民事关系的法律事实发生在中华人民共和国领域外的；

（五）可以认定为涉外民事案件的其他情形。

只要上述司法解释中所规定的当事人、标的物或与民事关系相关的法律事实在继承过程中具有涉外因素，就会出现如下涉外继承的情况：涉外主体继承中国境内的遗产；中国公民继承境外遗产；遗嘱在境外订立。

【解决方案一】公证继承

涉外主体继承中国境内遗产，继承人可通过办理涉外继承公证予以继承。一般而言，涉外继承公证需要提供如下材料：

第一，申请人为法定继承人的，须提交申请人的身份证明、亲属关系证明，被继承人的死亡证明，遗产的权属证明，被继承人的婚姻状况、父母情况、子女情况及有关亲属关系情况证明等。

第二，申请人为遗嘱继承人的，除了上述证明材料外，还须提交被继承人生前所立的有效遗嘱。该公证书还须经过中国驻申请人所在国的使领馆认证。公证书经过认证后，继承人可持公证书到遗产所在地的公证机关申请办理继承权证明书，之后即可到相关部门办理继承及权属转移等相关事项。

【解决方案二】诉讼继承

因继承中国境内遗产发生的纠纷，可通过人民法院诉讼予以解决。关于管辖法院，《中华人民共和国民事诉讼法》第三十四条规定："（一）因不动产纠纷提起的诉讼，由不动产所在地人民法院管辖""（三）因继承遗产纠纷提起的诉讼，由被继承人死亡时住所地或者主要遗产所在地人民法院管辖"。由此，继承的遗产系不动产的，由不动产所在地人民法院管辖；继承的遗产系动产的，由被继承人死亡时住所地或者主要遗产所在地人民法院管辖。确定了管辖法院后，还需通过冲突规范指引确定适用的法律。我国继承纠纷诉讼依据《中华人民共和国涉外民事关系法律适用法》来确定涉外继承应适用的法律。

【解决方案三】明确中国公民继承境外遗产的途径

中国公民继承境外遗产，若采用非诉讼途径，需遵守遗产所在国的相关法律规定。如果遗产位于与我国订立相关国际条约的国家，可类比参照上述公证继承程序，在我国公证机关申请办理涉外继承公证，并经遗产所在国的驻华使领馆办理认证。如果遗产所在国须征收遗产税，还应先申报缴纳相关的遗产税。

继承人对于境外遗产继承产生纠纷并选择诉讼程序的，不动产和动产区别处理。依据我国民诉法的规定，因不动产纠纷提起的诉讼，由不动产所在地人民法院管辖。由于不动产具有专属管辖和法律适用，当遗产为境外不动产时，应由不动产所在地法院管辖，并适用不动产所在地法律。但是对于境外的动产继承，如果被继承人死亡时经常居所地在中国，则对其在境外的动产遗产，我国法院具有管辖权并适用中国法律。

【解决方案四】保证境外遗嘱的有效性和可执行性

对于在境外订立的遗嘱，如果经当地司法机关裁定有效，并经当地公证和我国使领馆认证的，我国可依据相关国际条约承认该遗嘱效力，但遗嘱内容违反我国法律的除外。

如果对于在境外订立的遗嘱产生纠纷并在我国法院诉讼，应首先对涉案遗嘱争议的问题进行"识别"，即确定案件争议的有关事实的性质，并确定援引何种冲突规范确定准据法。

综上，涉外继承涉及在不同的法域范围内复杂的手续、程序要求，甚至纠纷诉讼的缠累。因此，在家族企业进行跨境经营、全球化布局，以及移民身份变化或者需要在境外订立遗嘱之前，一定要提早做好企业和家族财产的整体考量和布局规划，充分了解不同国家关于财产继承和遗产税等方面法律的相关规定，专业、周全、有效地订立遗嘱，配合利用好财富传承金融工具，尽可能为家族后代的财富继承扫除障碍，使企业家的资产不论在哪里，都能够始终在家族内部得到最优化的保全和传承。

【法律依据】

《中华人民共和国涉外民事关系法律适用法》第三十一条　法定继承，适用被继承人死亡时经常居所地法律，但不动产法定继承，适用不动产所在地法律。

《中华人民共和国涉外民事关系法律适用法》第三十二条　遗嘱方式，符合遗嘱人立遗嘱时或者死亡时经常居所地法律、国籍国法律或者遗嘱行为地法律的，遗嘱均为成立。

《中华人民共和国涉外民事关系法律适用法》第三十三条　遗嘱效力，适用遗嘱人立遗嘱时或者死亡时经常居所地法律或者国籍国法律。

《中华人民共和国涉外民事关系法律适用法》第三十四条　遗产管理等事项，适用遗产所在地法律。

《最高人民法院关于民事诉讼证据的若干规定（2019年修正）》第十六条　当事人提供的公文书证系在中华人民共和国领域外形成的，该证据应当经所在国公证机关证明，或者履行中华人民共和国与该所在国订立的有关条约中规定的证明手续。

中华人民共和国领域外形成的涉及身份关系的证据，应当经所在国公证机关证明并经中华人民共和国驻该国使领馆认证，或者履行中华人民共和国与该所在国订立的有关条约中规定的证明手续。

当事人向人民法院提供的证据是在香港、澳门、台湾地区形成的，应当履行相关的证明手续。

痛点问题二：外籍继承人继承家族企业股东资格是否会对企业性质造成影响

根据商务部《关于外国投资者并购境内企业的规定》（2009年修改）第五十五条的规定，"境内公司的自然人股东变更国籍的，不改变该公司的企业性质"。

【案例】股东资格的涉外继承引发一系列纠纷【(2009)沪一中民五（商）终字第7号】[①]

维克德公司系2002年成立的内资有限责任公司。2005年7月，维克德公司修改章程，股东变更为金非和薛小钧，注册资金为人民币100万元（以下币种均为人民币），金非出资90万元，薛小钧出资10万元。金非担任公司的执行董事兼法定代表人，薛小钧担任公司的监事。金军、金杰妮分别系金非的妻子、女儿。金非一家原为中国国籍，2006年2月加入德国国籍。2007年7月30日，金非在德国死亡。2008年5月12日，上海市浦东公证处出具《继承权公证书》，内容为：金军、金杰妮为金非的继承人；金非死亡后遗有维克德公司注册资金中的出资额90万元，未发现金非生前留有遗嘱；金非的父母对金非的上述遗产表示自愿放弃继承权；因此，上述遗产依法由其妻子金军和女儿金杰妮二人共同继承。2008年5月21日，金军委托律师向薛小钧发出一份律师函，内容为：维克德公司原股东金非病故，根据《继承权公证书》，金非的妻子金军和女儿金杰妮继承了金非在维克德公司的90%股权，工商变更登

---

① 案例来源律商网。

记手续在办理之中,请薛小钧将所经营分管的业务及财务支出相关文件、材料交给金军。金军同时向维克德公司的员工发出了类似的律师函。同年5月26日,金军和律师到达维克德公司的办公场所,要求薛小钧签署公司变更登记申请书、公司章程的修正案、股东会决议等文件。薛小钧予以拒绝。被告维克德公司的章程中未对股东死亡后的股权继承问题做出规定。一审法院审理认为,本案系涉外股权确认纠纷,由于维克德公司的注册、经营地均在中国境内,依据最密切联系原则,应适用中国法律处理。《公司法》第七十六条规定,自然人股东死亡后,其合法继承人可以继承股东资格;但是,公司章程另有规定的除外。金军、金杰妮是金非的合法继承人,而维克德公司的章程又未对股权继承问题做出与法律相反的规定,因此,金军、金杰妮有权继承金非在维克德公司的股东资格,包括其持有的维克德公司90%的股权。维克德公司和薛小钧对金军、金杰妮继承股权提出的前提条件,均不构成法律上的抗辩。按照《中华人民共和国继承法》之规定,同一顺序继承人继承遗产的份额,一般应当均等,故金军、金杰妮各继承维克德公司45%的股权。关于金军、金杰妮要求维克德公司、薛小钧办理股权变更登记手续的问题,因内资企业的股东是否可以变更登记为外国人,涉及我国对外国人投资内资企业的行政审批制度。商务部等六部委制定的《关于外国投资者并购境内企业的规定》中规定:外国投资者并购境内企业,应符合中国法律、行政法规和规章对投资者资格的要求及产业、土地、环保等政策;被并购境内企业原有所投资企业的经营范围应符合有关外商投资产业政策的要求;不符合要求的,应进行调整;外国投资者并购境内企业设立外商投资企业,应依照本规定经审批机关批准,向登记管理机关办理变更登记或设立登记。境内公司的自然人股东变更国籍的,不改变该公司的企业性质。金非投资维克德公司后由中国国籍变更为外国国籍,按照上述《关于外国投资者并购境内企业的规定》,未改变维克德公司的内资企业性质,但金非死亡后,其拥有外国国籍的继承人继承其在内资企业的股东资格,欲成为公司股东,是否需要获得国家外资管理部门的批准,及在获得批准后变更企业性质,并向工商登记管理机关办理变更登记,上述规章没有规定。关于这一问题,金军、金杰妮的委托代理人在原审审理中确认,其向有关机关咨询后得到的答复是,外国人继承股权可以参照《关于外国投资者并购境内企业的规定》操作,金军、金杰妮要求维克德公司和薛小钧办理股权变更登记手续，需要得到审批机关的批准文件。由此，原审法院认为，在金军、金杰妮没有获得批准文件前，工商登记管理机关不会受理维克德公司的变更登记申请，故对金军、金杰妮请求判令维克德公司和薛小钧办理股权变更登记手续的诉讼请求不予支持。原审法院同时认为，根据《公司法》之规定，记载于股东名册上的股东，可以依照股东名册主张行使股东权利。公司股东未经登记或者变更登记，不得对抗第三人，即，股权登记并非确认股权的生效要件。因此，本案中，维克德公司未进行股东变更登记不影响确认金军、金杰妮继承股权。

一审法院的判决结果确认了金非继承人的股东资格，但由于其外籍身份，在未获得审批机关的批准文件之前，法院对于金非继承人要求办理股权变更登记手续的诉讼请求不予支持，金非继承人的股东资格无法在工商登记手续上得到书面确认。金非继承人提起上诉，要求改判维克德公司和第三人为其办理股东变更手续。

二审法院经审理认为，本案系因外国人继承公司股权、股东资格而发生的涉外股权确认纠纷，该公司是依中华人民共和国法律设立的有限责任公司，故本案争议应当适用中华人民共和国法律处理。

根据《公司法》第七十六条规定，自然人股东死亡后，其合法继承人可以继承股东资格；但是，公司章程另有规定的除外。本案两上诉人出具的上海市《继承权公证书》证明其为公司股东金非的合法继承人，而公司章程亦未对股东资格继承另做约定，故两上诉人在继承了金非在维克德公司的股权的同时，亦应继承相应的股东资格，而无须公司过半数股东的同意。二审院注意到，两上诉人是外国国籍，维克德公司是内资公司，但这并不影响两上诉人依法继承股东资格。由于两上诉人系因继承取得维克德公司股东资格，并未改变该公司注册资金来源地，该公司的性质仍为内资公司，故无须国家外商投资管理部门批准。

根据《中华人民共和国公司登记管理条例》第三十五条第一、第二款的规定，有限责任公司的自然人股东死亡后，其合法继承人继承股东资格的，公司应当依照规定申请变更登记。因此，被上诉人维克德公司应当为两上诉人金军、金杰妮办理股东变更登记。第三人是公司股东，两上诉人要求第三人为其办理股东变更登记没有法律依据，二审院不予支持。

关于两上诉人继承股权的份额，根据《中华人民共和国继承法》第十三条的规定，同一顺序继承人继承遗产的份额，一般应当均等。因被继承人金非持有维克德公司90%的股权，故两上诉人金军、金杰妮各自继承的份额为维克德公司45%的股权。

二审法院在一审法院确认金军、金杰妮依法取得股东资格的基础上，改判维克德公司为其办理相关股东变更登记手续。

第四章　财富管理痛点区域三：人身风险

企业家从初创一家企业，到让企业健康发展，再到企业成熟运营，乃至成为基业长青的"百年老店"实属不易。每一位优秀的企业家都是社会宝贵的资源。

企业家的人身风险主要包括人身安全和健康两个方面。人身安全问题可以通过配备保镖，以及其他各种各样的保护措施解决。目前在我国良好的治安环境下，这方面的问题也鲜有发生。然而，健康风险往往被很多企业家忽视。

第一节　企业家人身意外或健康问题

2021年5月20日，贝壳找房网发布讣告，贝壳创始人兼董事长左晖因肺癌恶化逝世。左晖生于1971年，2021年仅50岁，曾带领贝壳找房网从无人知晓到2020年8月13日成功上市，成为中国房产服务平台第一股。从此，贝壳股价高开高走，从开盘价仅仅35.06美元/股，截至美国东部时间2021年5月20日收盘为50.26美元/股，最终贝壳总市值达到595.1亿美元。同年6月22日下午，一位中国律师行业灯塔般的人物，北京市天同律师事务所创始人、无讼网络科技创始人蒋勇律师因突发心脏病逝世，享年也仅50岁。近年来类似的信息似乎尤其多，从2021年12月开始，短短2个月，已经有四五位优秀的企业家不幸辞世。从中植企业集团的解直锟，到"西瓜霜大王"桂林三金董事长邹节明，再到云南大益茶创始人吴远之，很多人可能没有听说过他们的名字，但对他们的企业肯定不会陌生。每次听到这些优秀企业家突然去世的消息，不禁让人唏嘘。

包括企业家在内的高净值人群通常面临压力巨大、缺乏运动、饮食不规律、睡眠不足等诸多问题，这些"灰犀牛"长期不被重视，健康问题就成为危害他们的一大隐患。2013年，"创新工厂"创始人李开复通过微博对外宣布自己罹患淋巴癌。李开复在微博中称得病是因为作息不规律、长期熬夜，以及压力过大。他说自己年轻时实在太大意，既不注意饮食又经常熬夜，而且几乎没有锻炼，等到身体出了状况，才重新审视健康的意义。

《中国企业家》杂志曾经以中国企业家工作、健康与快乐状况为主题对国内企业家进行了调查，结果表明，企业家的身体健康状况确实堪忧。企业家中患"肠胃消化系统疾病"的占30.77%，患"高血糖、高血压以及高血脂"的占23.08%，"吸烟和饮酒过量"的占21.15%，90.60%的企业家处于"过劳"状态，28.30%的企业家"记忆力下降"，26.40%的企业家"失眠"。

进入后疫情时代，国内外经济环境瞬息万变、不确定性增加，企业家对于企业发展普遍焦虑，这种焦虑对身心健康也造成了一定影响。《2021中国高净值人群健康投资白皮书》中明确指出，2021年的调研数据显示，约90%的高净值人群存在健康困扰。其中，记忆力下降占比位列第一，肩颈不适、易疲倦、免疫力下降、睡眠障碍等健康困扰普遍存在（如图4-1-1所示）。

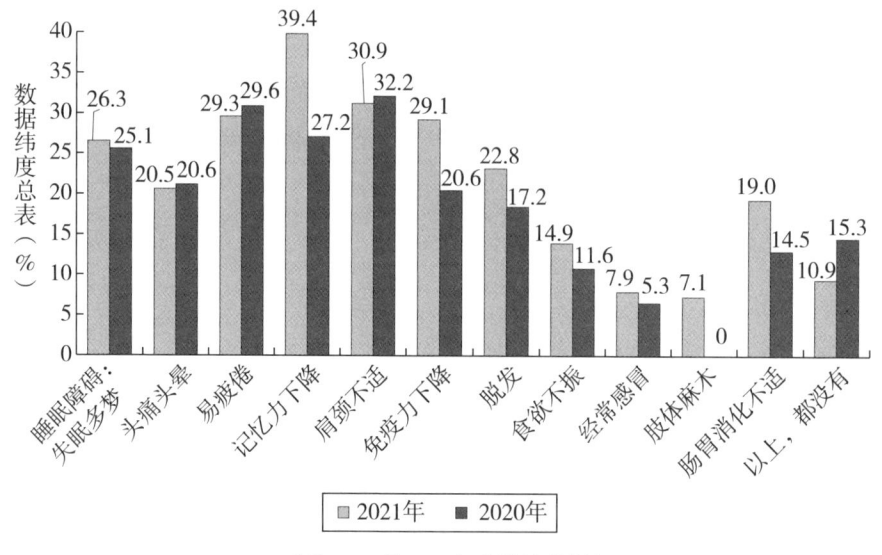

图4-1-1 2021年中国高净值人群健康投资调研有关数据情况

（注：0%是2020年末统计数据）

曾经有一位不到30岁的企业家因意外不幸辞世。他去世后,他的妻子和他的司机结了婚,而自己公司的下一任掌门也变成了自己的大舅子。这类案例不胜枚举。

实际上,企业家遭遇意外或者身心健康出现问题远不止问题本身这样简单。一旦出现问题,特别是出现严重问题后,对婚姻关系状态、亲子关系状态和家庭生活状态都会造成较大影响,甚至是毁灭性打击。

第二节 企业家及家庭成员的健康风险管理

健康风险是人普遍要面对的风险,如果放眼到人的全生命周期,健康风险是必然会发生的风险之一。有时它会直接危害我们的生命,一旦出现,对我们的生活质量影响很大,是我们最先应该去管理的风险。

痛点问题一:医疗费用不断上涨,或许是个"无底洞"

消费者物价指数(CPI)是大家耳熟能详的一个关系民生的统计指标。其涵盖全国城乡居民生活消费的食品烟酒、衣着、居住、生活用品及服务、交通和通信、教育文化和娱乐、医疗保健、其他用品和服务8大类、268个基本分类的商品与服务价格。经济学家也可以计算单个行业更具体的CPI,如医疗CPI。医疗CPI反映的是医疗行业内的通胀。从历史情况看,医疗CPI一直高于标准CPI,这就表明医疗服务的价格比其他商品的价格上涨得更快。医疗费用不断上涨是一个不争的事实。

如果不幸罹患重病,在医疗费方面的支出有时更是无法预计和想象的。2021年特别热的一则新闻:上海的陈阿姨患淋巴癌,接受了一种最新抗癌药物治疗——120万元一针,社保还不能报销。经过治疗,陈阿姨两个月后癌细胞清零出院了。她也成为国内首位接受了CAR-T治疗后,评估症状完全缓解的患者。随着医疗技术的发展,未来的新技术、新药物可能会助力攻克更多现在无法治愈的疾病,但其价格一定也是惊人的,毕竟在新技术、新药物研发成功之前,医药企业投入了巨额成本,只有给出符合商业规律的定价,才有可能让这个行业良性发展。就以前面提到的120万元一针的抗癌药物为例,生产方复星医药的董事长郭广昌表示，仅2020年一年复星就花了40亿元去做药物研发。

不断上涨的医疗费用和治疗重大疾病可能出现的巨额开销对于绝大部分家庭来说，哪怕是高净值家庭，依然是不小的经济压力。当然，肯定也有很多人会认为高净值人群那么有钱，资产上千万元，得个病顶多花个一两百万元，花得起。这点不可否认，但无论是谁，辛苦打拼挣来的钱是为了更好地生活，还是为了当医药费？其中一部分甚至是一大部分支付了医药费，现有的生活质量会不会或多或少受到影响？

【解决方案】善用金融工具转嫁风险

商业医疗保险和重疾保险是应对健康风险非常好用的金融工具。越来越多的企业家认识到了保险的本质，不但会购买保险，而且会购买高额保险。近年来，企业家在商业医疗保险和重疾保险方面的投入明显增加。

《2021中国高净值人群健康投资白皮书》中对高净值人群在商业医疗保险年缴保费和保障额度方面进行了数据统计，结果显示，近两年这两方面均有大幅度提升，尤其是5万元至10万元保费额度的区间2021年比2020年高了约21%，达到31.4%，保费平均额也高出约7万元，平均保障总额度更是增长了294.2万元（如表4-2-1所示）。

表4-2-1　2020年、2021年商业医疗保险费用占比情况

商业医疗保险费用	2020年	2021年
家庭年缴保费	平均值：5.9万元 10万元以上占比16% 5万~10万元占比10.5% 3万~5万元占比39.6% 3万元以下占比58.7%	平均值：13万元 10万元以上占比16.7% 5万~10万元占比31.4% 3万~5万元占比31.9% 3万元以下占比19.7%
保障总额度	平均值：384.8万元 500万元以上占比20.4% 300万~500万元占比16.7% 100万~300万元占比33.3% 100万元以下占比13.6%	平均值：679万元 500万元以上占比23.4% 300万~500万元占比15.6% 100万~300万元占比24.9% 100万元以下占比26.3%

实际上，商业医疗保险和重疾保险不仅解决经济问题，还有效利用金融工具的杠杆属性，实现以小投入换来大保障，让原本积累的财富实现既定的

目标价值，而不会投入医疗费用方面。

除此之外，商业医疗保险和重疾保险还可以带走精神层面的焦虑。配置一份适合的商业医疗保险，基本可以覆盖全部医疗费用缺口，特别是配置了一些高端医疗保险产品，罹患疾病后的医疗品质和医疗环境也会得到有效保障。面对医生的询问，用一般材料还是好材料？用国产药还是进口药？用普通疗法还是新疗法？有保险的人大可不必考虑经济成本，从而可以做出对自己最有利的选择。无论财富多少，用保险公司的钱和用自己的钱，心理状态完全不同。同时，在日常生活中，健康风险的焦虑也可以转移给保险公司。举个例子，很多明星举办商业巡演，他们的经纪公司往往会为他们投保高额保险，保额甚至过亿元。保险公司为了防止风险的发生，一定会全程严密参与监控，甚至保险公司愿意花钱雇好的安保公司提供安保服务。很多高净值人群配置了高额保险后对人身安全风险的焦虑就会减少很多，因为已经通过配置保险将风险转移给了保险公司。

一个最简单有效的企业家及家庭成员的健康风险保障策略就是，每一个家庭成员配置好足额的商业医疗保险、重疾保险和意外保险。

一份标准的商业医疗保险一年不过几百元，高端医疗保险通常也就几万元即可覆盖社保不能覆盖的自费医疗费用，甚至是私立医院或者特需门诊。

重疾保险主要的作用是避免因重大疾病导致的突发性大额现金消费以及在未来漫长康复过程中为保证良好的康复品质而造成的收入损失。一般按照每个人年收入的3~5倍配置保额。收入越高，则保额配置应该越高，只有这样，才能充分发挥实际作用。

意外保险是杠杆率最高的保险。它只需要少量的保费就可以获得大额赔付金，一般几百元就可以获得百万元的保障，这是其他保险不能比的，也是一套完备保障方案不可或缺的组成部分。

痛点问题二：存在专业壁垒和信息不对称，选对医院医生难，就医过程费时费力

不可否认，医疗专业是具有一定门槛和专业壁垒的，对于非专业人士来说，专业知识和相关信息的缺失导致了人们出现病症，特别是重大病症时，往往不知道如何选择医院、如何选择科室、如何选择医生。

就诊时间也是困扰高净值人群的问题。鉴于我们国家现有的医疗体制，公立三级医院集中了中国最优秀的医生、医疗资源。对于高净值人群来说，小病可以选择医疗条件更好的私立医院，但真遇到疑难杂症，公立三级医院仍然是不二的选择。专家号难挂，就医过程漫长都是比较突出的问题。需要住院时往往医院一床难求，后期康复专业护理资源也十分匮乏。这些问题不仅是普通工薪阶层遇到的难题，也同样是高净值人群面临的问题。

高净值人群对更舒适的医疗环境、更先进的医疗设备以及更好的医疗服务有着强烈的需求。

【解决方案】通过家族办公室或保险公司获取适合的健康管理路径和优质的医疗服务资源

国内的很多家族办公室为了给企业家和高净值人士提供一站式的管家式服务，整合了健康管理和医疗资源。日常的家庭医生咨询、高端甚至是海外体检服务、顶级医疗专家资源专享通道等定制化的医疗服务都是家族办公室可以提供的专业服务之一。

曾经有一位企业家在云南旅游，登山过程中坠落造成身上多处骨折，情况十分危急。家人随即联系了家族办公室工作人员。家族办公室紧急协调了专业救援公司，用直升机先将其转运到成都进行了紧急处置，基本稳定后，安排救援包机回京救治。企业家需要确保在意外发生时，能够第一时间获得最优质的医疗资源和医疗服务。

除了委托家族办公室提供相关服务，购买高额保险是获得优质医疗资源的有效路径。高额保险往往能够帮助高净值人士拿到全球较好的医疗资源。我国人口众多，经济发展尚不平衡，优质的医疗资源仍是极其稀缺的。很多企业家经济上很富足，但不一定能够看上很好的医生，也不一定能够住进很好的病房。

上海有一家医院叫质子重离子医院。这家医院有着国际尖端肿瘤放射治疗技术，是国内首家同时拥有质子和重离子放射治疗技术的医疗机构。在这家医院里有一台仪器可以把质子、重离子加速到70%的光速，去照射肿瘤部位，快速杀死癌细胞。这种射线的半衰期非常短，所以当它杀完癌细胞后，就不再具有放射性了，也就不再有副作用了。简单来说，相比于传统放疗，质子重离子治疗更精准高效且副作用很小。这种治疗方式自然价值不菲，然而更关键的是，这家医院一年只能接待百余位病人，不是有钱就可以安排上的。这时候，就需要专业服务资源进行协调安排。

一位36岁的年轻有为的企业家被确诊了肺癌Ⅱ期。国内给出的治疗方案是开胸切除病灶。这位企业家觉得这样的大手术创伤性太大，上了手术台就好像已经没了半条命。他通过保险公司把国内的检查报告传送到美国约翰·霍普金斯医院[1]进行了一次会诊，约翰·霍普金斯医院和国内的诊断意见是一致的，只是给出的治疗方案和国内不同，采用微创的方式去除病灶。后来，这位企业家通过跟国内医院沟通，采用了国外的治疗方案，由国内的顶级外科手术专家操刀，用最小的创伤、最低的成本完成了治疗，术后效果非常理想。这其实就是国外专家二次诊疗服务能够发挥的重要作用。

使用这些专业的服务资源对于企业家来说都是低频的偶发需求，但对于家族办公室和保险公司这样的专业公司和服务机构而言，是其重要的服务组成部分。像日常的健康体检、预约挂号这些相对高频的增值服务更是可以涵盖在服务资源体系内。企业家通过委托家族办公室或者购买保险就等于间接地获得了优质的国内外医疗资源（如表4-2-2所示）。

表4-2-2 国内某合资保险公司可以给客户提供的增值服务

服务内容	服务项目	一星	二星	三星	四星	五星
健康呵护	健康测评	√	√	√	√	√
	健康咨询	√	√	√	√	√
	儿童齿科保健折扣	√	√	√	√	√
	健康体检服务折扣	√	√	√	√	√
医疗协助	预约挂号	√	√	√	√	√
	国内专家二次诊疗		√	√	√	√
	国外专家二次诊疗			√	√	√
	海外就医			√	√	√

---

[1] 约翰·霍普金斯医院（The Johns Hopkins Hospital，简称JHP），约翰·霍普金斯医疗集团及其旗下的约翰·霍普金斯医院成立于1889年，位于美国马里兰州巴尔的摩市。

续表

服务内容	服务项目	一星	二星	三星	四星	五星
重疾关爱	重疾绿通会诊	√（预约挂号、手术安排）	√（预约挂号、手术安排）	√	√	√
	重疾院后照护	√（基础护理）	√（中级护理）	√ 1次/年	√ 2次/年	√ 3次/年
	上海质子重离子亿元治疗预约安排			√	√	√
商旅出行	机场/高铁贵宾休息室				√ 2次/年	√ 3次/年
急难救援	地空联动急难救援			√	√	√
	道路救援		√	√	√	√
专属礼遇	胜利礼遇服务	√	√	√	√	√

近年来，企业家对于健康的重视程度逐年上升，健康意识正在由病后治病过渡至事前防病，从不顾一切谋生提升至提前做好养生。构建好自己和家庭成员的健康风险保障逐渐成为企业家全心投入事业首要做的一件事情。

第三节　企业家及家庭成员的养老规划保障

国家统计局发布的第七次全国人口普查数据显示，全国人口共14.4亿人，其中60岁及以上人口为2.6亿人，占比18.7%；65岁及以上人口为1.9亿人，占比达13.5%。中国发展研究基金会发布的《中国发展报告2020：中国人口老龄化的发展趋势和政策》显示，从2035年到2050年是中国人口老龄化的高峰阶段。根据预测，到2050年中国65岁及以上的老年人口将达3.8亿人，占总人口比例近30%；60岁及以上的老年人口将接近5亿人，占总人口比例超三分之一。届时，平均每三个人当中就有一个老年人。中国正不可逆转地进入老龄化社会，人口老龄化将是今后较长一段时期我国基本国情。

在严峻的养老形势下，中共中央、国务院于2019年印发《国家积极应对人口老龄化中长期规划》，将应对人口老龄化提升至国家战略高度，并提出要打造高质量的养老服务和产品供给体系。"十四五"规划亦明确提出，要构建医养康养相结合的养老服务体系，推动养老事业和养老产业协同发展。

企业家和家庭成员的养老规划保障问题在大的宏观背景下同样是一个不容忽视的问题。

痛点问题一：企业家财富总量充足，专门用于养老的资金实际准备不足

企业家自身的财富积累总量是很可观的。但是，企业家的资产类别往往具有多样性。不动产、股权、艺术品等都是企业家资产的重要组成部分。而流动性好、变现能力强的资产在企业家的资产组成中占比未必很高。胡润百富公布的《2018中国企业家家族传承白皮书》中显示：千万元资产企业家的企业资产占其所有资产的65%，他们拥有150万元的可投资资产（现金及部分有价证券），20万元以上的车和价值180万元以上的住房。亿万元资产企业家的资产分布情况是：企业资产占其所有资产的60%，他们拥有2000万元的可投资资产（现金及部分有价证券），房产占他们总财富的15%。而与养老生活相关的基础生活费用，应对意外、医疗的应急费用和保证养老生活品质的开销，需要的是现金资产或者是变现能力强的资产。

从目前通行的认知上讲，养老生活会呈现三段式：65岁至75岁这个阶段，是自由养老阶段，这个阶段往往手里有钱，身体健康，不需要别人照顾，在医疗费用上也没有太多支出，这个阶段，必要开销不多，但从心态上讲，老人奋斗一辈子，这个阶段会有大量的现金支出用于享受生活；随着时间的推移，进入75岁至85岁这个阶段，虽然生活还能自理，但大部分老人行动不像以往那么方便了，用于健康管理和慢性病治疗的费用会有所增加；85岁以后，可能会出现疾病缠身的状态，需要长期的精心看护，也会有大量的医疗费用支出。实际上，这三个阶段的养老生活是每一个人都要经历的，不外乎是时间早晚和持续时间长短的差别。这个过程中有一个容易被忽视的问题就是，支持养老生活的必要支出会越来越多。科学的养老生活规划不在于资金总量，而在于客观需求和生活目标的资金精准匹配。

按照北上广深这样一线城市的中等家庭生活水平进行粗略计算，如果一

个家庭保证退休后的生活水平与退休前的生活水平持平，通常来说需要1000万元以上资金储备。企业家对生活品质的追求高于普通家庭，需要储备的资金量更大。而这个数字与人们心中主观评估的数字差距很大。泰康保险集团联合尼尔森共同发布的《2020年中国中高净值人群医养白皮书》中提到，中高净值人群认为需要准备的养老资金与经过测算实际需要准备的养老资金差额近六成。

可以说，养老资金的问题就是安全性问题。这里的安全性主要体现在两大方面：一是能否做到专款专用，会不会因为突发情况或者客观原因出现挪用现象；二是用于养老的资金是否安全，会不会受到债务等问题的影响。养老资金一旦出现问题，不仅是养老品质受到影响，后果严重的可能涉及生存问题。

【解决方案】提早规划，明确资金用途，专款专用，确保安全

首先，应当从观念上厘清用于养老的资产必须是现金资产或者流动性强的资产。这个类别的资产要进行足额的准备。准备的具体金额根据所处地域、生活习惯、生活品质的不同会有很大差别。可以请这方面的规划专家或者财务顾问按照实际情况进行测算。

其次，解决好专款专用的问题。根据分段式养老的特点，每个阶段资金支出的差异，分为日常消费支出、意外支出、医疗支出、娱乐休闲消费支出等方面的费用。用分账户的概念去做准备。这几个账户需要的资金可以分别选择不同的财富管理工具去支持。比如，可以运用商业医疗保险、重疾保险和意外保险来应对医疗和意外支出。这样可以有效利用金融工具的杠杆属性，以较低成本做好万全准备。运用年金保险来筹划保障基础生活的资金。保障终身的养老年金保险可以提供与生命等长的现金流。按月或按年支付，保证专款专用。同时，年金保单里的资金增长速度大概率可以跑赢通胀的速度。运用保险金信托或者家族信托工具可以帮助企业家解决资金保值、增值的问题，保障其预期的生活品质。当然，做好资金的专项准备，实现专款专用，在一定程度上就要让渡对这部分资产灵活性的要求。

最后，保证养老资金的绝对安全。本书第二章第四节介绍了如何构建好家企资产隔离带。对于企业家而言，解决了资产安全问题也就没有了养老资金的后顾之忧了。

痛点问题二：或无人养老，或无专业的养老资源

受传统"养儿防老"思想的影响，目前大多数老人还是期待儿女给自己养老。也有不少老年人特别自信地说："我家孩子特孝顺，将来养老指望孩子肯定没问题。"从精神和道德层面来讲，子女给父母养老通常不存在任何问题。但现实的问题是，当老人需要尽孝时，子女有没有充足的时间去尽孝？有没有专业的护理能力去尽孝？特别是企业家的家庭，因为子女接受了良好的教育，要么在国外深造甚至定居，要么是公司的精英管理层，所以就更是忙碌了，照顾自己的小家或已疲惫不堪，再加上空间上的分隔，客观上很难有条件照顾父母。目前老年人群生活照料还是以与配偶相互照顾为主。

对于企业家而言，硬件的居住条件一般不存在太大问题，即便儿女不在身边，在需要照料的人生阶段，也有条件雇佣保姆或看护。但是对保姆或者看护的专业度要求较高。同时，自有居所缺乏医疗保健设施，进入需要护理阶段的老年人养老生活品质未必可以得到最好的保障。《中国城市养老服务需求报告（2021）》中提到，城市居民对养老的困惑和担心较多，31.1%的受访者"担心突发疾病不能得到及时救治"，29.6%的受访者担心"护理人员不专业/好的靠谱的护理人员难找"。

【解决方案】选择适合自己的养老方式，提早占据养老资源

养老的方式有很多，根据不同的维度，分类方式也不少。按照养老场所的维度划分，可以分为居家养老、社区养老、机构养老三种方式。

居家养老可能是未来相当长一段时间内占比最高的养老方式之一。由于子女白天要工作，没有很多的时间照顾老人，居家养老服务应运而生。目前的居家养老服务内容以家政服务为主，以康复护理、医疗保健、心理咨询等服务内容为辅。未能针对老人生活自理能力提供有区别的服务，不能很好地满足老人多样化的养老需求。

社区养老指的是以居家养老为主，社区机构养老为辅的养老方式。相关机构会在社区里建立日间照料中心。白天，子女可以送老人进去享受服务。在照料中心内，有相关的养老设施，提供基本的医疗保健、护理服务、就餐服务、学习培训服务等。晚上，老人可以回到家中养老。社区养老吸收了居

家养老和机构养老的优点和可操作性，把居家养老和机构养老的最佳结合点集中在社区，是针对21世纪上半叶我国社会转型期所面临的巨大老龄化问题所产生的一种新型养老方式。

机构养老，顾名思义，就是老人到养老院、养老公寓、养老社区这样的机构里面进行养老。养老机构通常具有比较齐全的养老设施，以及比较正规的管理。随着养老产业的发展，机构养老又分化出了异地养老机构和本地养老机构两种养老模式，即旅居养老和长居养老。旅居养老指在不同季节到不同地方的养老机构短期居住，边旅游边养老。

对于企业家而言，不同的养老阶段，可以选择自己喜欢且对自己最有利的养老方式。在刚退休的自由养老阶段，完全可以选择旅居养老的方式。进入需要护理的养老阶段后，可以选择高端养老社区安享晚年。高端养老社区打造的都是无障碍、适老、安全的居住环境。跌倒检测、无障碍卫浴、电动助力护理床、智能助力马桶、电动升降式洗澡机等，这些智能设备逐渐成为标准硬件配置。且高端养老社区通常都是医养结合，社区内具备不错的医疗条件和完备的医疗保障，护理人员都经过专业培训，可以确保入住老人的健康安全，面对突发情况也会应对得游刃有余。总体来说，高端养老社区可以有效保证长者有尊严、有乐趣、有幸福感的生活质量。

可以预见的是，随着我国老龄化的加剧，像高端养老社区这样的资源一定会日渐稀缺，企业家可以考虑使用"人寿保险+高端养老社区权益"的模式，通过配置保单，获取相关权益，提前锁定未来的养老资源。

第五章　财富管理痛点区域四：企业家涉税风险

第一节　如何依法纳税

依法纳税是企业和个人的法定义务，凡是从事生产经营的企业和取得应纳税所得的个人，都存在纳税义务和涉税问题。企业和个人履行纳税义务时，具体应该缴纳的税种、计税依据、税率、应纳税额的计算、是否享受税收优惠、纳税期限、纳税地点等一系列事项都应有明确的法律依据。税务机关在对作为行政相对人的企业或个人行使税收征管职权及做出税收征管决定等行政行为时也应当具有法律依据。因此，企业和企业家等纳税主体在管理和解决涉税事项时，有必要了解相应的法律依据，知悉税法体系以及如何具体适用税法，这是纳税人进行自身税务管理的基础，是依法纳税的前提，也是维护自身税法权益的依据。

大家都知道应当依法纳税，但依法纳税依据的是什么法？这里的"法"从严格意义上讲，应该是一个税法体系。这个税法体系相对于其他部门法，具有体系庞杂、内部细致、层次多极化的特点：既有国内税法，也有国际税法；既有实体性税法，也有程序性税法；既有国家层面的规定，也有地方层面的规定；并且，一些税收优惠政策的规定往往会存在时效性，上一次适用，再过一段时间优惠政策可能就过期了，不适用了。这使得税法在具体适用过程中相较于其他部门法具有一定的复杂性。

面对庞杂的税法体系，在具体业务中，如何判断是不是依法纳税，即便对于法税专业人士而言，都不是一件简单容易的事情，也是需要专业细致分析研究的。

一、依法纳税的"法"相较于其他民事、商事活动中的"法",具有广泛性和多层级性

1.税收法律

税收法律是由全国人民代表大会及其常务委员会依据法律程序制定的涉税基本法律制度。在税法体系中,税收法律效力最高。

对于涉及税种的设立、税率的确定和税收征收管理等税收基本制度,只能由全国人民代表大会及其常务委员会以法律的形式加以规定。

目前,在税法体系中,属于全国人民代表大会通过的税收法律主要有:《中华人民共和国企业所得税法》《中华人民共和国个人所得税法》;属于全国人民代表大会常务委员会通过的税收法律有《中华人民共和国车船税法》《中华人民共和国环境保护税法》《中华人民共和国烟叶税法》《中华人民共和国船舶吨税法》《中华人民共和国资源税法》《中华人民共和国车辆购置税法》《中华人民共和国耕地占用税法》《中华人民共和国城市维护建设税法》《中华人民共和国契税法》《中华人民共和国印花税法》《中华人民共和国税收征收管理法》。

2.税收法规

税收法规是由国务院依据职权或全国人民代表大会及其常务委员会的授权,依法制定的调整税收法律关系的规范。税收法规的主要形式体现为暂行条例或实施条例、实施细则。

目前,在税法体系中,属于国务院通过的税收法规主要有《中华人民共和国企业所得税暂行条例》《中华人民共和国个人所得税暂行条例》《中华人民共和国增值税暂行条例》《中华人民共和国契税暂行条例》《中华人民共和国城镇土地使用税暂行条例》《中华人民共和国车船税法实施条例》《中华人民共和国环境保护税法实施条例》《中华人民共和国进出口关税条例》《中华人民共和国土地增值税暂行条例》《中华人民共和国税收征收管理法实施细则》。

3.税务规章

根据《税务部门规章制定实施办法》,国家税务总局根据法律和国务院的行政法规、决定、命令,在权限范围内制定对税务机关和税务行政相对人具有普遍约束力的税务规章。税务规章以国家税务总局令公布。

4.涉税联合规章或联合规范性文件

涉税联合规章或联合规范性文件，主要是由国务院各部委、具有行政管理职能的直属机构联合制定的涉税规章或规范性文件，如《财政部　税务总局关于完善资源综合利用增值税政策的公告》（公告2021年第40号）、《财政部　税务总局关于延长部分税收优惠政策执行期限的公告（2022）》（公告2022年第4号）、《财政部　税务总局关于权益性投资经营所得个人所得税征收管理的公告》（公告2021年第41号）、《财政部　税务总局　国务院扶贫办关于企业扶贫捐赠所得税税前扣除政策的公告》（财政部　税务总局　国务院扶贫办公告2019年第49号）。

5.税务规范性文件

税务规范性文件，是指县以上税务机关依照法定职权和规定程序制定并发布的，影响纳税人、扣缴义务人等税务行政相对人权利、义务，在本辖区内具有普遍约束力并在一定期限内反复适用的文件。

县税务机关制定税务规范性文件，应当依据法律、法规、规章或者省以上税务机关税务规范性文件的明确授权；各级税务机关的内设机构、派出机构和临时性机构，不得以自己的名义制定税务规范性文件。税务规范性文件应当以公告形式发布，未以公告形式发布的，不得作为税务机关执法依据。

通过上述列举可见，税法体系不仅有税收法律、法规、规章，还有税务规范性文件。目前，涉税规章和税务规范性文件数量多而杂。在具体征纳税过程中，尤其很多细节性和操作性的事项，涉税规章和税务规范性文件都起着直接的规范和指引作用。企业涉税人员不仅应当归集涉税法律、法规，也要及时收集了解涉税规章及机构所在地或纳税地省市税务机关制定的税务规范性文件。另外，需要注意的是涉税规章、税务规范性文件的时效性，尤其对于一些税收优惠政策的文件，往往都在一定时期内适用。对于这类政策，部分文件或内容调整变化得较为频繁，对此，企业涉税人员应注意相关涉税文件的时效。

二、税法适用原则

了解税法体系的构成后，需要进一步了解税法的适用，当上述这些规则

文件出现矛盾或不一致时,应该适用哪个规定,从适用的原则上来看,主要有以下原则:

1. 法律优位原则

在不同层级税法的效力关系上,税收法律的效力高于税收法规、税务规章,税收法规的效力高于税务规章,税务规章的效力高于税务规范性文件。如果效力低的税务规定与效力高的税务规定出现矛盾或不一致,应当适用效力高的规定,下位法不得与上位法的规定相抵触。

2. 新税法优于旧税法原则

同一机关制定的税收法律、税收法规、税务规章,新的规定与旧的规定不一致的,适用新的规定。

需要注意的是,在新的规定公布后尚未实施的时间段里,仍应当适用旧的规定。

另外,在新税法与旧税法属于普通法与特别法的关系以及引用"实体从旧、程序从新原则"时,本原则可以例外。

3. 特别法优于普通法原则

对同一涉税事项,同时存在一般规定和特别规定,应首先适用特别规定。

4. 程序优于实体原则

纳税人对税务机关做出的征税行为不服或纳税人、扣缴义务人、纳税担保人与税务机关发生纳税争议,如果申请行政复议,必须先依照税务机关的《税务处理决定书》等确定的数额、期限,先行缴纳或解缴税款和滞纳金或者提供相应的担保,否则复议机关对纳税人的复议申请不予受理。

5. 法律不溯及既往原则

一部新的税法实施后,仅对新税法实施后的涉税行为发生法律效力,对新税法实施前的涉税行为应适用旧法。

6. 实体从旧、程序从新原则

对于纳税人、扣缴义务人而言,实体法主要是规定了纳税人、扣缴义务人的具体纳税义务,比如《中华人民共和国企业所得税法》《中华人民共和国增值税暂行条例》等均属于实体法;程序法是为了保证实体法规定的权利得以实现、义务得以履行而规定的有关程序性内容的法律,比如《中华人民共和国税收征收管理法》。

一般情况下，实体法没有溯及力，新实体法实施之前的涉税事项应按照旧法执行；而程序法在特定条件下具有溯及力，在新程序法实施后，之前的涉税事项在新的程序法实施后进入征纳等程序时，应按照新的程序法执行。

上述内容可以使涉税主体在存在具体涉税问题时，面对各层面各类别的涉税规定时，不至于杂乱无章，可以把握具体应依据哪些规范解决涉税问题。

另外，由于企业涉税行为往往与经济行为相关，个人的涉税行为除了与经济行为相关，有些还涉及婚姻家庭等。因此，依法纳税，对上述税法体系和适用原则进行了解和掌握是根本。此外，对于复杂的涉税法律问题，还要根据涉税行为或事项是否涉及其他法律部门，比如《中华人民共和国民法典》《中华人民共和国公司法》《中华人民共和国合伙企业法》等，对具体问题进行全面的法律解读。届时，建议寻求专业人士协助处理，谋求涉税风险最小化、合法利益最大化。

第二节　应如何避免因忽视而产生税款滞纳金

我们在日常的工作中，无论是为企业提供常年法税服务，还是并购重组、投融资等专项法律服务，又或是涉税复议和诉讼案件，发现税款滞纳金问题普遍存在。其中，既有故意而为的，也不乏疏忽大意导致的。部分企业或个人由于忽视纳税义务及纳税义务产生时间，致使未按期申报缴纳税款，因此产生税款滞纳金。

实务中，有些企业投资人以为关之大吉，可是仍有企业被税务稽查局以拖欠税款为由，做出了《税务处理决定书》和《税务行政处罚决定书》，要求补缴欠税和滞纳金，并缴纳罚款。当然，对于这类案件，需要分析论证的问题，涉及程序问题和实体问题。而实体问题，涉及公司是否产生了纳税义务，是否构成欠税或偷税；股东或实际控制人是否应对公司的欠税和滞纳金承担补缴责任；公司注销后，能否成为被行政处罚的主体；股东或实际控制人是否有缴纳罚金的责任；等等。但基础问题首先是分析公司是否产生纳税义务以及何时产生纳税义务。

纳税义务发生时间，是纳税义务人、扣缴义务人发生应税、扣缴税款行为应承担纳税义务、扣缴义务的时间。纳税期限，是纳税义务人向国家缴纳税款的法定期限。纳税义务发生时间和纳税期限对企业的涉税管理非常重要。一旦产生纳税义务，纳税人、扣缴义务人应按规定的纳税期限进行纳税申报和解缴或扣缴税款。根据《中华人民共和国税收征收管理法》第三十二条的规定，纳税人未按照规定期限缴纳税款的，扣缴义务人未按照规定期限解缴税款的，税务机关除责令限期缴纳外，从滞纳税款之日起，按日加收滞纳税款万分之五的滞纳金。

由上可见，税款滞纳金与纳税义务发生时间和纳税期限密切相关。以下，将针对企业和企业家日常经营活动涉及的主要税种，具体分析主要税种的纳税义务发生时间和纳税期限。

一、增值税纳税义务发生时间和纳税期限

1.确定增值税纳税义务发生时间主要依据现金收付制或权责发生制

根据《中华人民共和国增值税暂行条例》《中华人民共和国增值税暂行条例实施细则》《国家税务总局关于增值税纳税义务发生时间有关问题的公告》（公告2011年第40号）以及《财政部 国家税务总局关于全面推开营业税改征增值税试点的通知》（财税〔2016〕36号）等相关规定，增值税纳税义务发生时间的确定分为基本规定和具体规定。

（1）基本规定。

①发生应税销售行为，包括销售货物、劳务、服务、无形资产、不动产，为收讫销售款项或者取得索取销售款项凭据的当天；先开具发票的，为开具发票的当天。

收讫销售款项，是指纳税人销售服务、无形资产、不动产过程中或者完成后收到款项。

取得索取销售款项凭据的当天，是指书面合同确定的付款日期；未签订书面合同或者书面合同未确定付款日期的，为服务、无形资产转让完成的当天或者不动产权属变更的当天。

②进口货物，为报关进口的当天。

③增值税扣缴义务发生时间为纳税人增值税纳税义务发生的当天。

（2）具体规定。

①采取直接收款方式销售货物，不论货物是否发出，均为收到销售款或者取得索取销售款凭据的当天。

②采取托收承付和委托银行收款方式销售货物，为发出货物并办妥托收手续的当天。

③采取赊销和分期收款方式销售货物，为书面合同约定的收款日期的当天，无书面合同的或者书面合同没有约定收款日期的，为货物发出的当天。

④采取预收货款方式销售货物，为货物发出的当天，但生产销售生产工期超过12个月的大型机械设备、船舶、飞机等货物，为收到预收款或者书面合同约定的收款日期的当天。

⑤委托其他纳税人代销货物，为收到代销单位的代销清单或者收到全部或者部分货款的当天。未收到代销清单及货款的，为发出代销货物满180天的当天。

⑥销售应税劳务，为提供劳务同时收讫销售款或者取得索取销售款的凭据的当天。

⑦纳税人发生《中华人民共和国增值税暂行条例实施细则》第四条第（三）项至第（八）项所列视同销售货物行为，为货物移送的当天。

⑧纳税人提供建筑服务、租赁服务采取预收款方式的，其纳税义务发生时间为收到预收款的当天。

⑨纳税人从事金融商品转让的，为金融商品所有权转移的当天。

⑩纳税人发生视同销售服务、无形资产或不动产情形的，包括单位或者个体工商户向其他单位或者个人无偿提供服务，单位或个人向其他单位或者个人无偿转让无形资产或者不动产，上述无偿提供或转让行为是用于公益事业或者以社会公众为对象除外，纳税义务发生时间为服务、无形资产转让完成的当天或者不动产权属变更的当天。

通过上述规定可以看出，在实务中，需要结合纳税人在具体交易过程中不同的结算方式，去判断增值税纳税义务发生时间。

（3）实务中，除了以上所述，还需要关注的问题。

在购销合同中，卖方已发货，买方未按期付款，这种情况比较多见，在这种情况下，如何确定增值税纳税义务发生时间？实务中，有很多人认为，交易过程中，只有收到款才产生纳税义务，如果没有收到合同价款，是不应当承担纳税义务的。通过上述规定，可以看出实际并非如此。

根据税法的相关规定，赊销或分期收款方式，卖方已发货，买方未付款，纳税义务自合同约定的收款日期当天产生。

纳税人增值税纳税义务发生时间的确定，主要与合同中的交易方式以及约定的结算方式等因素有关，与是否收到合同价款之间并不是必然的因果关系。在很多情况下，即使未收到合同价款也可能存在纳税义务已经发生的情况。比如，先开发票、委托代销、视同销售（部分情形）、转让金融商品等，都可能存在买方未付款但已经产生纳税义务的情况。

（4）如何依据合同约定的付款条款确定纳税义务发生时间。

实务中，以合同约定的付款日期确定纳税义务发生时间时，由于合同在付款日期的约定上存在不同的约定方式，对此，如何确定纳税义务发生时间，仍需要进一步分析。实践中，主要有以下几种约定方式：

①合同约定的付款日期是具体的年月日（如2019年9月9日），那么，该日期即2019年9月9日为纳税义务发生时间。

②合同约定的付款日期并非具体年月日，而是付款期限（如2019年9月9日之前），纳税义务时间如何判定，实务中存在争议。

有人认为，该约定视为没有约定具体付款日期或约定不明，根据税收相关法律法规，合同未约定付款日期的，以货物发出或劳务完成的当天，作为纳税义务发生时间；也有人认为，实际收款之日为纳税义务发生时间。

我们认为，该种约定方式，虽然没有约定具体的年月日，但是约定了付款的截止时间即2019年9月9日，依据该约定，可以确定付款截止时间，因此，不属于未约定付款日期。根据纳税义务发生时间基本规定即"收讫销售款项或者取得索取销售款项凭据的当天"，哪个时间点先满足，则该时间点为纳税义务发生时间。因此，如果买方在2019年9月9日前付款，应以实际收到款项之日，确定纳税义务发生时间；如果到了2019年9月9日买方仍未付款，相当于买方未按期付款，则应以2019年9月9日为纳税义务发生时间。

③合同没有约定付款具体日期，但约定附条件付款（如办理权属变更登记之日付款）。对该种约定，如何确定增值税纳税义务发生时间呢？实务中存在不同的观点。

我们认为，理解"书面合同确定的付款日期"，不应仅字面性或限制性地将其理解为付款日期应具体到年月日，应结合立法原则和立法目的等进行全面解读。

一方面，确定纳税义务发生时间的基本原则是现金收付制或权责发生制。基本规定即"收讫销售款项或者取得索取销售款项凭据的当天"，其中，取得索取销售款项凭据的当天是指书面合同确定的付款日期。根据《中华人民共和国增值税暂行条例实施细则》第三十八条及《交通运输业和部分现代服务业营业税改征增值税试点实施办法》第四十一条的规定，在有合同的情况下，只有合同未约定或确定付款日期，才以货物发出或劳务完成的当天作为确定纳税义务发生时间的标准，显然，这是一种兜底性规定，只有在依据合同条款无法确定付款日期的情况下才能适用。实践中，合同关于付款日期的约定往往不只是约定到具体的年月日这一种方式，而是多种多样。事实上，即使合同未约定付款的具体年月日，大多数情况下，仍是可以依据合同条款确定或推断出付款日期的。因此，不能一概认为，只要付款日期没有明确具体的年月日，就应按货物发出或劳务完成的当天确定纳税义务发生时间。

另一方面，以收讫销售款项或者取得索取销售款项凭据的当天作为纳税义务发生时间，也是"纳税必要资金原则"的体现。在纳税人实际收讫销售款或者依据合同可以主张销售款时，纳税人具有缴纳税款的资金或者资金来源，此时，纳税义务应当发生。因此，依据合同条款或交易惯例，如能确定或推定出付款期限，卖方依据合同有权向买方主张合同价款的起始时间，应为纳税义务发生时间。

根据上述分析，在附条件付款的合同中，即便没有约定具体的付款时间，但按照合同相关条款或者交易惯例可以计算或确定付款时间的，应以该时间为纳税义务发生时间；如果按照合同相关条款或者交易惯例无法确定付款时间的，方以货物发出或劳务完成的当天作为纳税义务发生时间。

实务中，还存在一种情况，就是买方的付款时间比合同约定的付款时间提前了。那么以实际付款时间还是按合同约定付款时间，来确定纳税义务发生时间呢？看时间的先后顺序。也就是说以最先发生的时间为准。因此，如果买方提前付款，应以卖方收到款项之日作为纳税义务发生时间，而不能以合同约定的付款时间作为纳税义务发生时间。

2.增值税纳税期限

增值税纳税期限分别为1日、3日、5日、10日、15日、1个月或者1个季度。具体的纳税期限由主管税务机关根据纳税人应纳税额的大小分别核定；不能按照固定期限纳税的，可以按次纳税。纳税人以1个月或者1个季度为1个纳税期的，自期满之日起15日内申报纳税；以1日、3日、5日、10日或者15日为1个纳税期的，自期满之日起5日内预缴税款，于次月1日起15日内申报纳税并结清上月应纳税款。

纳税人进口货物，应当自海关填发海关进口增值税专用缴款书之日起15日内缴纳税款。

银行、财务公司、信托投资公司、信用社、财政部和国家税务总局规定的其他纳税人可选择按季申报。按固定期限纳税的小规模纳税人可以选择以1个月或1个季度为纳税期限，一经选择，1个会计年度内不得变更。

扣缴义务人解缴税款的期限，按照上述规定执行。

二、消费税纳税义务发生时间和纳税期限

目前我国消费税征税范围主要以非生活必需品中的一些高档、奢侈类消费品，污染和高耗能产品，资源型产品作为征税范围。虽然征税范围没有增值税广，但也具有一定普遍性，比如：烟酒、高档化妆品、金银及珠宝玉石、成品油、小汽车等。

1.纳税义务发生时间

对于消费税纳税义务发生时间的确定，与以上所述的增值税纳税义务发生时间基本一致，可以参照上述内容。

2.纳税期限

消费税的纳税期限与增值税基本一致。

三、土地增值税纳税义务发生时间和纳税期限

土地增值税不仅是房地产开发企业进行房地产开发经营过程中涉及的主要税种，除个人销售住房等减免税情形外，转让地上建筑物及附着物并取得

收入的单位和个人，都是土地增值税的纳税义务人。

纳税人应当自转让房地产合同签订之日起7日内向房地产所在地主管税务机关办理纳税申报，并在税务机关核定的期限内缴纳土地增值税。税务机关核定的纳税期限，应在纳税人签订房地产转让合同之后、办理房地产权属转让（过户及登记）手续之前。

四、车辆购置税纳税义务发生时间和纳税期限

1. 纳税义务发生时间

纳税人购置应税车辆，纳税义务发生时间为购买之日，即车辆相关价格凭证的开具日期。

进口自用应税车辆（不包括境内购买的进口车辆），纳税义务发生时间为购买之日，即海关进口增值税专用缴款书或者其他有效凭证的开具日期。

自产、受赠、获奖等方式取得并自用的应税车辆，纳税义务发生时间为取得之日，即合同、生效法律文书或者其他有效凭证的生效或开具时间。

纳税人应当自纳税义务发生之日起60日内申报缴纳车辆购置税。

2. 纳税期限

纳税人应当在向公安机关交通管理部门办理车辆注册登记前，缴纳车辆购置税。

五、房产税纳税义务发生时间和纳税期限

1. 纳税义务发生时间

自建房屋用于生产经营，自该房屋建成之日的次月起，计征房产税。

房地产开发企业自用、出租、出借本企业建造的商品房，从房屋使用或交付之次月起，计征房产税。

将原有房屋用于生产经营的，自生产经营之月起，计征房产税。

购置新建商品房，自房屋交付使用之次月起，计征房产税。

购置存量房，自房屋办理权属转移变更登记手续，房地产登记机关签发房屋权属证书之次月起，计征房产税。

出租、出借房屋，自交付出租、出借房屋之次月起，计征房产税。

2.纳税期限

房产税按年征收、分期缴纳。纳税期限由省、自治区、直辖市人民政府规定。遇最后1日是法定休假日的，以休假日期满的次日为期限的最后1日；在期限内有连续3日以上法定休假日的，按休假日天数顺延。

六、车船税纳税义务发生时间和纳税期限

1.纳税义务发生时间

车船税纳税义务发生时间为取得车船所有权或者管理权的当月，即为购买车船发票或其他证明文件所载日期的当月。

2.纳税期限

车船税按年申报缴纳。具体申报纳税期限由省、自治区、直辖市人民政府规定。车船税按年申报，分月计算，一次性缴纳。纳税年度为公历1月1日至12月31日。

七、契税纳税义务发生时间和纳税期限

1.纳税义务发生时间

因人民法院、仲裁委员会的生效法律文书或者监察机关出具的监察文书等发生土地、房屋权属转移的，纳税义务发生时间为法律文书等生效当日。

因改变土地、房屋用途等情形应当缴纳已经减征、免征契税的，纳税义务发生时间为改变有关土地、房屋用途等情形的当日。

因改变土地性质、容积率等土地使用条件需补缴土地出让价款，应当缴纳契税的，纳税义务发生时间为改变土地使用条件当日。

发生上述情形，按规定不再需要办理土地、房屋权属登记的，纳税人应自纳税义务发生之日起90日内申报缴纳契税。

2.纳税期限

纳税期限为纳税人应当在依法办理土地、房屋权属登记手续前申报缴纳契税。

在市场交易过程中，纳税义务发生时间的确定以及纳税期限，是非常重要的事项，涉及判定是否存在纳税义务，何时纳税申报，何时缴纳税款，是否构成欠税，是否需要缴纳滞纳金、罚金等一系列基础问题，也涉及纳税主体提前对纳税资金进行安排等一系列问题。

很多情况下，纳税义务发生时间与合同约定的结算方式和付款时间有关。实务中，应加强经济合同的涉税审核与管理。企业或个人作为卖方在签订合同尤其是大额交易合同时，对合同的付款条款，不仅需要考虑商业背景、资金流或回款需求、交易安全、合规等，还需要考虑纳税义务等税收事项，以便做好统筹考量，避免产生税款滞纳金，减少涉税风险。

第三节　加强合同管理才能提高税务管理水平

随着税收征管手段的技术化和数据化，国家的税收管理手段发生了重大改变。大数据的应用，关联性的技术分析，税务机关对企业的税收管控更加全面和深入，使原本简单粗暴、经不起推敲的避税方法很难隐匿。企业、企业家及高净值人士的涉税风险越来越凸显。

税收监管从严，不仅关系企业和个人的收入，更涉及经济责任、行政责任，甚至会触及刑事责任。因此，相应的税务管理应作为企业不能忽视的管理工作提升一个高度。

企业的涉税问题源头之一是交易或经营行为，而企业的交易或经营主要通过签订、履行经济合同来完成。一份经济合同的签订和履行不仅影响合同主体的民事权利义务，也影响税法权利义务。

实务中，很多中小企业缺乏对合同的审查，即使管理相对规范的企业有对合同的法律审查，往往也仅能从民商法的合规性角度进行，缺乏税法角度的审查，忽略合同条款对企业纳税义务的影响。随着合同的签订和履行，税法上的纳税义务等涉税事项随之确定。如果合同签订时，没有对签订合同所产生的涉税问题进行有效预测及筹划，事后产生一系列涉税问题，为此付出的补救成本比事先审查的成本更高，有些甚至很难补救。

合同的涉税风险主要体现在签订经济合同时，不了解或忽略涉税条款，经济合同签署不当，合同签订后，才发现涉及高额的税收成本或经济负担；在交易过程中，不了解税收法律法规，没有充分运用税收优惠因素或错过税收筹划时机；不了解合同条款与税收征管的关系，产生纳税义务却不自知，进而产生高额滞纳金；在签订和履行合同过程中，简单粗暴或不合法地避税，产生偷漏税、虚开增值税发票等刑事风险。

新形势下，顺势而行，增强涉税风险意识，从源头入手，加强经济合同的涉税管理，把好合同关，应成为企业或企业家税务管理的主要工作之一。

合同的涉税问题非常广泛，不同类型的合同，合同订立、履行、解除、无效等不同阶段都会涉及不同税务问题。

本节结合合同法、税法、财会等方面，以签订经济合同主要涉及的税种为基础，对合同主要涉税条款与税法课税要素之间的关系进行分析，以便企业和企业家提高对合同涉税条款的重视，在合同签订和履行环节更好地防范税务风险。

签订经济合同主要涉及税种包括：增值税、消费税、城建税及教育附加、所得税、土地增值税、契税、房产税、印花税等。

税收的课税要素主要包括：纳税义务人、代扣代缴义务人、课税对象、计税依据、税率、税收优惠、纳税程序等。

合同的涉税条款主要包括：主体、标的、价款、履行时间、履行方式、履行地点、发票条款、对赌条款、违约金和赔偿金等。

一、合同主体和纳税人

1. 合同主体是合同的交易方，纳税人是税法规定的直接负有纳税义务的单位和个人

纳税人是合同主体中的哪一方，不能由合同约定，而应由税法规定。纳税义务人产生于合同主体，因此，对合同进行税法审查时，首先要根据企业在合同中的角色，结合税法规定，判断企业是否为纳税义务人。

以增值税和契税为例，《中华人民共和国增值税暂行条例》规定，在中华人民共和国境内销售货物或者加工、修理修配劳务（简称劳务），销售服务、无形资产、不动产以及进口货物的单位和个人，为增值税的纳税人。因此，经济合同中的销售方为增值税的纳税人。《中华人民共和国契税暂行条例》规定，在中华人民共和国境内转移土地、房屋权属，承受的单位和个人为契税的纳税人。因此，在土地、房屋转让合同中，买受人为契税的纳税人。

2.与合同主体相关的其他需要注意的问题

增值税纳税义务人分为一般纳税义务人和小规模纳税义务人。因此，在销售增值税应税项目的经济合同中，合同主体存在增值税一般纳税义务人和小规模纳税义务人之分。一般纳税义务人的增值税应纳税额是按销项税额抵扣进项税额的余额计算，一般纳税人可以开具增值税专用发票。小规模纳税义务人的增值税应纳税额是按销售额乘以征收率计算，不得抵扣进项税额，小规模纳税义务人不得自行开具增值税专用发票，但在符合规定的前提下，可以由税务机关代开增值税发票。

如果合同的销售方为小规模纳税义务人，其不能够或未由税务机关代开增值税专用发票，对于作为一般纳税义务人的购买方而言，将不能抵扣进项税额，而进项税额直接影响应纳税额的大小。

实务中，作为一般纳税义务人的购买方需要结合是否能够抵扣进项税额等综合因素与销售方协商商品或服务的价格。

二、合同标的、合同类型与课税对象、税种

合同标的是合同的客体，是合同权利义务共同指向的对象。

关于合同类型，《中华人民共和国民法典》将有名合同分为买卖合同，供用电、水、气、热力合同，赠与合同，借款合同，保证合同，租赁合同，融资租赁合同，保理合同，承揽合同，建设工程合同，运输合同，技术合同，保管合同，仓储合同，委托合同，物业服务合同，行纪合同，中介合同，合伙合同。

课税对象是税法规定的征税标的物，体现的是国家征税范围。

税种是国家税收的种类，每一税种都有自己的课税对象，根据征收对象的不同，其主要分为对流转额征税（增值税、消费税和关税）、对所得征税（企业所得税、个人所得税）、对行为征税（印花税、车辆购置税、城市维护建设税、耕地占用税）、对财产征税（房产税、契税、车船税）、对资源征税（城镇土地使用税、资源税、土地增值税）。

根据合同的标的和类型，可以判断属于哪些税种的征税范围，进而根据税种确定具体的计税依据、税率、纳税义务发生时间、纳税期限等课税要素。

三、合同价格与计税依据

计税依据是税法规定的据以计算应征税款的依据或标准，分从价计征和从量计征。从价计征是以课税对象的价值为计税依据。从量计征是按征税对象的自然单位计算。

1.合同价格与计税依据的确定

在从价计征的情况下，计税依据主要以合同价格为基础。

通常情况下，合同的价格是指商品或劳务本身的销售价格。但从税法的角度看，作为计税依据的合同价格不仅包括商品或劳务本身的销售价格，还包括与提供商品和劳务有关的各种价外费用。

以增值税为例，增值税销项税额＝销售额×税率。根据《中华人民共和国增值税暂行条例》第六条"销售额为纳税人发生应税销售行为收取的全部价款和价外费用，但是不包括收取的销项税额"的规定，价外费用应包括各种手续费、补贴、返还利润、奖励费、包装费、包装物租金、违约金、延期付款利息、赔偿金等。

2.合同价格分为含增值税价格和不含增值税价格

"营改增"之后，增值税是企业经营过程普遍会涉及的税种。增值税是价外税，是由销售方负责缴纳，实际由购买方承担税款的流转税。以货物销售合同和一般纳税人为例，合同约定的价格是113万元，如果是含税价，假设增值税税率是13%，销售方收取购买方支付的113万元中，销售收入和计税依据为100万元，增值税销项税额为13万元；购买方购买货物的成本是100万元，增值税进项税额为13万元。如果价格不含税，销售方的销售收入为计税依据113万元，购买方购买货物的成本是113万元。

如果合同约定价格含增值税，销售方不能再要求购买方支付增值税销售税额，并且应向购买方开具增值税发票。如果合同价格没有明确是否含增值税，一般情况视为含增值税。如果合同约定价格不含增值税，一般情况下，销售方可以要求购买方向其承担增值税税款。

我们在实务工作中发现，关于合同价格条款是否含税产生争议的事件并不少见，不仅会产生扯皮影响合同履行，更有甚者诉至法院或要求仲裁解决纠纷。因此，为了避免歧义，除非有特殊考虑，一般情况下，还是建议在合同价格条款中明确约定是否为含税价。

3.合同中如果包括多项应税项目，应视实际情况分别注明不同项目的价格

《中华人民共和国增值税暂行条例》第三条规定，"纳税人兼营不同税率的项目，应当分别核算不同税率项目的销售额；未分别核算销售额的，从高适用税率"；第十六条规定，"纳税人兼营免税、减税项目的，应当分别核算免税、减税项目的销售额；未分别核算销售额的，不得免税、减税"。

实务中，我们在为企业审查合同时发现，很多合同既有销售货物，又有销售劳务或服务等应税项目，不同的应税项目存在不同税率或减免税的情况，但是在价格条款中，仅约定了合同总价，没有分项注明价格。这种情况会导致财务无法分别核算不同项目的销售额，进而产生从高适用税率等风险。

4.合同价款支付方式的涉税问题

实务中，合同价款支付方式除了现金，还有实物、服务、劳务等。

如果付款方用实物、服务、劳务作为合同价款的支付方式或以物易物或签订以物抵债协议等，从税法的角度看，存在视同销售的问题，涉及增值税、所得税等涉税事项。

四、合同时间、结算方式及纳税义务发生时间

合同签订时间或履行时间、结算方式直接关系到纳税义务发生时间。以增值税和城镇土地使用税为例。

增值税纳税义务发生时间：发生应税销售行为，为收讫销售款项或者取得索取销售款项凭据的当天；先开具发票的，为开具发票的当天；进口货物，为报关进口的当天。

城镇土地使用税纳税义务发生时间：以出让或转让方式有偿取得土地使用权的，应由受让方从合同约定交付土地时间的次月起缴纳城镇土地使用税；合同未约定交付土地时间的，由受让方从合同签订的次月起缴纳城镇土地使用税。

纳税义务发生时间一经确定，就应当按此时间计算应纳税额，并在规定的纳税期限申报纳税，否则将会产生滞纳金等税务风险。

实务中，企业或个人在签订合同时要关注涉及税种的纳税义务发生时间和纳税期限，避免因疏忽产生滞纳金等涉税风险。

五、合同发票条款

1. 未开具发票是否可以作为拒绝付款的理由

《中华人民共和国发票管理办法》第十九条规定，"销售商品、提供服务以及从事其他经营活动的单位和个人，对外发生经营业务收取款项，收款方应当向付款方开具发票；特殊情况下，由付款方向收款方开具发票"。《中华人民共和国发票管理办法》属于行政法规，开具发票是纳税人的法定义务，但这种法定义务是行政义务。如果收款方未按规定开具发票，属于违反行政法规，应承担行政处罚等法律责任。

合同法律关系中，在合同未做特别约定的情况下，开具发票仅是合同收款方的随附义务，并非主要义务。

我们检索了相关司法裁判文书，对合同未明确约定开具发票是支付合同价款的前提或未明确约定未开具发票可以不予付款，付款方以收款方未开具发票作为拒付合同价款的理由，司法裁判不予支持的判例并不少见。

2. 关于要求开具发票是否属于民事案件受案范围

司法实务中，对要求开具发票是否属于民事案件受案范围，存在不同理解，并出现了不同的裁判结果。

（2018）最高法民申1395号：关于××公司应否为××公司开具工程款发票的问题。开具工程款发票是××公司应承担的法定纳税义务，而非民事义务。二审法院认定开具发票属于行政法律关系而不是民事法律关系，驳回××公司该项诉讼请求，该认定并无不当，本院予以维持。

（2017）最高法民申116号：经查，××公司在上诉理由中提出了要求改判××公司开具发票的请求，二审法院对该项请求应当进行处理。××公司收取了××公司支付的工程款，应履行为××公司开具相应发票的法定义务。二审中，××公司确认已为××公司开具13407197元金额的发票，××

公司主张××公司还应开具25743812.62元的工程款发票，未超出剩余已付工程款未开发票的金额，应予支持，故二审改判××公司向××公司提供25743812.62元的工程款发票并无不当。

（2015）民一终字第86号：关于是否交付工程款发票，双方当事人在合同中并未有明确的约定，交付发票是税法上的义务，而非双方合同中约定的义务。××公司依据合同主张××公司交付发票缺乏依据，其主张本院不予支持。

3.付款方应在合同中约定的发票条款

①开具发票是收款方的主要义务，是给付合同价款的前提，未按规定时间和要求提供发票，有权拒绝付款。

②发票开具时间和发票类型。

③未开具发票的违约赔偿责任。

六、违约金和赔偿金条款

销售方收取违约金和赔偿金涉及缴纳增值税和所得税的问题。购买方收取违约金和赔偿金涉及缴纳所得税的问题。

根据《中华人民共和国增值税暂行条例实施细则》，销售方收取的违约金和赔偿金属于价外费用，应作为销售额计算增值税销项税额。

根据《中华人民共和国企业所得税法实施条例》等税收法规，企业取得的违约金，属于企业的其他收入。企业违约支付对方的违约金，属于企业在正常的生产经营过程中发生的与取得生产经营收入有关的、合理的支出，允许在计算企业所得税之前扣除。

七、税款负担条款

1.合同是否可以约定税款负担条款

对税款负担条款，目前未有禁止性法律规定。

我们认为，合同可以约定税款负担条款。但税款负担条款应是合同主体的真实意思表示，不以逃避缴纳税款为目的，不会导致应纳税额的减少，也能发展变化的预判,使家族信托留有可以调整的空间。

在我国目前的税法体制下,对家族信托课税并无特别规定,实务中按一般经济活动的税收规则执行,但随着家族信托的需求越来越大,发展越来越快,相应配套的法律和税制也会逐渐完善。

家族信托包括设立、存续、分配、撤销或终止等阶段,这些阶段涉及资产的流转、管理与运作、分配、处分等,均会存在涉税问题。本文也将围绕家族信托上述各阶段涉税问题——展开分析。

在此需要特别提示,因为各类财产的具体情况不同(如房产分住房和商业用房)、交易主体的差异、各地方可能存在不同的地方税收政策,并且各税收优惠政策不同时期也存在不同,因此,建议实务中具体情况应咨询当地相关税务机关。

一、家族信托设立阶段的涉税问题

由于不同类别的财产涉及的税收问题并不一样,因此在解析家族信托设立阶段会涉及哪些涉税问题时,首先需要了解可以设立家族信托的财产范围。

根据《中华人民共和国信托法》的规定,委托人可以对合法所有的具有确定性的财产和财产权利设置信托。因此,原则上委托人可以依法将所有的货币资金、动产、不动产、股权、债权、金融资产等可以依法自由流通的财产和财产权利用来设立家族信托。

对以上这些财产设立家族信托时,有些不需要纳税,有些需要纳税。

(一)设立家族信托不需要纳税的财产范围

根据目前我国的税法制度,如果委托人用现金、银行存款这类货币资金及保险金权益设立家族信托,在设立环节,一般不会产生税负,不需要纳税。

实务中,以现金、银行存款、保险金或保险金权益设立家族信托,也是当前家族信托的主流做法,目前国内大部分家族信托是这一类。之所以这一类家族信托在当下是主流,虽然不能完全归结于税收问题,但确实有大部分家族信托业务是因为用其他财产设立家族信托存在较大税负等涉税问题而受到限制。

（二）设立家族信托存在涉税问题的财产范围

设立家族信托需要委托人向受托人交付信托财产或办理产权变更登记。

根据《中华人民共和国信托法》第十条的规定，"设立信托，对于信托财产，有关法律、行政法规规定应当办理登记手续的，应当依法办理信托登记。未依照前款规定办理信托登记的，应当补办登记手续；不补办的，该信托不产生效力"。

根据我国目前的相关法律法规，需要办理登记的财产主要涉及不动产、股权、船舶、航空器、机动车、部分无形资产等。

以不需要办理变更登记的财产设立家族信托，委托人需要将财产交付受托人；以需要办理登记的财产设立家族信托，委托人需要将财产由委托人变更至受托人。财产交付和变更登记是产生纳税义务的主要根源。在我国目前的税制中，为了避免纳税人通过无偿转让或赠与的方式而规避纳税义务，造成国家税款的流失，除了有特殊规定的外，对无偿转让或赠与，基本视同销售或等同于普通的市场交易。因此，目前在设立家族信托时，在税法尚未对家族信托做出特别规定的情况下，委托人将财产交付或变更至受托人名下，即便是无偿的，税法上一般也视为转让或交易，继而产生纳税义务。

在过去很长一段时间，不动产投资蓬勃发展，很多企业家或高净值人士的资产中，不动产占比较大，包括商业、住宅、工业用房等，不动产已经是企业家或高净值人士的主要财产类型。除了不动产，股权也是企业家主要的财产形式。不同种类的财产转让会涉及不同的税种。相较于其他财产，不动产和股权的涉税问题较多，因此，本文将主要以不动产和股权设立家族信托为例，解析相关的涉税问题。

1.不动产家族信托在设立阶段的涉税问题

以不动产设置家族信托，在家族信托非交易过户登记制度尚未建立的现状下，委托人将不动产过户给受托人，主要有两种操作方式：一种方式是赠与；另一种方式是交易过户，委托人先将货币资金转给受托人，受托人用货币资金购买委托人的不动产。这两种操作方式在目前一般都会存在增值税、城市维护建设税及教育费附加税、土地增值税、契税、印花税、所得税等涉税问题。

（1）增值税。增值税作为流转税，主要以销售货物、劳务、服务、无形资产、不动产为征税范围。

①以不动产设立家族信托，是否属于增值税征税范围？

根据《营业税改征增值税试点实施办法》，单位或者个人向其他单位或者个人无偿转让无形资产或者不动产（用于公益事业或者以社会公众为对象的除外），将视同销售，需要缴纳增值税。根据该办法，即便委托人并非以取得不动产交易对价为目的，其将不动产无偿变更登记至受托人名下，也将视同销售，属于增值税征税范围，因此产生纳税义务。

在明确了委托人以设立家族信托为目的将不动产过户给受托人属于增值税征税范围后，需要进一步分析，这种过户是否属于增值税的减免税优惠范畴。

根据《财政部 国家税务总局关于全面推开营业税改征增值税试点的通知》（财税〔2016〕36号）附件三《营业税改征增值税试点过渡政策的规定》中的规定，涉及家庭财产分割的个人无偿转让不动产、土地使用权免征增值税。家庭财产分割，包括下列情形：离婚财产分割；无偿赠与配偶、父母、子女、祖父母、外祖父母、孙子女、外孙子女、兄弟姐妹；无偿赠与对其承担直接抚养或者赡养义务的抚养人或者赡养人；房屋产权所有人死亡，法定继承人、遗嘱继承人或者受遗赠人依法取得房屋产权。

我们认为，委托人将不动产作为信托财产设立家族信托，即便最终目的是实现不动产在家庭成员中的传承与分配，但是委托人并不是直接将不动产过户给上述家庭成员，而是过户给家族信托的受托人；从严格意义上讲，基于设立家族信托将不动产无偿变更登记至受托人名下，与赠与有着本质区别。受托人虽然经变更登记，成为法律形式上的产权登记人，但其对该非货币资产取得的权利与通常的所有权存在本质上的不同，该财产不属于受托人固有财产。根据《中华人民共和国信托法》的规定，信托财产与属于受托人所有的财产（以下简称固有财产）相区别，不得归入受托人的固有财产或者成为固有财产的一部分。受托人死亡或者依法解散、被依法撤销、被宣告破产而终止，信托财产不属于其遗产或者清算财产。因此，以不动产设立家族信托，并不完全符合上述免税规定，在目前没有关于家族信托税制特别规定的情况下,尚不能直接或参照适用上述规定予以免征增值税。

分析至此,可以得出结论,在目前的税制和财产登记制度下,以设立家族信托为目的,将不动产变更至家族信托受托人名下,需要缴纳增值税。

②应如何缴纳增值税?

a.增值税视同销售的销售额确定。由于委托人以设立家族信托为目的,将不动产无偿变更登记至受托人名下,并不存在实际的销售额,主管税务机关可以依据该不动产的市场评估价格或其他合理方式确定的价格核定。

b.增值税税率。在不同的计税方法下,对不同类别的纳税人的增值税的征收比率也有所不同。由于家族信托的委托人基本为自然人,而自然人属于增值税小规模纳税义务人,其涉及不动产转让的增值税征收率为5%。

根据自然人转让不动产的类型,转让自建自用的住房免征增值税;转让其取得(不含自建)的不动产(不含其购买的住房),征收率为5%。

个人将购买不足2年的住房对外销售的,按照5%的征收率全额缴纳增值税;个人将购买2年以上(含2年)的住房对外销售的,免征增值税。上述政策适用于北京市、上海市、广州市和深圳市之外的地区。

个人将购买不足2年的住房对外销售的,按照5%的征收率全额缴纳增值税;个人将购买2年以上(含2年)的非普通住房对外销售的,以销售收入减去购买住房价款后的差额按照5%的征收率缴纳增值税;个人将购买2年以上(含2年)的普通住房对外销售的,免征增值税。上述政策仅适用于北京市、上海市、广州市和深圳市。

(2)城市维护建设税、教育费附加税及地方教育附加税。城市维护建设税的计税依据是实际缴纳的增值税。纳税人所在地为市区的,税率为7%;纳税人所在地为县城、镇的,税率为5%;纳税人所在地不在市区、县城或镇的,税率为1%。

教育费附加税的计费依据是实际缴纳的增值税,计征比率为3%;地方教育附加税的计税依据是实际缴纳的增值税,计征比率为2%。

(3)土地增值税。根据房产类型的不同,土地增值税的税收政策也不同。

个人转让住房的,目前的税收政策是免征土地增值税。个人转让住房以外的房产,具体应按以下方式计算土地增值税:

土地增值税以转让房地产取得的增值额为计税依据。而增值额的计算取决于收入额和扣除额。由于委托人将房产过户给受托人的目的是设立家族信托，并不存在取得实际收入，因此，在计算土地增值税时，一般会以评估价格作为收入额，扣除额一般包括房屋重置成本价乘以成新度折扣率、土地使用权可以扣除金额以及转让环节缴纳的税金（详见表5-4-1）。

表5-4-1　土地增值税4级超率累进税率表

极数	增值额与扣除项目金额的比率	税率	速算扣除系数
1	增值额未超过扣除项目金额50%的部分	30%	0
2	增值额超过扣除项目金额50%，未超过100%的部分	40%	5%
3	增值额超过扣除项目金额100%，未超过200%的部分	50%	15%
4	增值额超过扣除项目金额200%的部分	60%	35%

（4）契税。一般的税种都是卖方纳税，而契税属于买方纳税。不动产的买卖、赠与、互换、抵债、投资等都属于契税的征税范围。因此，委托人以不动产设立家族信托，将不动产变更至受托人名下，受托人需要缴纳契税。

由于委托人将不动产过户给受托人，没有实际成交价格，税务机关一般会参照市场价格核定成交价格，作为契税计税依据。

契税税率实行3%~5%的幅度比例税率，具体适用税率由各省、自治区、直辖市人民政府在3%~5%的幅度范围内提出，报同级人民代表大会常务委员会决定。各省、自治区、直辖市在本辖区范围内，对不同主体、不同地区、不同类型的住房权属转移实行差别税率。

（5）印花税。以不动产设立家族信托，委托人与受托人需要签订产权转移书据，印花税的计税依据为书立产权转移书据时的市场价格，委托人与受托人均为纳税义务人，税率为0.05%。

（6）个人所得税。根据《中华人民共和国个人所得税法》等的相关规定，个人转让不动产取得的所得，应当缴纳个人所得税。

如上所述，委托人以设立家族信托为目的，将不动产过户给受托人，一般会被视为交易，因此会存在个人所得税的纳税问题。

个人所得税有两种征收方式：第一种，由税务机关按市场价值核定转让收入，然后以转让收入扣除财产原值和合理费用后的余额按20%的税率征收个人所得税。第二种，对个人转让住房的，各省级税务局及省级税务局授权的地市级税务局根据住房的所处区域、地理位置、建造时间、房型、住房平均价格水平等因素，按住房转让收入1%～3%的幅度内核定个人所得税应纳税额。第二种方式下，各省核定的征收率会存在不同。

对于需要由税务机关核定转让收入的，必须保证各税种的计税价格一致，也就是对同一项交易行为，税务机关核定的土地增值税、契税、个人所得税的计税收入需要保持一致。

关于个人转让房产，根据《财政部 国家税务总局关于个人无偿受赠房屋有关个人所得税问题的通知》（财税〔2009〕78号）等相关规定，税收优惠政策如下：

以下情形的房屋产权无偿赠与，对当事双方（转让人和受让人）不征收个人所得税：房屋产权所有人将房屋产权无偿赠与配偶、父母、子女、祖父母、外祖父母、孙子女、外孙子女、兄弟姐妹；房屋产权所有人将房屋产权无偿赠与对其承担直接抚养或者赡养义务的抚养人或者赡养人；房屋产权所有人死亡，依法取得房屋产权的法定继承人、遗嘱继承人或者受遗赠人。

对于个人转让自用5年以上，并且是家庭唯一生活住房的，免征个人所得税。

由于委托人是将房产过户给受托人，并非直接过户给上述家庭成员等人，在没有明确税法规定家族信托可以参照上述规定的情况下，不能使用上述税收优惠政策。对于大多数家族信托的委托人而言，设立家族信托的房产基本不属于家庭唯一生活住房，因此，也无法享受上述税收优惠。

如上分析，可以看出，以不动产设立家族信托，在设立阶段存在比较高的税负。

2. 股权家族信托在设立阶段的涉税问题

实务中，除现金、不动产以外，以有限责任公司股权及股份有限公司的股权设立家族信托，也是企业家及高净值人士考虑设立家族信托比较关注的资产类型。

以股权设置家族信托，可以考虑赠与或交易等操作方式；以股票设置家族信托，主要是交易过户以及非交易过户中的协议转让两种交易方式。

（1）增值税。如果以股权设立家族信托，设立阶段不征收增值税。

如果以股票设立家族信托，委托人是个人，免征增值税；委托人中如果有企业（实务中并不完全排除企业作为委托人之一）以持有的股票设立家族信托，按照金融商品转让缴纳增值税。金融商品转让，按照卖出价扣除买入价后的余额为销售额，一般纳税人适用税率为6%，小规模纳税人适用3%的征收率。

（2）城市维护建设税、教育费附加税、地方教育附加税。在缴纳增值税的情况下，需要缴纳城市维护建设税、教育费附加税、地方教育附加税，计征方法已在上述不动产设立家族信托部分进行表述，计税方法相同，在此不再累述。

（3）印花税。转让股权的，转让方和受让方按股权转让价款的0.05%的税率征收印花税。

转让股票的，转让方按成交金额的0.1%缴纳印花税；证券交易无转让价格的，按照办理过户登记手续时该证券前一个交易日收盘价计算确定计税依据，无收盘价的，按照证券面值计算确定计税依据。

（4）个人所得税。①针对非上市公司股权设立家族信托的个人所得税，根据现行税制（股权转让不仅包括股权出售、投资、抵债，上述方式以外的其他股权转移行为，也视为股权转让），个人以股权设立家族信托，涉及股权变更，属于股权转让，应缴纳个人所得税。

委托人以股权转让收入，减除股权原值和合理费用后的余额为应纳税所得额，按"财产转让所得"缴纳个人所得税，税率为20%，无明确收入或收入明显偏低等情形，税务机关有权核定收入。

②针对上市公司股票设立家族信托的个人所得税，对个人转让上市公司流通股，目前是暂免征收个人所得税。

个人转让限售股的，以每次限售股转让收入，减除股票原值和合理税费后的余额，为应纳税所得额，税率为20%。限售股原值是指限售股买入时的买入价及按照规定缴纳的有关费用。合理税费，是指转让限售股过程中发生的印花税、佣金、过户费等与交易相关的税费。如果纳税人未能提供完整、真实的限售股原值凭证的，不能准确计算限售股原值的，主管税务机关一律按限售股转让收入的15%核定限售股原值及合理税费。

二、家族信托存续阶段的涉税问题

家族信托存续阶段的大部分涉税问题并非家族信托特有，或者说并不是因为设立家族信托而额外增加的税负。如果委托人自己持有和运营相关财产，也会存在相关税务问题。这里的主要区别是，作为个人的委托人与作为企业的受托人，在部分税种的计税方法和税收优惠上会存在区别。

家族信托存续期间，信托协议对信托财产如何运营会有具体规定。因信托财产的类别及运营方式的不同，会存在不同的涉税问题。

家族信托存续阶段的涉税问题，主要是持有信托财产和运营信托财产的涉税问题。

下面以不动产和股权为例，具体解析家族信托存续阶段涉及的税务问题。

（一）家族信托存续期间，信托财产为不动产的涉税问题

1. 房产税

信托财产为房产的，受托人持有信托财产期间，需要缴纳房产税。

房产税的计税依据分两种：一种是依据计税余值按1.2%税率征收，计税余值，是依据税法规定，按房产原值一次减除10%~30%的损耗后的余额；另一种是依据房产租金收入按12%税率征收，如果受托的信托公司以市场价格向个人、专业化规模化住房租赁企业出租住房，减按4%征收。

2. 城镇土地使用税

城镇土地使用税属于准财产税，是以实际占用的土地面积为计税依据，按规定的适用税额对拥有土地使用权的单位和个人征收的一种税。委托人将不动产登记变更至受托人，受托人即成为土地使用权人，存在缴纳城镇土地使用税的问题。

城镇土地使用税每平方米年税额如下：

（1）大城市1.5元至30元。

（2）中等城市1.2元至24元。

（3）小城市0.9元至18元。

（4）县城、建制镇、工矿区0.6元至12元。

具体比例，由各省级人民政府在法定幅度范围内确定。对于个人的居住用房是否免税，由各省、自治区、直辖市税务局确定。

3. 增值税

受托人持有不动产期间，依据家族信托相关协议，将不动产用于出租的，需要缴纳增值税。

区分受托人是一般纳税人还是小规模纳税人，计税方法有所不同。

受托人是一般纳税人，其出租2016年5月1日以后取得的不动产，实行一般计税方法，以出租不动产取得的全部价款和价外费用，按9%的税率计征。按一般计税方法可以抵扣进项税额。

根据《国家税务总局关于发布〈纳税人提供不动产经营租赁服务增值税征收管理暂行办法〉的公告》（国家税务总局公告2016年第16号）及《关于小规模纳税人免征增值税征管问题的公告》（国家税务总局公告2021年第5号），其他个人出租不动产（不含住房），按照5%的征收率计算应纳税额，向不动产所在地主管税务机关申报纳税。其他个人出租住房，按照5%的征收率减按1.5%计算应纳税额，向不动产所在地主管税务机关申报纳税；采取一次性收取租金形式出租不动产取得的租金收入，可在对应的租赁期内平均分摊，分摊后的月租金收入未超过15万元的，免征增值税。

需要说明的是，其他个人，在税法中是指自然人。

4. 城市维护建设税、教育费附加税、地方教育附加税

具体的计征方法已在以上内容中进行过阐述，计税方法一致。

5. 印花税

受托人出租不动产签订的合同属于财产租赁合同，需按规定缴纳印花税，按租金的0.1%计征。

（二）家族信托存续期间，信托财产为股权的涉税问题

受托人持有的信托财产是股权的，持有本身不征税，取得股息、红利的，如果受托人为居民企业，且其持有的是居民企业股权，可以免征企业所得税，但是不包括连续持有居民企业公开发行并上市流通的股票不足12个月取得的投资收益。

受托人在持有信托财产期间，除不动产、车船以外的其他信托财产，一般不征税。受托人运营信托资产，一般都存在涉税问题，这与一般企业经营行为的涉税问题基本相同。

三、家族信托分配阶段的涉税问题

家族信托分配是依据家族信托协议及相关法律文件执行。家族信托的法律文件里，主要以保障、约束、激励、传承等为目的，进而规定相应的分配方案。家族信托分配方案包括基本生活、教育、医疗、婚嫁、生育、创业、养老金、特殊应急金等。分配方式有按期支付现金，也有以非货币性资产的方式分配等。

家族信托受益人能够依据信托文件取得信托利益，这是委托人和受益人最为关注的事项之一，所以，信托受益人在分配阶段是否需要缴纳相关税费，自然是各方在设立家族信托时应当了解的主要事项，也是信托机构应考虑的问题。

不同的分配方式以及不同的受益人所存在的涉税问题也有所不同。

（一）以现金方式向受益人进行分配的涉税问题

以现金方式向受益人进行分配，主要存在受益人是否需要缴纳个人所得税的问题。

根据《中华人民共和国个人所得税法》及相关税法的规定，"个人所得税的征税范围共包括九项，分别是工资、薪金所得；劳务报酬所得、稿酬所得；特许权使用费所得；经营所得；利息、股息、红利所得；财产租赁所得；财产转让所得；偶然所得"。

对于家族信托受益人取得的现金分配，从表面来看，应该不属于上述征税范围，那么是否就必然能够得出家族信托受益人取得现金分配不缴纳个人所得税的结论呢？对此不能一概而论，应当根据不同受益人的具体情况做具体分析。

1. 家族信托受益人是委托人近亲属

如果家族信托受益人是委托人的配偶、子女等近亲属，那么，家族信托受益人取得的信托分配，其本质主要是近亲属之间对家庭财产的分配和传承。这与《中华人民共和国个人所得税法》规定的上述个人所得，本质上并不相同。在没有法律法规等明确规定的情况下，不应属于上述个人所得税征税范围。

2. 家族信托受益人是委托人近亲属以外的主体

在家族信托实际操作中，受益人大多数是委托人的近亲属，但也有部分家族信托的受益人由直系亲属、旁系亲属和非亲属组成。

对于非亲属从家族信托中取得现金分配,是否应当缴纳个人所得税,主要应区分其取得信托分配的基础是什么。如果以为家族信托或相关主体提供工作、劳务、服务等为对价,其取得的信托分配财产具有工资薪金或劳务报酬等性质,存在被税务机关认定为属于个人所得税征税范围的客观基础。

(二)以非货币性资产向受益人分配的涉税问题

以非货币性资产向受益人进行分配,与非货币性资产设立阶段。家族信托的涉税问题类似,在当前税制下,基本会被认定为交易,进而产生涉税事项。不同类别的财产分配涉及的税种有所区别。

1. 以不动产进行分配的涉税问题

受托人将不动产分配给受益人,按现行税制,受托人存在缴纳增值税、城市维护建设税及教育费附加税、城镇土地使用税、增值税、印花税、契税、企业所得税(如果受托人为有限合伙,其合伙人涉及个人所得税)等问题。计税方法与上述不动产设立家族信托基本相同。

受益人存在缴纳契税、印花税的问题。对于契税与印花税,计税方法与上述不动产设立家族信托基本相同。

根据现行的税制规定,对于房屋产权所有人将房屋产权无偿赠与他人的,受赠人因无偿受赠房屋取得的受赠收入,按照"偶然所得"项目计算缴纳个人所得税。

对于受益人无偿取得受托人分配的房屋,是否缴纳个人所得税,是设立家族信托时不能忽略的问题。如果受益人无偿取得房屋,被税务机关认定属于接受赠与,进而认定为"偶然所得",除符合免税情形,否则,受托人会存在缴纳个人所得税的情况。目前,对受益人是否属于免税范围,是否能够适用相关文件享受免税政策,尚未有明确的法律规定和政策依据。

从税法法理分析,委托人以家族信托的方式将不动产赠与近亲属和委托人直接赠与近亲属,虽然形式上有所不同,但追本溯源,二者本质上应当都属于家庭财产内部分割或流转,本质上具有相同性。根据实质课税的原则,具有参照上述免税规定的法理基础。

2.非上市公司股权分配涉税问题

以非上市公司股权进行分配,受托人作为转让方存在缴纳企业所得税、印花税的问题,受益人存在缴纳印花税的问题。计税方法与上述分析基本相同。

3.上市公司股票分配涉税问题

以上市公司股票进行分配,受托人作为转让方存在缴纳增值税、城市维护建设税及教育费附加税、印花税、企业所得税问题。计税方法与上述分析基本相同。

(三)家族信托终止的涉税问题

家族信托终止时,对于SPV或者在信托存续期间对信托财产进行运营的家族信托,履行必要的清算程序后,方能终止并向受益人分配信托财产。

对于家族信托终止的信托财产分配,与上述家族信托存续期间对受益人分配的涉税问题基本相同。

目前,我国涉及家族信托的税制还有待完善,实务中以不动产、股权等直接设立家族信托的案例也非常少,主要是以货币资金或保险金权益设立的家族信托,对以不动产、股权等设立家族信托,税务机关实际征管情况,鲜有参照案例。

近年来,业界有专家学者积极呼吁将家族信托下的财产转移,区别于一般的市场交易行为,呼吁政府加快完善有关家族信托的税收制度,按家族信托的实质课税。

家族信托表面看只是家族信托设立、存续、终止等阶段的涉税问题,但是由表及里,每个阶段每个税种展开后,都会存在较多细节化的涉税问题。另外,由于很多家族信托都是定制化的,这些定制化的家族信托,具体在设立、存续、分配等各环节的具体细节会存在不同,因此,涉税问题也不尽相同,实务中,需要具体情况具体分析。

税负问题确实会影响到企业家或高净值人士对家族信托的选择,但仅因税务问题而放弃家族信托并不一定是更好的选择。家族信托是综合性的财富管理工具,其自身有着特有优势和功能,对是否选择家族信托不应仅站在一个点上去思考,而应多角度全方面综合分析利弊后进行选择。在决定是否设立家族信托时,税务问题不能仅局限于家族信托一个维度进行考虑,更应放管理法》由全国人大或全国人大常委会制定外，还存在大量的税收法规、税收规章、税收规范性文件等，体系繁杂、变动频繁，且各地区税收征管标准也不尽一致。

除了税法体系庞杂，资本运作交易往往背景比较复杂，企业资本运作的方式也多样化，股权投融资、分立、合并、改制重组、IPO、配股、增发新股、派送红股、转增股本、发行债券（包括可转换公司债券）、债转股、股权回购等已是资本运作的常见方式。其中的每一种资本运作方式都有其特有的税法问题。

一、归集税收策划的规范依据

需要注意的是，归集的规范依据不仅有税法还有其他相关部门法；归集的税法中，不仅要归集项目涉及税种相关的税收法律、税收法规、地方性法规、税收规章等，也要归集项目所在地的主管税务机关的规范性文件。而且，注重实体法的同时，也不能忽略税收程序法在税收策划中的作用。

二、税收策划要有全面思维

税收策划不能仅考虑某一税种，要从纳税义务人，交易行为涉及的所有税种、税率、税基、纳税地点、交易对价支付方式、纳税义务发生时间等税法要素，综合分析设计税收策划方案。

三、税收策划要有系统思维

既要考虑微观因素，但又不能局限于某一个交易环节，应将某一资本运作的交易行为放到企业整个交易链中，综合分析企业作为整体的实际税负。不能仅考虑眼前或局部，避免顾此失彼，出现虽然税收策划方案使企业的某一交易环节减轻了税负，但企业的整体实际税负并未减少的情况。

另外，还应结合资本运作交易背景、战略全局，进行统筹安排，择优选择税收策划方案。

四、税收策划与合同条款充分结合

资本运作需要通过一系列交易行为实现,而交易行为需要通过合同落地实施。税收策划方案不是孤立的存在,需要有效结合合同的制定和履行,通过合同条款落实税收策划方案。

五、没有一劳永逸的税收策划方案

每一个资本运作方案,都会在交易背景、交易主体、交易环节、交易方式、税收政策等某些方面存在不同。应结合具体情况,因事制宜,为企业量身定做税收策划方案,切勿照搬照抄,以免方案"不合身",适得其反。

六、税收策划的方法应综合利用

(1)企业组织形式不同,税收政策也存在不同。对不同组织形式的税负进行对比,选择合适的项目载体。

(2)充分利用行业性、地区性、规模性、条件性、特定主体、税基式和税率式减免等所有税收优惠政策。

(3)在存在免税的情况下,基于放弃免税可以抵扣进项税额,因此需在纳税人放弃免税与享受免税的方案之间进行对比,选择最优。

(4)在一般纳税人可以选择简易计税方法的情况下,对采用一般计税方法和简易计税方法的方案进行对比。这里需注意,选择的标准应是两种方案的最终利润,并不是税款。

(5)应重视递延纳税。在设计税收策划方案时,思路不应仅放在直接减少税负上,还应注重间接收益即递延纳税。在实务中,通过递延纳税,既会为企业争取资金周转的时间,也会使企业获得货币的时间价值,节省了利息支出。尤其是资本市场的大额交易,递延纳税对于企业来说具有重要意义。比如,企业或个人以技术成果投资入股,被投企业为居民企业,且全部以股权(股票)为支付对价的,企业或者个人可以选择在5年内递延纳税;也可以选择投资入股当期暂不纳税,允许递延至转让股权时,按股权转让收入减去技术成果原值和合理税费后的差额计算缴纳增值税。

（6）在法律允许的范围内，结合费用扣除标准、资产的税务处理、收款方式和收入确认时间等方法进行统筹。

（7）在股权转让时，若涉及未分配的股息红利，应区分先分红后转让，还是直接转让。

（8）在股权收购、资产收购、债务重组等业务中，根据企业重组业务的具体情况，充分创造条件，有效利用企业重组的特殊性税务处理方法。

税收策划不应是一种方法的运用，而应是多种方法的综合性运用；不应是简单地套用，而应是区分情况，灵活运用。当然，上述方法仅是基本方法，实务中，需要结合项目具体情况，在法律允许的范围内寻求更适合的方法。

第六章 财富管理痛点区域五：企业或企业家的法律责任风险

第一节 民事责任风险——对他人利益要有同理心

简单地讲，企业有可能因为违约或侵权行为而承担民事违约或侵权赔偿责任。而企业家也有可能因为以下违法行为而承担相应的民事赔偿责任：违背股东之间的约定或者公司章程的规定，承担相应的违约或赔偿责任；在执行公司职务时违反法律、行政法规或者公司章程的规定，给公司造成损失的，承担相应赔偿责任；为企业融资债务提供担保，根据担保合同的约定，承担相应的担保责任；对企业的侵权行为承担连带赔偿责任。

在民间借贷领域常常出现"民刑交叉"的现象。民间借贷和非法吸收公众存款、非法集资之间界限模糊不清。因此，企业家一定要在企业融资过程中听取专业律师给出的意见，做好家族企业融资合规化管理，同时做好个人财产及家族财产的隔离保护。

【案例】全国首例证券集体诉讼案

2021年11月12日，广州市中级人民法院对全国首例证券集体诉讼案作出一审判决，责令上市公司康美药业股份有限公司因年报等虚假陈述侵权赔偿证券投资者损失24.59亿元，公司实际控制人马兴田夫妇及邱锡伟等4名原高管人员组织策划实施财务造假，属故意行为，承担100%的连带赔偿责任，另有13名高管人员按过错程度分别承担20%、10%、5%的连带赔偿责任。审计机构正中珠江会计师事务所未实施基本的审计程序，承担100%的连带赔偿责任，其合伙人和签字会计师亦承担全部连带赔偿责任。该案是新的《中华人民共和国证券法》确立证券特别代表人诉讼制度后的首单案件，是迄今为止法院审理的原告人数最多、赔偿金额最高的上市公司虚假陈述民事赔偿案件。

第二节　行政处罚风险——对合规经营要有敬畏心

家族企业和企业家的行政责任通常来自行政处罚，即行政主体为了维护公共利益和社会秩序，保护公民、法人和其他组织的合法权益，给予违反行政管理秩序、依法应当受到行政处罚的行政相对人的法律制裁。《中华人民共和国公司法》《中华人民共和国证券法》《中华人民共和国保险法》《信托投资公司管理办法》《中华人民共和国税收征收管理法》等法律法规分别对不同的行政违法行为设定了相应的行政处罚。

【案例一】轰动全国的行政处罚案

2018年10月16日，国家药品监督管理局和吉林省食品药品监督管理局依法从严对长春长生生物科技有限责任公司（以下简称"长春长生"）违法违规生产狂犬病疫苗作出行政处罚〔（国）药监药罚〔2018〕1号〕。行政处罚决定书载明，长春长生存在以下八项违法事实：

一是将不同批次的原液进行勾兑配制，再对勾兑合批后的原液重新编造生产批号；

二是更改部分批次涉案产品的生产批号或实际生产日期；

三是使用过期原液生产部分涉案产品；

四是未按规定方法对成品制剂进行效价测定；

五是生产药品使用的离心机变更未按规定备案；

六是销毁生产原始记录，编造虚假的批生产记录；

七是通过提交虚假资料骗取生物制品批签发合格证；

八是为掩盖违法事实而销毁硬盘等证据。

行政处罚决定书认定，上述行为违反了《中华人民共和国药品管理法》及其实施条例，以及《药品生产质量管理规范》《药品生产监督管理办法》

《生物制品批签发管理办法》等法律法规和规章。依据行政处罚管辖有关规定，国家药品监督管理局和吉林省食品药品监督管理局分别对长春长生作出多项行政处罚。

国家药品监督管理局撤销长春长生狂犬病疫苗（国药准字S20120016）药品批准证明文件；撤销涉案产品生物制品批签发合格证，并处罚款1203万元；吉林省食品药品监督管理局吊销其药品生产许可证；没收违法生产的疫苗、违法所得18.9亿元，处违法生产、销售货值金额三倍罚款72.1亿元，罚没款共计91亿元。

此外，对涉案的高俊芳等14名直接负责的主管人员和其他直接责任人员作出依法不得从事药品生产经营活动的行政处罚[①]。

【案例二】针对企业的反垄断行政处罚

2020年12月，阿里、阅文、丰巢因违反《反垄断法》各被罚50万元。这也是市场监管总局首次对协议控制架构（VIE）企业违法行为作出集中行政处罚。当时总局反垄断局相关负责人表示，尽管罚款额度较低，但这可向社会释放加强互联网领域反垄断监管的信号。

2021年4月10日，市场监管总局依法对阿里巴巴集团作出行政处罚决定（国市监处〔2021〕28号），责令阿里巴巴集团停止违法行为，并处以其2019年中国境内销售额4557.12亿元的4%的罚款，总计182.28亿元。阿里巴巴集团的这一行为违反了《中华人民共和国反垄断法》第十七条第一款第（四）项"没有正当理由，限定交易相对人只能与其进行交易"的规定，属于滥用市场支配地位的行为。阿里巴巴迫使淘宝、天猫的商家只能二选一，禁止他们选择其他电商平台。

【案例三】没有能够"逃"掉的税

"直播一姐"黄薇（薇娅）因涉嫌偷逃税款被杭州市税务局下达行政处罚。2021年12月20日，根据国家税务总局网站通报，黄薇在2019年至2020

---

① 《重罚！长春长生被处罚没款91亿元》，https://baijiahao.baidu.com/s?id=1614483707604123582&wfr=spider&for=pc。

仅有22%的民营企业制定了内部调查的机制。[①]可见，中国的家族企业和企业家还是要提升刑事法律风险管控意识，建立起体系化的企业和个人刑事法律责任风险的评估和预防机制，为企业刑事合规机制和个人的刑事责任风险的规避提供专业的法律支撑。

在家族企业众多风险中，刑事法律风险是最严重的。民事风险主要是民事赔偿，行政法律风险主要是行政处罚，最终也是通过罚款等方式处理。可一旦触及刑事法律，就可能要付出被剥夺自由的代价。

一方面，刑事处罚，是对人身自由的剥夺，通俗地讲就是"坐牢"，严重的甚至被剥夺生命，即便最终无罪释放，但之前因为侦查、逮捕和起诉等程序被采取强制措施所造成的时间和精神消耗也是不可逆转的。

另一方面，刑事处罚是对企业、个人及家族声誉的破坏，企业家身败名裂，对家族企业的生存发展、众多企业员工的就业生活和其他利益关联企业影响巨大。负面案例如：三鹿奶粉事件，董事长田文华被判无期，"大名鼎鼎"的三鹿奶粉从市场上消失了；新疆德隆集团唐万新进监狱，整个德隆系企业土崩瓦解，诸多关联企业关门破产；而香港新鸿基房产的郭氏兄弟被廉署传讯，股票市值蒸发300亿元等。当今中国，企业家被追究刑事责任的概率极高，对此，社会上流行着一句调侃的话，"中国的企业家由两类人组成：一类人是正在坐牢的企业家；另一类人是正走在通往监狱路上的企业家"。这句话虽然有些夸张，但从一定程度上反映了家族企业和企业家所面临的刑事责任风险的真实现状。

下面，我们将结合企业家可能面临的刑事法律风险，从民营企业家可能触犯的37个高发罪名中重点选择一些罪名进行纵向分析，并将极易混淆、误判的罪名进行横向交叉对比，从刑法定罪量刑标准、结合案例讲解、提供预防建议三个方面展开详细阐述。

企业家在创业初期为满足生产经营所需要的资金，往往很难通过正规融资渠道获得。融资难的问题困扰着企业家，迫使其向不特定公众吸收社会闲散资金，最终可能使其触犯非法吸收公众存款罪。

[①] 赵炜佳：《民营企业家刑事风险：双元归因与综合治理——在紧张理论框架之下》，《河南警察学院学报》，2021年第3期。

1. 非法吸收公众存款罪

《中华人民共和国刑法》第一百七十六条规定："非法吸收公众存款或者变相吸收公众存款，扰乱金融秩序的，处三年以下有期徒刑或者拘役，并处或者单处罚金；数额巨大或者有其他严重情节的，处三年以上十年以下有期徒刑，并处罚金；数额特别巨大或者有其他特别严重情节的，处十年以上有期徒刑，并处罚金。单位犯前款罪的，对单位判处罚金，并对其直接负责的主管人员和其他直接责任人员，依照前款的规定处罚。有前两款行为，在提起公诉前积极退赃退赔，减少损害结果发生的，可以从轻或者减轻处罚。"

犯罪构成的基本判断标准如下：

第一，非法吸收公众存款或者变相吸收公众存款金额：个人20万元以上，单位100万元以上；

第二，非法吸收公众存款或者变相吸收公众存款人数：个人30人以上，单位150人以上；

第三，非法吸收或者变相吸收公众存款给存款人造成直接经济损失：个人10万元以上，单位50万元以上，或者造成其他严重后果的。

认定数额巨大或者有其他严重情节的标准如下：

第一，非法吸收公众存款或者变相吸收公众存款金额：个人100万元以上，单位500万元以上；

第二，非法吸收公众存款或者变相吸收公众存款人数：个人100人以上，单位500人以上；

第三，非法吸收或者变相吸收公众存款给存款人造成直接经济损失：个人50万元以上，单位250万元以上，或者造成其他严重后果的。

数额特别巨大或者有其他特别严重情节的标准是：造成特别恶劣的社会影响或者其他特别严重后果的。

非法吸收或者变相吸收公众存款的数额，以行为人所吸收的资金全额计算。案发前后已归还的数额，可以作为量刑情节酌情考虑。

非法吸收或者变相吸收公众存款，主要用于正常的生产经营活动，能够及时清退所吸收资金，可以免予刑事处罚；情节显著轻微的，不作为犯罪处理。

2. 集资诈骗罪

《中华人民共和国刑法》第一百九十二条规定："以非法占有为目的，使用诈骗方法非法集资，数额较大的，处三年以上七年以下有期徒刑，并处罚金；数额巨大或者有其他严重情节的，处七年以上有期徒刑或者无期徒刑，并处罚金或者没收财产。单位犯前款罪的，对单位判处罚金，并对其直接负责的主管人员和其他直接责任人员，依照前款的规定处罚。"

犯罪构成的基本判断标准是：

集资诈骗金额：个人10万元以上，单位50万元以上。

认定数额巨大或者有其他严重情节的标准是：个人30万元以上，单位150万元以上。

认定数额特别巨大或者有其他特别严重情节的标准是：个人100万元以上，单位500万元以上。

使用诈骗方法非法集资，具有下列情形之一的，可以认定为"以非法占有为目的"：

第一，集资后不用于生产经营活动或者用于生产经营活动与筹集资金规模明显不成比例，致使集资款不能返还的；

第二，肆意挥霍集资款，致使集资款不能返还的；

第三，携带集资款逃匿的；

第四，将集资款用于违法犯罪活动的；

第五，抽逃、转移资金，隐匿财产，逃避返还资金的；

第六，隐匿、销毁账目，或者搞假破产、假倒闭，逃避返还资金的；

第七，拒不交代资金去向，逃避返还资金的；

第八，其他可以认定为非法占有目的的情形。

以下通过吴英集资诈骗罪、e租宝集资诈骗案分析总结集资诈骗罪与非法吸收公众存款罪之间的交叉和区别。

【案例一】吴英集资诈骗罪再审判处死刑缓期两年执行【（2012）浙刑二重字第1号】

2003年至2005年，被告人吴英先后开办了东阳吴宁贵族美容美体沙龙、东阳吴宁喜来登俱乐部、东阳千足堂理发休闲屋等，同时以合伙或投资名义，从俞亚素、唐雅琴、夏瑶琴、竺航飞、赵国夫、徐玉兰（另案处理）等人处高息集资，欠下巨额债务。为了还债，吴英继续非法集资。2005年5月至2007年1月，吴英以给付高额利息（多为每万元每天40～50元）为诱饵，采取隐瞒先期资金来源真相、虚假宣传经营状况、虚构投资项目等手段，先后从被害人林卫平、杨卫陵、杨志昂、杨卫江（均另案处理）及毛夏娣、任义勇、叶义生、龚苏平、周忠红、蒋辛幸、龚益峰等人处非法集资77339.5万元，用于偿付集资款本息，购买房产、汽车及个人挥霍等。至案发时，除已归还本息38913万元，实际诈骗金额为38426.5万元。具体事实如下：

1. 2006年3月至2007年1月，被告人吴英经杨军、骆华梅（均另案处理）介绍，以高额利息为诱饵，以投资广州白马市场商铺、注册公司及到上海银行办理4亿元贷款等需要资金为名，先后多次从林卫平处非法集资47241万元。至案发时，除已归还本息14676万元，实际诈骗32565万元。林卫平被骗资金又主要是从吴延飞等71人及浙江一统实业有限公司处非法吸收所得。

2. 2006年6月至11月，被告人吴英以高额回报或利息为诱饵，以炒铜期货、去湖北荆门收购烂尾楼及公司需要周转资金等为名，先后多次从杨卫陵处非法集资9600万元。至案发时，除已归还本息8428万元，实际诈骗1172万元。杨卫陵被骗资金又主要是从刘晓龙等30人处非法吸收所得。

3. 2006年1月至11月，被告人吴英以高息为诱饵，以投资广州白马市场商铺等为名，多次从杨志昂处非法集资3130万元。至案发时，除已归还本息1995万元，实际诈骗1135万元。杨志昂被骗资金又主要是从楼恒贞等9人处非法吸收所得。

4. 2005年5月至2006年11月，被告人吴英以高额投资回报为诱饵，以投资做石油生意为名，多次从毛夏娣处非法集资，不予归还，共诈骗资金762.5万元。

5. 2006年10月，被告人吴英以高息为诱饵，从任义勇处非法集资800万元。至案发时，除已归还50万元，实际诈骗750万元。

6. 2005年11月至2006年11月，经杨军介绍，被告人吴英以高息为诱饵，以投资广州白马市场商铺、公司资金周转等为名，多次从杨卫江处非法集资8516万元。至案发时，除已归还本息7840万元，实际诈骗676万元。杨卫江被骗资金又主要是从朱启明等12人处非法吸收所得。

7. 2006年1月至10月，被告人吴英以高息为诱饵，经杨卫江介绍，多次从叶义生处非法集资1670万元。至案发时，除已归还本息1354.5万元，实际诈骗315.5万元。

8. 2006年11月28日，被告人吴英以高息为诱饵，以投资需要资金为名，从龚苏平处骗取资金300万元。

9. 2005年8月至2006年11月，被告人吴英以高息为诱饵，以做煤和其他生意、公司注册需要资金等为名，从周忠红、杜云芳夫妇处非法集资2970万元。至案发时，除已归还本息2707.5万元，实际诈骗262.5万元。周忠红被骗资金除自有资金外，还有部分系从其兄弟周忠卫、周忠云处筹得。

10. 2006年8月25日，被告人吴英以高息为诱饵，以投资需要资金为名，从蒋辛幸处骗取资金250万元未归还。蒋辛幸被骗资金系从徐滨滨和包明荣2人处筹得。

11. 2006年1月至9月间，被告人吴英以高息为诱饵，以投资广州白马市场商铺为名，多次从龚益峰处非法集资2100万元。至案发时，除已归还本息1862万元，实际诈骗238万元。上述事实，有一、二审庭审质证确认的银行往来凭证、借条、资金往来记录、东阳市人民法院（2008）东刑初字第790号刑事判决书等书证，证人俞亚素、杨军等的证言，被害人林卫平、杨卫陵等的陈述等证据证实。被告人吴英亦供认在案，所供与上述证据反映的情况相符。本案事实清楚，证据确实、充分，并经最高人民法院复核确认。

经审查：（1）吴英主观上具有非法占有的目的。吴英在早期高息集资已形成巨额外债的情况下，明知必然无法归还，却使用欺骗手段继续以高息不断地从林卫平等人处非法集资。吴英将集资款部分用于偿付欠款和利息，部分用于购买房产、车辆和个人挥霍，还对部分集资款进行随意处置和捐赠。（2）吴英在集资过程中使用了诈骗手段。为了进行集资，吴英隐瞒其资金均来源于高息集资并负有巨额债务的真相，并通过短时间内注册成立多家公司和签订大量购房合同等进行虚假宣传，为其塑造"亿万富姐"的虚假形象。集资时其向被害人编造欲投资收购商铺、烂尾楼和做煤、石油生意等"高回报项目"，骗取被害人信任。（3）吴英的非法集资对象为不特定公众。吴英委托杨某等人为其在社会上寻找"做资金生意"的人，事先并无特定对象，事实上，其非法集资的对象不仅包括林卫平等11名直接被害人，也包括向林卫平等人提供资金的100多名"下线"，还包括俞亚素等数十名直接向吴英提供资金但没有按诈骗对象认定的人。在集资诈骗的11名受害人中，除蒋辛幸、周忠红2人在借钱之前认识吴英外，其余都是经中间人介绍为集资而认识的，并非所谓的"亲友"。林卫平等人向更大范围的公众筹集资金，吴英对此完全清楚。(4)本色集团及各公司成立的注册资金均来自非法集资，成立后大部分公司都未实际经营或亏损经营；吴英用非法集资来的资金注册众多公司的目的是虚假宣传，给社会公众造成本色集团繁荣的假象，以骗得更多的社会资金。而且吴英大量集资均以其个人名义进行，大量资金进入的是其个人账户，用途也由其一人随意决定。浙江省高级人民法院认为，被告人吴英以非法占有为目的，以高额利息为诱饵，采取隐瞒真相、虚假宣传和虚构项目等欺骗手段面向社会公众非法集资，其行为已构成集资诈骗罪。吴英集资诈骗数额特别巨大，给国家和人民利益造成了特别重大的损失，且其行为严重破坏国家的金融管理秩序，危害特别严重，应依法惩处。鉴于吴英归案后如实供述所犯罪行，并主动供述其贿赂多名公务人员的事实，其中已查证属实并追究刑事责任的3人，综合考虑，对吴英判处死刑，可不立即执行。吴英及其辩护人相关改判的要求，予以采纳；但辩护人要求对吴英在无期徒刑以下量刑，与吴英的罪行不符，不予采纳。原判定罪正确，审判程序合法。唯量刑不当，应予变更。最终判处被告人吴英犯集资诈骗罪，判处死刑，缓期2年执行，剥夺政治权利终身，并处没收其个人全部财产。本判决为终审判决。

从浙江省高级人民法院出具的再审判决书的内容中我们可以看出，法官在以集资诈骗罪判断定罪的过程中主要考虑了以下四个因素，这也正是集资诈骗罪与非法吸收公众存款罪之间的主要区别：

第一，犯罪主体在主观上以非法占有为目的（非法吸收公众存款罪以临时占有为目的）。

第二，犯罪主体在犯罪过程中采用了诈骗手段。犯罪主体无论是个人还是单位，实际上都不具备经济实力或稳定的实体经营业务，或者已经欠下巨额债务，并且明知自己或单位不具备偿还集资款项的能力仍实施集资诈骗行为（非法吸收公众存款罪的个人具备一定的经济实力或单位有正常业务，经营收益较好，在向社会公众筹集资金时具有偿还能力）。

第三，犯罪客体为不特定公众（这也是与非法吸收公众存款罪竞合和容易混淆的关键点）。

第四，非法集资所得资金并没有实际用于经营，而是用于个人挥霍或偿还个人债务，或粉饰自身和企业繁荣的假象，以骗取更多的社会资金。案发后犯罪主体已不具备归还能力，导致受害公众的资金损失全部或部分无法挽回（非法吸收公众存款罪主观上是将吸收而来的资金用于生产经营，意图和承诺还本付息，在案发后犯罪主体具有一定的归还能力，并且积极筹集资金实际归还了全部或者大部分资金）。

2018年3月23日，浙江省高级人民法院出具（2018）浙刑更70号刑罚与执行变更刑事裁定书，将罪犯吴英的刑罚，减为有期徒刑25年，剥夺政治权利10年（刑期自2018年3月23日起至2043年3月22日止）。

【案例二】e租宝集资诈骗案[（2016）京01刑初140号]

2014年7月，"钰诚系"下属的金易融（北京）网络科技有限公司运营的网络平台打着"网络金融"的旗号上线运营，"钰诚系"相关犯罪嫌疑人丁宁、张敏以高额利息为诱饵，虚构融资租赁项目，持续采用借新还旧、自我担保等方式大量非法吸收公众资金。北京第一中级人民法院最终判决：e租宝案件被告单位钰诚国际控股集团有限公司犯集资诈骗罪、走私贵重金属罪，判处罚金十八亿零三百万元；安徽钰诚控股集团犯集资诈骗罪，判处罚金一亿元。被告丁宁（二被告公司的实际控制人）犯集资诈骗罪、走私贵重金属罪、非法持有枪支罪、偷越国境罪，数罪并罚，决定执行无期徒刑，剥夺政治权利终身，罚金一亿元零一万元。丁甸（丁宁弟弟）等9人也以集资诈骗罪等被分别判处无期徒刑、有期徒刑和罚金；谢洁等16人以非法吸收公众存款罪等定罪处罚。

在本案中，法官的定罪裁量区分了集资诈骗罪和非法吸收公众存款罪，对丁宁、丁甸等主犯及部分被告人以集资诈骗罪定罪处罚，而对其他被告人则以非法吸收公众存款罪定罪量刑。

以下节选法官在判决书中关于集资诈骗罪的评判意见，以便帮助企业家更好地理解和把握集资诈骗罪与非法吸收公众存款罪之间的区别和交叉关系：

对于被告人丁宁所提e租宝、芝麻金融平台的经营模式没有违反法律规定的辩解，经查：《中华人民共和国商业银行法》第十一条明确规定，未经国务院银行业监督管理机构批准，任何单位和个人不得从事吸收公众存款等商业银行业务。在案证据证明，二被告单位对平台运营、为平台提供债权项目、销售产品、提供担保、保理的多家公司进行实际控制，上述公司不具有银行业金融机构的从业资质，但丁宁仍组织、指挥涉案平台及公司，利用虚假的债权向公众进行宣传，吸收巨额资金，违反了我国金融管理法律规定的金融秩序，属于非法集资行为。经庭审举证、质证的证人周丽、叶玉梅、范斌、夏杨、殷飞、韩丽明、彭启亮、李群芳、张乐生等人的证言，买卖合同、银行交易明细等书证以及司法会计鉴定意见等证据证明，二被告单位及相关被告人使用虚假的债权项目，在e租宝、芝麻金融平台上以高息回报向社会公众集资，累计吸收集资款共计762亿余元，被告单位将其中的473亿余元用于维持平台运营，具体包括归还集资本息、支付虚假项目好处费、收购线下销售公司及担保保理公司、支付广告宣传和推广费用、支付办公场所的租赁及装修费用、支付员工工资等，由于脱离真实债权项目，此类资金使用无法产生收益，只是被告单位维系集资骗局所投入的成本；被告单位所谓的生产经营活动主要有收购不良债权和在缅甸地区投资，所用资金在集资款总额中所占比重很小，也缺乏可行性论证程序，均凭丁宁个人意志随意支出，多数投资明显高于市场价格，具有极强的盲目性，且投资项目缺乏后续经营、管理，导致相关投资不能产生有效收益；同时，经司法审计，被告单位其他融资租赁业务的利润、实体工厂经营收益远低于其集资规模，不具有偿付集资本息的可能性；此外，在丁宁的决策下，被告单位将26亿余元集资款用于挥霍性支出，包括购买私人飞机、别墅、豪车、珠宝以及赠予张敏、王之涣、彭力、谢洁、姚宝燕等人，上述款项不仅数额高，且大幅超出被告单位的生产经营收益，属于丁宁肆意挥霍集资款的方式；案发后，丁宁等被告人对部分集资款不能说明去向，以致巨额资金去向不明，直接造成集资参与人财产利益损失。综上，被告单位对于e租宝、芝麻金融平台所吸收的巨额集资款缺乏还本付息的意愿与能力，只能采取大量上线虚假债权项目等手段持续吸收后续资金，维持集资骗局。丁宁、丁甸以非法集资方式，指挥、管理集资行为，使用、支配集资款，上述行为足以反映出二被告单位及相关被告人所具有的非法占有目的，符合集资诈骗罪的法律规定。

可见，在本案中，法官对于丁宁等公司实际控制人的定罪主要考量其对于集资款是否具有非法占有的目的，这也是集资诈骗罪与非法吸收公众存款罪之间的最重要的本质区别。

【案例三】非法集资"P2P爆雷潮"

2018年，互联网金融平台出现大量停业清盘、中止提现、老板下落不明、高管投案自首或警方主动立案介入的事件。据媒体统计，仅在2018年6月1日至7月12日，全国即有108家P2P平台"爆雷"，其中不乏"钱妈妈""唐小僧""联璧金融"等知名度较高、具有相当资金规模的网贷平台。除了资金链断裂、不能如期兑付，这些"爆雷平台"中的相当一部分涉及非法集资类犯罪，而且涉案金额巨大、危害后果严重、波及面广泛。"好车贷"平台累计吸收出借人资金62.3亿元，投资人实际受损金额为13.6亿元，实际受损人数达1.4万人；"投之家"平台上共有1.9万名投资者，涉及23亿元资金无法取出；钱宝网未兑付本金更是高达300亿元。

这些涉案平台的犯罪手法有相当的共性。以钱宝网为例，其主要手段是依托网络平台，在未经国家金融主管部门批准的情况下，以高额收益为诱饵，利用众多第三方支付平台通道，向不特定社会公众非法集资，最终导致资金链断裂。

从法律上讲，"P2P爆雷潮"所引发的民事、行政及刑事责任由相应主体承担。但从"原因之责"的角度看，监管部门和企业都难辞其咎。为提高资本使用效率、利用民间资本化解民营企业融资困境，P2P行业在发展之初准入门槛相对较低，加之监管部门对平台运营的过程监管缺位、引导不力，"P2P爆雷"有相当的必然性。相关部门必须全面强化对平台运营的事前、事中和事后监管，在风险可控的前提下为企业营造良好的发展环境，积极引导、严格督促企业合规经营。

对于企业来说，对互联网金融创新的商业风险及法律风险缺乏预判，对法律、政策设定的红线视而不见，过度投机，其结果必然是资金链断裂、巨额经济损失乃至企业家本人的牢狱之灾。创新时代，新的业态和商机不断涌现，企业家在不进则退的市场洪流中必须勇于尝试新的商业模式。不过，企业家的创新冲动不能突破法律的底线，不能违背基本的经济规律，否则难免被淘汰出局，甚至承担严重的刑事惩罚。

3. 与非法吸收公众存款、集资诈骗行为关联的罪名

（1）擅自发行股票或者公司、企业债券罪。未经国家有关主管部门批准，向社会不特定对象发行、以转让股权等方式变相发行股票或者公司、企业债券，或者向特定对象发行、变相发行股票或者公司、企业债券累计超过200人的，应当认定为《中华人民共和国刑法》第一百七十九条规定的"擅自发行股票或者公司、企业债券"，构成犯罪的，以擅自发行股票或者公司、企业债券罪定罪处罚。

（2）虚假广告罪。广告经营者、广告发布者违反国家规定，利用广告为非法集资活动相关的商品或者服务作虚假宣传，具有下列情形之一的，依照《中华人民共和国刑法》第二百二十二条的规定，以虚假广告罪定罪处罚：

第一，违法所得数额在10万元以上的；

第二，造成严重危害后果或者恶劣社会影响的；

第三，二年内利用广告作虚假宣传，受过行政处罚二次以上的；

第四，其他情节严重的情形。

明知他人从事欺诈发行股票、债券，非法吸收公众存款，擅自发行股票、债券，集资诈骗或者组织、领导传销活动等集资犯罪活动，为其提供广告等宣传的，以相关犯罪的共犯论处。

4. 非法经营罪

《中华人民共和国刑法》第二百二十五条规定，违反国家规定，有下列非法经营行为之一，扰乱市场秩序，情节严重的，处五年以下有期徒刑或者拘役，并处或者单处违法所得一倍以上五倍以下罚金；情节特别严重的，处五年以上有期徒刑，并处违法所得一倍以上五倍以下罚金或者没收财产：

（一）未经许可经营法律、行政法规规定的专营、专卖物品或者其他限制买卖的物品的；

（二）买卖进出口许可证、进出口原产地证明以及其他法律、行政法规规定的经营许可证或者批准文件的；

（三）未经国家有关主管部门批准非法经营证券、期货、保险业务的，或者非法从事资金支付结算业务的；

《中华人民共和国刑法》第一百八十三条规定："保险公司的工作人员利用职务上的便利，故意编造未曾发生的保险事故进行虚假理赔，骗取保险金归自己所有的，依照职务侵占罪定罪处罚。"

根据《最高人民法院 最高人民检察院关于办理贪污贿赂刑事案件适用法律若干问题的解释》第十一条第一款的规定，职务侵占罪中的"数额较大"和"数额巨大"的数额起点，按照本解释关于受贿罪、贪污罪相对应的数额标准规定的二倍、五倍执行，即数额较大应是6万元以上不满100万元，数额巨大应是100万元以上。

6.挪用资金罪和挪用公款罪

《中华人民共和国刑法》第二百七十二条规定："公司、企业或者其他单位的工作人员，利用职务上的便利，挪用本单位资金归个人使用或者借贷给他人，数额较大、超过三个月未还的，或者虽未超过三个月，但数额较大、进行营利活动的，或者进行非法活动的，处三年以下有期徒刑或者拘役；挪用本单位资金数额巨大的，处三年以上七年以下有期徒刑；数额特别巨大的，处七年以上有期徒刑。国有公司、企业或者其他国有单位中从事公务的人员和国有公司、企业或者其他国有单位委派到非国有公司、企业以及其他单位从事公务的人员有前款行为的，依照本法第三百八十四条的规定定罪处罚。有第一款行为，在提起公诉前将挪用的资金退还的，可以从轻或者减轻处罚。其中，犯罪较轻的，可以减轻或者免除处罚。"

《中华人民共和国刑法》第一百八十五条规定："商业银行、证券交易所、期货交易所、证券公司、期货经纪公司、保险公司或者其他金融机构的工作人员利用职务上的便利，挪用本单位或者客户资金的，依照挪用资金罪定罪处罚。"

《中华人民共和国刑法》第三百八十四条规定："国家工作人员利用职务上的便利，挪用公款归个人使用，进行非法活动的，或者挪用公款数额较大、进行营利活动的，或者挪用公款数额较大、超过三个月未还的，是挪用公款罪，处五年以下有期徒刑或者拘役；情节严重的，处五年以上有期徒刑。挪用公款数额巨大不退还的，处十年以上有期徒刑或者无期徒刑。挪用用于救灾、抢险、防汛、优抚、扶贫、移民、救济款物归个人使用的，从重处罚。"

【案例一】真功夫创始人构成职务侵占罪

真功夫创始人蔡达标指使丁伟琴等人将真功夫款项逾1300万元转入个人账户或其指定公司账户，构成职务侵占罪；蔡达标还指使洪人刚等人虚构项目支出，以预付款方式挪用真功夫款项近2000万元。蔡达标最终因职务侵占罪和挪用资金罪数罪并罚，被判执行有期徒刑14年，并没收财产100万元。

【案例二】职务侵占罪——侵占夫妻公司资产[（2016）浙0782刑初2167号]

被告人楼红星、陈美香系夫妻关系，均系浙江双佳制衣有限公司股东，被告人楼红星占公司88.46%股份，被告人陈美香占公司11.54%股份。2014年7月25日，双佳公司因无力履行债务处于政府接管的情况下，被告人楼红星利用职务上的便利，私自将上海诗琳斯纺织品有限公司支付给双佳公司的货款79023.03元（汇票）汇入袁某的账户内，后通过袁某取出现金并占有，用于个人开支。

被告人与其妻子均是浙江双佳制衣有限公司股东，被告人为法定代表人。被告人私自将他人支付的公司货款汇入他人账户后，通过他人取现并占有，用于个人开支，浙江省义乌市人民法院判处被告人构成职务侵占罪。法院认为：被告人楼红星利用职务上的便利，将本单位财物非法占为己有，数额较大，其行为已构成职务侵占罪，判处有期徒刑6个月。

职务侵占罪侵犯的客体是公司、企业或者其他单位的资金的所有权，行为人主观上具有永久占有的意图；挪用资金罪侵犯的客体是公司、企业或者其他单位的资金的使用权，行为人主观上并没有永久非法占有的意图，挪用之后准备归还。

7.拒不支付劳动报酬罪

《中华人民共和国刑法》第二百七十六条之一规定："以转移财产、逃匿等方法逃避支付劳动者的劳动报酬或者有能力支付而不支付劳动者的劳动报酬，数额较大，经政府有关部门责令支付仍不支付的，处三年以下有期徒刑或者拘役，并处或者单处罚金；造成严重后果的，处三年以上七年以下有期徒刑，并处罚金。

"单位犯前款罪的，对单位判处罚金，并对其直接负责的主管人员和其他直接责任人员，依照前款的规定处罚。

"有前两款行为，尚未造成严重后果，在提起公诉前支付劳动者的劳动报酬，并依法承担相应赔偿责任的，可以减轻或者免除处罚。"

本条规定的"劳动者的劳动报酬"包括工资、奖金、津贴、补贴、延长工作时间的工资报酬及特殊情况下支付的工资等。

以逃避支付劳动者的劳动报酬为目的，具有下列情形之一的，应当认定为"以转移财产、逃匿等方法逃避支付劳动者的劳动报酬"：

第一，隐匿财产、恶意清偿、虚构债务、虚假破产、虚假倒闭或者以其他方法转移、处分财产的；

第二，逃跑、藏匿的；

第三，隐匿、销毁或者篡改账目、职工名册、工资支付记录、考勤记录等与劳动报酬相关的材料的；

第四，以其他方法逃避支付劳动报酬的。

具有下列情形之一的，应当认定为"数额较大"：

第一，拒不支付1名劳动者3个月以上的劳动报酬且数额在5000元至2万元以上的；

第二，拒不支付10名以上劳动者的劳动报酬且数额累计在3万元至10万元以上的。

"经政府有关部门责令支付仍不支付"是指经人力资源社会保障部门或者政府其他有关部门依法以限期整改指令书、行政处理决定书等文书责令支付劳动者的劳动报酬后，在指定的期限内仍不支付的。但有证据证明行为人有正当理由未知悉责令支付或者未及时支付劳动报酬的除外。

"经政府有关部门责令支付"是指行为人逃匿，无法将责令支付文书送交其本人、同住成年家属或者所在单位负责收件的人的，如果有关部门已通过在行为人的住所地、生产经营场所等地张贴责令支付文书等方式责令支付，并采用拍照、录像等方式记录的。

"造成严重后果"是指造成劳动者或者其被赡养人、被扶养人、被抚养人的基本生活受到严重影响、重大疾病无法及时医治或者失学的，对要求支付劳动报酬的劳动者使用暴力或者进行暴力威胁的，造成其他严重后果的。

拒不支付劳动者的劳动报酬，尚未造成严重后果，在刑事立案前支付劳动者的劳动报酬，并依法承担相应赔偿责任的，可以认定为情节显著轻微危害不大，不认为是犯罪。

在提起公诉前支付劳动者的劳动报酬，并依法承担相应赔偿责任的，可以减轻或者免除刑事处罚。

在一审宣判前支付劳动者的劳动报酬，并依法承担相应赔偿责任的，可以从轻处罚。

对于免除刑事处罚的，可以根据案件的不同情况，予以训诫、责令具结悔过或者赔礼道歉。拒不支付劳动者的劳动报酬，造成严重后果，但在宣判前支付劳动者的劳动报酬，并依法承担相应赔偿责任的，可以酌情从宽处罚。

不具备用工主体资格的单位或者个人，违法用工且拒不支付劳动者的劳动报酬，数额较大，经政府有关部门责令支付仍不支付的，应当以拒不支付劳动报酬罪追究刑事责任。

用人单位的实际控制人实施拒不支付劳动报酬行为，构成犯罪的，应当依照拒不支付劳动报酬罪追究刑事责任。

单位拒不支付劳动报酬，构成犯罪的，依照相应个人犯罪的定罪量刑标准，对直接负责的主管人员和其他直接责任人员定罪处罚，并对单位判处罚金。

8.合同诈骗罪

《中华人民共和国刑法》第二百二十四条规定："有下列情形之一，以非法占有为目的，在签订、履行合同过程中，骗取对方当事人财物，数额较大的，处三年以下有期徒刑或者拘役，并处或者单处罚金；数额巨大或者有其他严重情节的，处三年以上十年以下有期徒刑，并处罚金；数额特别巨大或者有其他特别严重情节的，处十年以上有期徒刑或者无期徒刑，并处罚金或者没收财产：

"（一）以虚构的单位或者冒用他人名义签订合同的；

"（二）以伪造、变造、作废的票据或者其他虚假的产权证明作担保的；

"（三）没有实际履行能力，以先履行小额合同或者部分履行合同的方法，诱骗对方当事人继续签订和履行合同的；

"（四）收受对方当事人给付的货物、货款、预付款或者担保财产后逃匿的；

"（五）以其他方法骗取对方当事人财物的。"

"其他方法"是指在签订、履行经济合同过程中使用的前述四种方法以外，以经济合同为手段，以骗取合同约定的由对方当事人交付的货物、货款、预付款，或者定金以及其他担保财物为目的的一切手段。

9.危害税收征管相关罪名

中国的税收监管政策不断趋于严格。从2016年"营改增"以及金税三期的推广到2021年金税四期的快速推进，企业的纳税情况将进入全景化、数据化监管的现代税收征管时代。在这样的大背景下，税收合规理念和规划亟待进一步提升和完善。

《中华人民共和国刑法》第二百零一条规定："纳税人采取欺骗、隐瞒手段进行虚假纳税申报或者不申报，逃避缴纳税款数额较大并且占应纳税额百分之十以上的，处三年以下有期徒刑或者拘役，并处罚金；数额巨大并且占应纳税额百分之三十以上的，处三年以上七年以下有期徒刑，并处罚金。

"扣缴义务人采取前款所列手段，不缴或者少缴已扣、已收税款，数额较大的，依照前款的规定处罚。

"对多次实施前两款行为，未经处理的，按照累计数额计算。

"有第一款行为，经税务机关依法下达追缴通知后，补缴应纳税款，缴纳滞纳金，已受行政处罚的，不予追究刑事责任；但是，五年内因逃避缴纳税款受过刑事处罚或者被税务机关给予二次以上行政处罚的除外。"

《中华人民共和国刑法》第二百零二条规定："以暴力、威胁方法拒不缴纳税款的，处三年以下有期徒刑或者拘役，并处拒缴税款一倍以上五倍以下罚金；情节严重的，处三年以上七年以下有期徒刑，并处拒缴税款一倍以上五倍以下罚金。"

《中华人民共和国刑法》第二百零三条规定："纳税人欠缴应纳税款，采取转移或者隐匿财产的手段，致使税务机关无法追缴欠缴的税款，数额在一万元以上不满十万元的，处三年以下有期徒刑或者拘役，并处或者单处欠缴税款一倍以上五倍以下罚金；数额在十万元以上的，处三年以上七年以下有期徒刑，并处欠缴税款一倍以上五倍以下罚金。"

《中华人民共和国刑法》第二百零四条规定："以假报出口或者其他欺骗手段，骗取国家出口退税款，数额较大的，处五年以下有期徒刑或者拘役，并处骗取税款一倍以上五倍以下罚金；数额巨大或者有其他严重情节的，处五年以上十年以下有期徒刑，并处骗取税款一倍以上五倍以下罚金；数额特别巨大或者有其他特别严重情节的，处十年以上有期徒刑或者无期徒刑，并处骗取税款一倍以上五倍以下罚金或者没收财产。

"纳税人缴纳税款后，采取前款规定的欺骗方法，骗取所缴纳的税款的，依照本法第二百零一条的规定定罪处罚；骗取税款超过所缴纳的税款部分，依照前款的规定处罚。"

《中华人民共和国刑法》第二百零五条规定："虚开增值税专用发票或者虚开用于骗取出口退税、抵扣税款的其他发票的，处三年以下有期徒刑或者拘役，并处二万元以上二十万元以下罚金；虚开的税款数额较大或者有其他严重情节的，处三年以上十年以下有期徒刑，并处五万元以上五十万元以下罚金；虚开的税款数额巨大或者有其他特别严重情节的，处十年以上有期徒刑或者无期徒刑，并处五万元以上五十万元以下罚金或者没收财产。

"单位犯本条规定之罪的，对单位判处罚金，并对其直接负责的主管人员和其他直接责任人员，处三年以下有期徒刑或者拘役；虚开的税款数额较大或者有其他严重情节的，处三年以上十年以下有期徒刑；虚开的税款数额巨大或者有其他特别严重情节的，处十年以上有期徒刑或者无期徒刑。

"虚开增值税专用发票或者虚开用于骗取出口退税、抵扣税款的其他发票，是指有为他人虚开、为自己虚开、让他人为自己虚开、介绍他人虚开行为之一的。"

《中华人民共和国刑法》第二百零五条之一规定："虚开本法第二百零五条规定以外的其他发票，情节严重的，处二年以下有期徒刑、拘役或者管制，并处罚金；情节特别严重的，处二年以上七年以下有期徒刑，并处罚金。

"单位犯前款罪的，对单位判处罚金，并对其直接负责的主管人员和其他直接责任人员，依照前款的规定处罚。"

《中华人民共和国刑法》第二百零六条规定："伪造或者出售伪造的增值税专用发票的，处三年以下有期徒刑、拘役或者管制，并处二万元以上二十万元以下罚金；数量较大或者有其他严重情节的，处三年以上十年以下有期徒刑，并处五万元以上五十万元以下罚金；数量巨大或者有其他特别严重情节的，处十年以上有期徒刑或者无期徒刑，并处五万元以上五十万元以下罚金或者没收财产。

"单位犯本条规定之罪的,对单位判处罚金,并对其直接负责的主管人员和其他直接责任人员,处三年以下有期徒刑、拘役或者管制;数量较大或者有其他严重情节的,处三年以上十年以下有期徒刑;数量巨大或者有其他特别严重情节的,处十年以上有期徒刑或者无期徒刑。"

《中华人民共和国刑法》第二百零七条规定:"非法出售增值税专用发票的,处三年以下有期徒刑、拘役或者管制,并处二万元以上二十万元以下罚金;数量较大的,处三年以上十年以下有期徒刑,并处五万元以上五十万元以下罚金;数量巨大的,处十年以上有期徒刑或者无期徒刑,并处五万元以上五十万元以下罚金或者没收财产。"

《中华人民共和国刑法》第二百零八条规定:"非法购买增值税专用发票或者购买伪造的增值税专用发票的,处五年以下有期徒刑或者拘役,并处或者单处二万元以上二十万元以下罚金。

"非法购买增值税专用发票或者购买伪造的增值税专用发票又虚开或者出售的,分别依照本法第二百零五条、第二百零六条、第二百零七条的规定定罪处罚。"

《中华人民共和国刑法》第二百零九条规定:"伪造、擅自制造或者出售伪造、擅自制造的可以用于骗取出口退税、抵扣税款的其他发票的,处三年以下有期徒刑、拘役或者管制,并处二万元以上二十万元以下罚金;数量巨大的,处三年以上七年以下有期徒刑,并处五万元以上五十万元以下罚金;数量特别巨大的,处七年以上有期徒刑,并处五万元以上五十万元以下罚金或者没收财产。

"伪造、擅自制造或者出售伪造、擅自制造的前款规定以外的其他发票的,处二年以下有期徒刑、拘役或者管制,并处或者单处一万元以上五万元以下罚金;情节严重的,处二年以上七年以下有期徒刑,并处五万元以上五十万元以下罚金。

"非法出售可以用于骗取出口退税、抵扣税款的其他发票的,依照第一款的规定处罚。

"非法出售第三款规定以外的其他发票的,依照第二款的规定处罚。"

《中华人民共和国刑法》第二百一十条规定:"盗窃增值税专用发票或者

可以用于骗取出口退税、抵扣税款的其他发票的，依照本法第二百六十四条的规定定罪处罚。

"使用欺骗手段骗取增值税专用发票或者可以用于骗取出口退税、抵扣税款的其他发票的，依照本法第二百六十六条的规定定罪处罚。"

《中华人民共和国刑法》第二百一十条之一规定："明知是伪造的发票而持有，数量较大的，处二年以下有期徒刑、拘役或者管制，并处罚金；数量巨大的，处二年以上七年以下有期徒刑，并处罚金。

"单位犯前款罪的，对单位判处罚金，并对其直接负责的主管人员和其他直接责任人员，依照前款的规定处罚。"

《中华人民共和国刑法》第二百一十一条规定："单位犯本节第二百零一条、第二百零三条、第二百零四条、第二百零七条、第二百零八条、第二百零九条规定之罪的，对单位判处罚金，并对其直接负责的主管人员和其他直接责任人员，依照各该条的规定处罚。"

《中华人民共和国刑法》第二百一十二条规定："犯本节第二百零一条至第二百零五条规定之罪，被判处罚金、没收财产的，在执行前，应当先由税务机关追缴税款和所骗取的出口退税款。"

相关司法解释见：《最高人民法院关于虚开增值税专用发票定罪量刑标准有关问题的通知》（法〔2018〕226号）。

10.污染环境罪

《中华人民共和国刑法》第三百三十八条规定，"违反国家规定，排放、倾倒或者处置有放射性的废物、含传染病病原体的废物、有毒物质或者其他有害物质，严重污染环境的，处三年以下有期徒刑或者拘役，并处或者单处罚金；后果特别严重的，处三年以上七年以下有期徒刑，并处罚金"。

相关司法解释见《最高人民法院 最高人民检察院关于办理环境污染刑事案件适用法律若干问题的解释》。

11.重大责任事故罪

《中华人民共和国刑法》第一百三十四条第一款规定："在生产、作业中违反有关安全管理的规定，因而发生重大伤亡事故或者造成其他严重后果的，处三年以下有期徒刑或拘役；情节严重的，处三年以上七年以下有期徒刑。"

违反安全管理规定，是以管理制度的客观存在为前提的。一般而言，这种管理规定应当包括以下三种情况：

第一，国家颁布的各类有关安全生产的法律、法规；

第二，企业、事业单位及其上级管理机关制定的反映安全生产客观规律并涉及工艺技术、生产操作、技术监督、劳动保护、安全管理等方面的规程、规章、章程、条例、办法和制度及不同的单位按照各自的特点所作的有关规定；

第三，该类生产、作业过程中虽无明文规定但反映了生产、科研、设计、施工中安全操作的客观规律，已为人所公认的操作习惯和惯例等。

重大责任事故罪的结果表现为以下三种情形：

第一，致人死亡1人以上的；

第二，致人重伤3人以上的；

第三，造成直接经济损失5万元以上的，或者经济损失虽不足规定数额，但情节严重，使生产、工作受到重大损害的。

12. 串通投标罪

《中华人民共和国刑法》第二百二十三条规定："投标人相互串通投标报价，损害招标人或者其他投标人利益，情节严重的，处三年以下有期徒刑或者拘役，并处或者单处罚金。

"投标人与招标人串通投标，损害国家、集体、公民的合法利益的，依照前款的规定处罚。"

其主要有以下四种表现形式：

第一，投标人之间相互约定，一致抬高投标报价；

第二，投标人之间相互约定，一致压低投标报价；

第三，投标人之间约定，在类似项目中轮流以高价位或低价位中标；

第四，投标人之间相互串通，约定给没有中标或者弃标的其他投标人以"弃标补偿费"。

13. 行贿罪

在家族企业的发展过程中，企业家必然要与政界打交道，建立良好的政商关系是家族企业发展进程中不可或缺的合规规制。"政"与"商"的交界处应该是企业家谋求健康发展和政府及政界领导者给予企业正常监管、关注和政策扶持的绿色地带。利益输送，政商勾结，为企业谋取不正当利益，将导致企业家陷入贿赂刑事责任危机。

《中华人民共和国刑法》第三百八十九条规定："为谋取不正当利益，给予国家工作人员以财物的，是行贿罪。"

在经济往来中，违反国家规定，给予国家工作人员以财物，数额较大的，或者违反国家规定，给予国家工作人员以各种名义的回扣、手续费的，以行贿论处。

涉嫌下列情形之一的，应予立案：

第一，行贿数额在1万元以上的；

第二，行贿数额不满1万元，但具有下列情形之一的：为谋取非法利益而行贿的；向3人以上行贿的；向党政领导、司法工作人员、行政执法人员行贿的；致使国家或者社会利益遭受重大损失的。

因被勒索给予国家工作人员以财物，已获得不正当利益的，以行贿罪追究刑事责任。

14.对非国家工作人员行贿罪

《中华人民共和国刑法》第一百六十四条规定："为谋取不正当利益，给予公司、企业或者其他单位的工作人员以财物，数额较大的，处三年以下有期徒刑或者拘役，并处罚金；数额巨大的，处三年以上十年以下有期徒刑，并处罚金。"

【案例一】葛兰素史克中国公司行贿案，商业贿赂引发30亿元天价罚单

2014年9月19日，湖南省长沙市中级人民法院依法对葛兰素史克（中国）投资有限公司（以下简称GSKCI）涉行贿案不公开开庭审理，并公开宣判。最终以对非国家工作人员行贿罪判处GSKCI罚金30亿元，判处前中国业务负责人马克锐有期徒刑3年，缓刑4年，并处驱逐出境。

本案涉案金额巨大，是非常典型的商业贿赂犯罪，最终根据《中华人民共和国刑法》第一百六十四条"对非国家工作人员行贿罪"定罪量刑。该罪的要点在于：主体为企业经营者，为谋取不正当利益，行贿对象是公司、企业等非国家工作人员。GSKCI为扩大药品销量，谋取不正当利益，采取贿赂销售模式，以多种形式向全国多地医疗机构的从事医务工作的非国家工作人员行贿，数额巨大。可知GSKCI是为了单位的利益而行贿，是单位犯罪，同时满足对非国家工作人员行贿罪的构成要件。

【案例二】山西"高铁一姐"丁书苗行贿案

2014年12月16日，北京市第二中级人民法院以行贿罪判处丁书苗有期徒刑15年，并处没收个人财产2000万元；以非法经营罪判处有期徒刑15年，并处罚金25亿元，决定执行有期徒刑20年，并处没收个人财产2000万元，罚金25亿元。法院认为，丁书苗为谋取不正当利益，给予国家工作人员财物，其行为已构成行贿罪，且行贿数额特别巨大，情节特别严重；丁书苗还违反国家规定，严重扰乱铁路建设工程招投标市场秩序，实施非法经营行为，已构成非法经营罪，且违法所得数额特别巨大，情节特别严重，二罪并罚。

15.单位行贿罪

《中华人民共和国刑法》第三百九十三条规定："单位行贿罪是单位为谋取不正当利益而行贿，或者违反国家规定，给予国家工作人员以回扣、手续费，情节严重的，对单位判处罚金，并对其直接负责的主管人员和其他直接责任人员，处五年以下有期徒刑或者拘役，并处罚金。因行贿取得的违法所得归个人所有的，依照本法第三百八十九条、第三百九十条的规定定罪处罚。"

司法实践中常见的单位行贿行为主要有：经单位研究决定的由有关人员实施的行贿行为；经单位主管人员批准，由有关人员实施的行贿行为；单位主管人员以法定代表人的身份实施的行贿行为。

（注：根据《中华人民共和国刑法》的有关规定，行贿行为的违法所得必须归单位所有，如果归个人所有，应以自然人的行贿罪论处。）

16.对单位行贿案

《中华人民共和国刑法》第三百九十一条规定："为谋取不正当利益，给予国家机关、国有公司、企业、事业单位、人民团体以财物，或者在经济往来中，违反国家规定，给予各种名义的回扣、手续费的，处三年以下有期徒刑或拘役，并处罚金。"

涉嫌下列情形之一的，应予立案：

第一，个人行贿数额在10万元以上、单位行贿数额在20万元以上的；

第二，个人行贿数额不满10万元、单位行贿数额在10万元以上不满20万元，但具有下列情形之一的：为谋取非法利益而行贿的；向3个以上单位行贿的；向党政机关、司法机关、行政执法机关行贿的；致使国家或者社会利益遭受重大损失的。

17.介绍贿赂罪

《中华人民共和国刑法》第三百九十二条规定："向国家工作人员介绍贿赂，情节严重的，处三年以下有期徒刑或拘役，并处罚金。"

"介绍贿赂"是指在行贿人与受贿人之间沟通关系、撮合条件，使贿赂行为得以实现的行为。

涉嫌下列情形之一的，应予立案：

第一，介绍个人向国家工作人员行贿，数额在2万元以上的；介绍单位向国家工作人员行贿，数额在20万元以上的；

第二，介绍贿赂数额不满上述标准，但具有下列情形之一的：为使行贿人获取非法利益而介绍贿赂的；3次以上或者为3人以上介绍贿赂的；向党政领导、司法工作人员、行政执法人员介绍贿赂的；致使国家或者社会利益遭受重大损失的。

18.非国家工作人员受贿罪

《中华人民共和国刑法》第一百六十三条规定："公司、企业或者其他单位的工作人员利用职务上的便利，索取他人财物或者非法收受他人财物，为他人谋取利益，数额较大的，处五年以下有期徒刑或者拘役；数额巨大或者有其他严重情节的，处三年以上十年以下有期徒刑，并处罚金；数额特别巨大或者有其他特别严重情节的，处十年以上有期徒刑或者无期徒刑，并处罚金。

"公司、企业或者其他单位的工作人员在经济往来中，利用职务上的便利，违反国家规定，收受各种名义的回扣、手续费，归个人所有的，依照前款的规定处罚。"

19.非法占用农用地罪

《中华人民共和国刑法》第三百四十二条规定："违反土地管理法规，非法占用耕地、林地等农用地，改变被占用土地用途，数量较大，造成耕地、林地等农用地大量毁坏的，处五年以下有期徒刑或者拘役，并处或者单处罚金。"

《中华人民共和国刑法》第三百四十二条之一规定："违反自然保护地管理法规，在国家公园、国家级自然保护区进行开垦、开发活动或者修建建筑物，造成严重后果或者有其他恶劣情节的，处五年以下有期徒刑或者拘役，并处或者单处罚金。

"有前款行为，同时构成其他犯罪的，依照处罚较重的规定定罪处罚。"

违反土地管理法规，非法占用耕地改作他用，数量较大，造成耕地大量毁坏的，依照《中华人民共和国刑法》第三百四十二条的规定，以非法占用耕地罪定罪处罚。非法占用耕地"数量较大"，是指非法占用基本农田五亩以上或者非法占用基本农田以外的耕地十亩以上；非法占用耕地"造成耕地大量毁坏"，是指行为人非法占用耕地建窑、建坟、建房、挖沙、采石、采矿、取土、堆放固体废弃物或者进行其他非农业建设，造成基本农田五亩以上或者基本农田以外的耕地十亩以上种植条件严重毁坏或者严重污染。

20.假冒注册商标罪

《中华人民共和国刑法》第二百一十三条规定："未经注册商标所有人许可，在同一种商品、服务上使用与其注册商标相同的商标，情节严重的，处三年以下有期徒刑，并处或者单处罚金；情节特别严重的，处三年以上十年以下有期徒刑，并处罚金。"

21.拒不执行判决、裁定罪

《中华人民共和国刑法》第三百一十三条规定："对人民法院的判决、裁定有能力执行而拒不执行，情节严重的，处三年以下有期徒刑、拘役或者罚金；情节特别严重的，处三年以上七年以下有期徒刑，并处罚金。

"单位犯前款罪的，对单位判处罚金，并对其直接负责的主管人员和其他直接责任人员，依照前款的规定处罚。"

被执行人、协助执行义务人、担保人等负有执行义务的人对人民法院的判决、裁定有能力执行而拒不执行，情节严重的，应当依照《中华人民共和国刑法》第三百一十三条的规定，以拒不执行判决、裁定罪处罚。

其他有能力执行而拒不执行，情节严重的情形包括：

第一，具有拒绝报告或者虚假报告财产情况、违反人民法院限制高消费及有关消费令等拒不执行行为，经采取罚款或者拘留等强制措施后仍拒不执行的；

第二，伪造、毁灭有关被执行人履行能力的重要证据，以暴力、威胁、贿买方法阻止他人作证或者指使、贿买、胁迫他人作伪证，妨碍人民法院查明被执行人财产情况，致使判决、裁定无法执行的；

第三，拒不交付法律文书指定交付的财物、票证或者拒不迁出房屋、退出土地，致使判决、裁定无法执行的；

第四，与他人串通，通过虚假诉讼、虚假仲裁、虚假和解等方式妨害执行，致使判决、裁定无法执行的；

第五，以暴力、威胁方法阻碍执行人员进入执行现场或者聚众哄闹、冲击执行现场，致使执行工作无法进行的；

第六，对执行人员进行侮辱、围攻、扣押、殴打，致使执行工作无法进行的；

第七，毁损、抢夺执行案件材料、执行公务车辆和其他执行器械、执行人员服装以及执行公务证件，致使执行工作无法进行的；

第八，拒不执行法院判决、裁定，致使债权人遭受重大损失的。

下列情形属于《中华人民共和国刑法》第三百一十三条规定的"有能力执行而拒不执行，情节严重"的情形：

第一，被执行人隐藏、转移、故意毁损财产或者无偿转让财产，以明显不合理的低价转让财产，致使判决、裁定无法执行的；

第二，担保人或者被执行人隐藏、转移、故意毁损或者转让已向人民法院提供担保的财产，致使判决、裁定无法执行的；

第三，协助执行义务人接到人民法院协助执行通知书后，拒不协助执行，致使判决、裁定无法执行的；

第四，被执行人、担保人、协助执行义务人与国家机关工作人员通谋，利用国家机关工作人员的职权妨害执行，致使判决、裁定无法执行的；

第五，其他有能力执行而拒不执行，情节严重的情形。

22.骗取贷款、票据承兑、金融票证罪

《中华人民共和国刑法》第一百七十五条之一规定："以欺骗手段取得银行或者其他金融机构贷款、票据承兑、信用证、保函等，给银行或者其他金融机构造成重大损失的，处三年以下有期徒刑或者拘役，并处或者单处罚金；给银行或者其他金融机构造成特别重大损失或者有其他特别严重情节的，处三年以上七年以下有期徒刑，并处罚金。

"单位犯前款罪的,对单位判处罚金,并对其直接负责的主管人员和其他直接责任人员,依照前款的规定处罚。"

凡以欺骗手段取得贷款等数额在100万元以上的,或者以欺骗手段取得贷款等给银行或其他金融机构造成直接经济损失数额在20万元以上的,或者虽未达到上述数额标准,但多次以欺骗手段取得贷款的,以及其他给金融机构造成重大损失或者有其他严重情节的情形,应予立案追诉。

23. 走私普通货物、物品罪

《中华人民共和国刑法》第一百五十三条规定:"走私本法第一百五十一条、第一百五十二条、第三百四十七条规定以外的货物、物品的,根据情节轻重,分别依照下列规定处罚:

"(一)走私货物、物品偷逃应缴税额较大或者一年内曾因走私被给予二次行政处罚后又走私的,处三年以下有期徒刑或者拘役,并处偷逃应缴税额一倍以上五倍以下罚金。

"(二)走私货物、物品偷逃应缴税额巨大或者有其他严重情节的,处三年以上十年以下有期徒刑,并处偷逃应缴税额一倍以上五倍以下罚金。

"(三)走私货物、物品偷逃应缴税额特别巨大或者有其他特别严重情节的,处十年以上有期徒刑或者无期徒刑,并处偷逃应缴税额一倍以上五倍以下罚金或者没收财产。

"单位犯前款罪的,对单位判处罚金,并对其直接负责的主管人员和其他直接责任人员,处三年以下有期徒刑或者拘役;情节严重的,处三年以上十年以下有期徒刑;情节特别严重的,处十年以上有期徒刑。

"对多次走私未经处理的,按照累计走私货物、物品的偷逃应缴税额处罚。"

24. 侵犯公民个人信息罪

《中华人民共和国刑法》第二百五十三条之一规定:"违反国家有关规定,向他人出售或者提供公民个人信息,情节严重的,处三年以下有期徒刑或者拘役,并处或者单处罚金;情节特别严重的,处三年以上七年以下有期徒刑,并处罚金。

"违反国家有关规定,将在履行职责或者提供服务过程中获得的公民个人信息,出售或者提供给他人的,依照前款的规定从重处罚。

"窃取或者以其他方法非法获取公民个人信息的，依照第一款的规定处罚。

"单位犯前三款罪的，对单位判处罚金，并对其直接负责的主管人员和其他直接责任人员，依照各该款的规定处罚。"

25. 伪造公司、企业、事业单位、人民团体印章罪

《中华人民共和国刑法》第二百八十条规定："伪造、变造、买卖或者盗窃、抢夺、毁灭国家机关的公文、证件、公章的，处三年以下有期徒刑、拘役、管制或者剥夺政治权利，并处罚金。"

26. 生产、销售伪劣产品罪

《中华人民共和国刑法》第一百四十条规定："生产者、销售者在产品中掺杂、掺假，以假充真，以次充好或者以不合格产品冒充合格产品，销售金额五万元以上不满二十万元的，处二年以下有期徒刑或者拘役，并处或者单处销售金额百分之五十以上二倍以下罚金；销售金额二十万元以上不满五十万元的，处二年以上七年以下有期徒刑，并处销售金额百分之五十以上二倍以下罚金；销售金额五十万元以上不满二百万元的，处七年以上有期徒刑，并处销售金额百分之五十以上二倍以下罚金；销售金额二百万元以上的，处十五年有期徒刑或者无期徒刑，并处销售金额百分之五十以上二倍以下罚金或者没收财产。"

【案例一】三鹿奶粉

三鹿奶粉案件已经过去了十余年，但"毒奶粉"事件对于当年那些食用过的孩子们，以及他们的家庭造成的灾难性的伤害，对于中国整个奶粉行业的影响，对于消费者对中国奶粉行业的信心，都不是可以通过时间来改变的。可见，一个企业家对于产品质量所保有的善良、诚信对企业、对行业的影响深远。三鹿集团使用含有三聚氰胺的原奶生产的婴幼儿奶粉流入市场后，导致全国众多婴幼儿因食用含有三聚氰胺的婴幼儿奶粉引发泌尿系统疾患，多人死亡。2009年1月22日，被告单位石家庄市三鹿集团股份有限公司犯生产、销售伪劣产品罪，被判处罚金4937余万元。被告人、原三鹿集团董事长田文华犯生产、销售伪劣产品罪，被判处无期徒刑，并处罚金2000多万元。

【案例二】长春长生

长春长生生物科技有限责任公司（以下简称长春长生）成立于1992年，一度堪称中国的"疫苗大王"。2018年，该公司生产的"冻干人用狂犬病疫苗"被曝出生产记录造假，由于狂犬病死亡率几乎为100%，因此，此次疫苗生产记录造假事件引发了社会的广泛关注。之后，长春长生被调查，被重罚91亿元，长生生物的董事长和法定代表人高俊芳，已经被移送长春市检察院审查起诉，目前案件还在调查之中，具体的判决结果还没有出来。高俊芳涉嫌生产和销售劣药、行贿罪等罪名。2019年6月27日，吉林省长春市中级人民法院民事裁定书认定长春长生已经资不抵债，不能清偿到期债务，且无重整、和解之可能，裁定宣告长春长生公司破产。①

27.内幕交易、泄露内幕信息罪

《中华人民共和国刑法》第一百八十条规定："证券、期货交易内幕信息的知情人员或者非法获取证券、期货交易内幕信息的人员，在涉及证券的发行，证券、期货交易或者其他对证券、期货交易价格有重大影响的信息尚未公开前，买入或者卖出该证券，或者从事与该内幕信息有关的期货交易，或者泄露该信息，或者明示、暗示他人从事上述交易活动，情节严重的，处五年以下有期徒刑或者拘役，并处或者单处违法所得一倍以上五倍以下罚金；情节特别严重的，处五年以上十年以下有期徒刑，并处违法所得一倍以上五倍以下罚金。

"单位犯前款罪的，对单位判处罚金，并对其直接负责的主管人员和其他直接责任人员，处五年以下有期徒刑或者拘役。

"内幕信息、知情人员的范围，依照法律、行政法规的规定确定。"

28.侵犯商业秘密罪

《中华人民共和国刑法》第二百一十九条规定："有下列侵犯商业秘密行为之一，情节严重的，处三年以下有期徒刑，并处或者单处罚金；情节特别

---

① 《"假疫苗"案主角长春长生终被裁定破产　长生退（002680）11月27日摘牌》，https://baijiahao.baidu.com/s?id=1649623958339409411&wfr=spider&for=pc。

严重的，处三年以上十年以下有期徒刑，并处罚金：

"（一）以盗窃、贿赂、欺诈、胁迫、电子侵入或者其他不正当手段获取权利人的商业秘密的；

"（二）披露、使用或者允许他人使用以前项手段获取的权利人的商业秘密的；

"（三）违反保密义务或者违反权利人有关保守商业秘密的要求，披露、使用或者允许他人使用其所掌握的商业秘密的。

"明知前款所列行为，获取、披露、使用或者允许他人使用该商业秘密的，以侵犯商业秘密论。

"本条所称权利人，是指商业秘密的所有人和经商业秘密所有人许可的商业秘密使用人。"

29.诈骗罪

《中华人民共和国刑法》第二百六十六条规定："诈骗公私财物，数额较大的，处三年以下有期徒刑、拘役或者管制，并处或者单处罚金；数额巨大或者有其他严重情节的，处三年以上十年以下有期徒刑，并处罚金；数额特别巨大或者有其他特别严重情节的，处十年以上有期徒刑或者无期徒刑，并处罚金或者没收财产。本法另有规定的，依照规定。"

数额较大的认定标准为：诈骗公私财物价值3000元至1万元以上。

数额巨大的认定标准为：诈骗公私财物价值3万元至10万元以上。

数额特别巨大的认定标准为：诈骗公私财物价值50万元以上的。

【案例】诈骗罪无罪判决

张文中，物美集团创始人，于2009年3月30日被河北省高级人民法院判决诈骗罪成立，判处有期徒刑10年，并处罚金50万元，犯单位行贿罪，判有期徒刑3年，犯挪用资金罪，判有期徒刑1年，决定执行有期徒刑12年，并处罚金50万元。2016年10月，张文中向最高人民法院提出申诉。2018年2月12日，张文中案开庭再审。原审法院判决张文中有罪的主要依据是2002年国家经贸委出台的相关文件，该文件指出"国债贴息重点扶持国有大中型企业和骨干企业"。原审认定张文中在明知民营企业不属于国债技改贴息资金支持范围的情况下，通过申报虚假项目以物美集团下属企业的名义，骗取国债技改贴息3000余万元。然而，国家经贸委于1999年制定的《国家重点技术改造项目招标管理办法》虽主要针对国有企业进行国家重点技术改造项目，但民营企业并没有被明确列入禁止清单。之后，我国对民营企业的经济政策以及国债技改贴息政策发生调整，物美集团2002年申报的信息化项目与物流项目属于国债技改贴息资金的支持范围。

2018年5月31日，最高人民法院对原审被告人物美创始人张文中诈骗、单位行贿、挪用资金再审一案进行公开宣判，撤销原审判决，改判张文中无罪，同时，改判原审同案被告人张伟春、原审同案被告单位物美控股集团有限公司无罪，原判已执行的罚金及追缴的财产，依法予以返还。法庭宣判后，审判长向张文中等作出释明，可以依照《中华人民共和国国家赔偿法》的规定向河北省高级人民法院申请国家赔偿。如申诉人提出申请，相关赔偿程序将依法及时启动。

对于民营企业家来说，张文中的教训具有很大的警示意义。尽管因时局的变化，以及张文中本人的执着，该案最终峰回路转，但张文中及其企业因此遭受的损失是难以挽回的。家族企业家在经营过程中，应将法律风险的控制和合规放在重要位置上，没有把握的"擦边球"不要轻易去打，重大决策一定要把握好风险与收益的平衡。

30.操纵证券、期货市场罪

《中华人民共和国刑法》第一百八十二条规定："有下列情形之一，操纵证券、期货市场，影响证券、期货交易价格或者证券、期货交易量，情节严重的，处五年以下有期徒刑或者拘役，并处或者单处罚金；情节特别严重的，处五年以上十年以下有期徒刑，并处罚金：

"（一）单独或者合谋，集中资金优势、持股或者持仓优势或者利用信息优势联合或者连续买卖的；

"（二）与他人串通，以事先约定的时间、价格和方式相互进行证券、期货交易的；

"（三）在自己实际控制的账户之间进行证券交易，或者以自己为交易对象，自买自卖期货合约的；

"（四）不以成交为目的，频繁或者大量申报买入、卖出证券、期货合约并撤销申报的；

"（五）利用虚假或者不确定的重大信息，诱导投资者进行证券、期货交易的；

"（六）对证券、证券发行人、期货交易标的公开作出评价、预测或者投资建议，同时进行反向证券交易或者相关期货交易的；

"（七）以其他方法操纵证券、期货市场的。

"单位犯前款罪的，对单位判处罚金，并对其直接负责的主管人员和其他直接责任人员，依照前款的规定处罚。"

第七章 大额保单和家族信托的应用与详解

在企业家及家庭的风险防控和财富传承方面,大额保单和家族信托是两个重要工具。本章我们就大额保单和家族信托在企业家及家庭风险防控和财富传承方面的应用进行较为详细的讲解。

第一节 大额保单

一、大额保单概述

（一）大额保单的概念

大额保单并不是严谨的法律概念,而是保险行业内部对大额人寿保险的通俗叫法。人寿保险是以人的寿命为保险标的的人身保险。它是以人的生存或死亡为保险给付条件,当触及给付条件时,保险人即需要向被保险人支付保险金。所谓大额,一般是指保单的保费或者保额比较高。一般情况下,年交纳保费20万元,且总保费在100万元以上的人寿保险保单基本就可以称为大额保单。近些年随着保险市场逐步成熟,人们的保险意识较以往有了大幅提升,包括企业家在内的高净值人群越来越清晰地认知到保险对于其基础保障、财富管理和传承方面的重要作用,年交纳几百万元、上千万元,甚至上亿元的人寿保单也频频出现。

大额保单之所以越来越受到包括企业家在内的高净值人群的青睐,主要是因为它可以在税务筹划、资产隔离和财富传承这三个方面很好地发挥巨大作用,是一种简单有效处理这些问题的金融工具。

（二）大额保单的分类

在国内，目前主流的大额保单可以分为三类。

1. 终身寿险保单

终身寿险是以被保险人死亡为给付保险金条件，且保险期限为终身的人寿保险。自保单生效之日起，不论何时，只要被保险人因免责条款以外的任何原因身故，保险人即向保单的身故受益人支付保险金。在大额终身寿险保单中，被保险人的身故保额很高。对于很多企业家而言，千万元以上保额的终身寿险保单已经十分常见。由于终身寿险有一定的金融杠杆属性，年龄越低，投保终身寿险的杠杆越高，即可用较低的总保费获得高额的身故保障。

除了普通的终身寿险，还有分红型的终身寿险，即保险公司根据每年的可分配盈余情况进行分红。这部分分红利益是被保险人在基础保费或保额以外获得的利益。根据分红性质的不同，其又可以分为英式分红[①]和美式分红[②]。因为分红性质的不同，产生的这部分利益的性质也不同，这也给利用保单进行财富管理规划创造了空间和可能。

2. 年金保单

年金保险是以被保险人生存为给付保险金条件，由保险人按照保险合同约定的金额和时间间隔分期向生存受益人支付保险金的人寿保险。年金保险的保障期限一般有短期、长期和终身三类。短期年金保险的保障期限有10年、15年等，这类短期年金保险一般可以从第5年开始给付保险金，业内人士也会将其通俗地称为"快返型"年金保险。长期年金保险的保障期限一般为20年、30年，或保障到被保险人的一定年龄，如80岁、88岁。终身年金保险的保障期限到被保险人身故截止。简单地讲，年金保险可以在保障期限内为生

---

① 英式分红，又称保额分红，是以保额为基础进行分红，将当期红利增加到保单的现有保额之上。每年所分的红利，一经确定增加到保额上，就不能调整。这样，保险公司可以增加长期资产的投资比例，在某种程度上也增加了投资收益，使保险人能保持较高且稳定的投资收益率。投资人在发生保险事故、保险期满或退保时，可拿到所分配的红利。

② 美式分红，又称现金分红，是以所缴保费为基础进行分红，包括现金领取、累计生息、抵交保费、购买缴清增额4种领取红利方式。如果投保人选择将红利留存在保险公司累计生息，则红利按照保险公司设定的利率按复利递增，但并不加在保额上。这期间，如果投保人需要支取，也可向保险公司申请。

存受益人提供现金流。终身年金保险则可以为生存受益人提供与被保险人生命等长的现金流。生存年金一般可以选择按月领取或者按年领取，满足生存受益人对现金流的需求。年金保险在人的生命周期中不同时间点释放出的现金流，可以满足子女教育、婚嫁、养老保障等最基本的资金需求，也可以满足某一期间、某一时点具体的其他资金需求，如每年的高尔夫球会员费，购置不动产、车辆等资金需求。

年金保险一般有固定生存金额的产品，即每个时点的生存保险金固定，计算方式或具体金额写在保险合同内；也有固定生存金额加分红金额的产品，即每个时点的生存保险金有固定的保底金额，此外，还有一部分基于保险公司的可分配盈余给付的红利，这部分红利是不确定的，可能有也可能没有。

3.增额终身寿险保单（类年金保单）

所谓增额终身寿险就是指保额可以持续递增的寿险，通俗解释就是在投保的时候，保险合同会约定一个增长率，每年的保额或者保单的现金价值会按照这个增长率逐年复利增加，直至终身。保额与保单的现金价值根据精算模型存在一定的正向关联关系，即保额越大，相应保单的现金价值也会越大。

增额终身寿险具有保障被保险人身故风险的属性，只是相比于普通终身寿险的固定保额，其保额是随着时间的推移不断增长的。此外，增额终身寿险可以以"减保"的名义从保单中部分领取现金价值，可以年年领，也可以某几年领，可以满足投保人在人生不同时点的现金流需求。因此，其具有年金保险的释放现金流功能，是一种非常好的现金流规划工具。

有一些年金保险和增额终身寿险产品，可以附加开设万能账户[①]。简单来说，万能账户里的资金会产生保单利益外的收益。万能账户里的资金可以来自年金保险的生存保险金（不领取，存入万能账户），也可以来自投保人的额外追加资金。一般来说，万能账户会有一个保底收益（目前主流产品为

---

① 万能账户的本质是万能保险，属于一类保险产品。其与传统寿险一样给予保护生命保障，此外还可以让客户直接参与由保险公司为投保人建立的投资账户内资金的投资活动，保单价值与保险公司独立运作的投保人投资账户资金的业绩挂钩。大部分保费用来购买由保险公司设立的投资账户单位，由投资专家负责账户内资金的调动和投资决策，将资金投入各种投资工具中。

2.5%~3.0%），具体收益率即阶段利率是多少取决于保险公司的可分配盈余。结算利率每年每月都会变，并不是一个确定数字。

二、大额保单与企业家家庭财富保障

（一）保障功能

1.身故保障

保险的"保"指保障，终身寿险最基础的功能就是身故保障功能。一个家庭的经济支柱不幸离世，孩子的抚养、债务的偿还等，这些责任都会留给活着的家人，家庭可能因此陷入困境。终身寿险可以直接赔付一笔钱，而这笔钱是家庭正常生活的保障资金。企业家都是家庭的经济支柱，一旦出现风险，直接影响家庭的收入来源，这时候受益人取得的保险金就可以在一定程度上弥补家庭财务缺口。通常来说，专业的寿险规划师会根据企业家的资产和财务情况，相对精准地测算出家庭财务缺口，从而配置与家庭财务缺口相当保额的终身寿险，以备不时之需。

2.现金流保障

年金保险和类年金保险（增额终身寿险），是非常好的现金流规划工具。它们可以在保障期限内提供安全稳定的现金流，用以支撑家庭的资金需求。年金保险的特点就是定时、定量释放资金，而类年金保险（增额终身寿险）的特点是可以按需提取资金。通过专业的规划，在企业家财务状况健康时投保年金保险和类年金保险（增额终身寿险），就可以为企业家的家庭提供全生命周期的基础资金保障，甚至可以解决部分企业运营资金周转问题。

（二）金融功能

1.杠杆功能

保险自带杠杆属性，人寿保险可以通过支付相对较低的保费，获得相对较高的保额，将疾病、伤残、死亡，甚至长寿的风险给家庭带来的经济损失转嫁给保险公司，以保障家庭财富安全。以终身寿险为例，一位35岁的男性企业家，投保1000万元保额，如果趸交，需要280万元保费即可，保费不到保额的三分之一；如果分20年交费，每年交纳保费19万元，保额与保费相比首年杠杆超50倍，按总保费计算，杠杆也可达2.6倍。如果使用保单贷款功能（下面第3部分会进行详细讲解），还会进一步做高保单的杠杆。

2. 收益功能

不管是哪一类大额保单，都是具有收益属性的。人寿保险合同基本都是长期合同，保障期间从十几年、几十年到终身不等，从开始交纳保费到达成保险合同约定的给付条件领取保险金这个过程可以长达十几年甚至几十年，快返型年金产品的最短开始领取保险金的时间也有5年。因此，保险资金集中在保险公司手中是一大笔长期稳定的可投资资产。保险公司可以将这些资金进行长期的投资，且因为资金的量级大、持续时间长，保险公司具有很好的主动权，投资收益也较为可观。加之国内的保险资金监管非常严格，在产品设计时对系统性风险控制得较好，设计保守，保单的绝对收益率并不高。目前，市场上主流的年金保险、类年金保险（增额终身寿险）假定年化利率[①]在3.5%左右，这个收益水平有以下三个重要特点：

第一，确定。通过保险合同对收益率进行明确的约定，甚至类年金产品会计算出具体的现金价值数额写进合同。这是不会变化的，到了相应的时间，就会有相应的收益，且刚性兑付。

第二，复利增长。这个收益率是年化的复利率，即指在计算利息时，某一计息周期的利息是由本金加上先前周期所积累利息总额来计算的，也就是我们通常所说的"利滚利"。放眼较长的时间周期，复利的增长是惊人的。（某保险产品复利与单利比较见表7-1-1）

表7-1-1 某保险产品复利与单利比较

时间（年）	复利	单利
1	3.50%	3.50%
2	3.50%	3.56%
3	3.50%	3.62%
4	3.50%	3.69%

---

① 保险产品精算时使用的利率水平，与实际利率存在一定差异。

续表

时间（年）	复利	单利
5	3.50%	3.75%
6	3.50%	3.82%
7	3.50%	3.89%
8	3.50%	3.96%
9	3.50%	4.03%
10	3.50%	4.11%
20	3.50%	4.95%
30	3.50%	6.02%
40	3.50%	7.40%
50	3.50%	9.17%
60	3.50%	11.46%
70	3.50%	14.45%
80	3.50%	18.34%
90	3.50%	23.46%
100	3.50%	30.19%

第三，长期锁定。人寿保险产品主要是以一定人群的生命周期和一定的利率水平为精算逻辑进行设计。因此，保险合同约定的收益期限是与保险合同的保障期限等长的。终身寿险、终身年金险这样的保险产品收益可以锁定终身。这是其他任何金融产品所不具备的收益锁定功能。早在20世纪90年代，国内保险市场就出现过假定收益9%左右的年金保险，虽然当时的收益水平远低于银行存款，但在利率下行的趋势下，现今的银行收益率已降至1.5%，而当年的年金保险仍需按照9%的收益水平给付收益。即便是目前3.5%的收益，与未来可能的零利率甚至负利率相比，这样的收益如能锁定终身，也是非常可观的。（如图7-1-1所示）

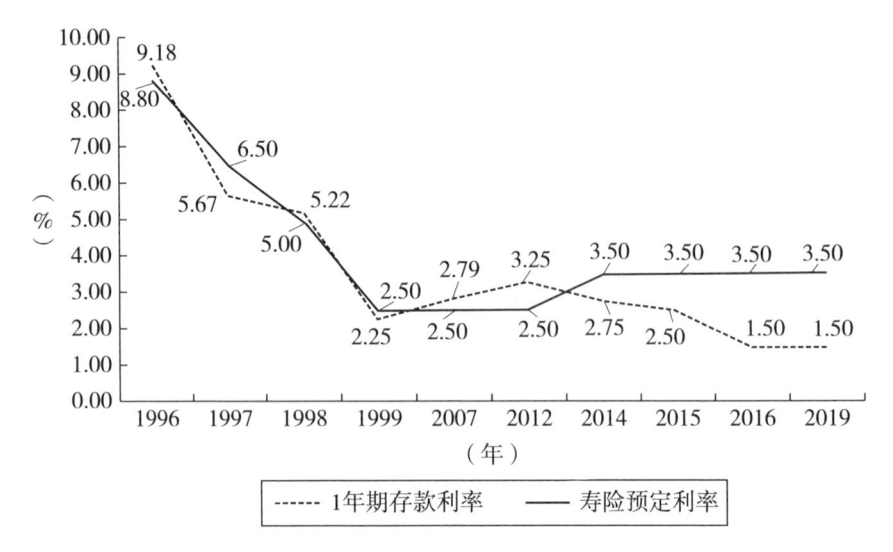

图7-1-1 历年存款利率和寿险预定利率对比

3.资金融通功能

大额保单是投保人可以实际控制的金融资产，又因为大额保单都具有现金价值[①]，大额保单在投保人手中就会体现为以现金价值为标的的金融资产。所以，大额保单可以用作质押，从而实现资金融通功能。

在国外，大额保单可以质押给私人银行进行贷款，也可以质押给保险公司进行贷款，甚至还可以质押给个人进行贷款。在国内，目前没有这样灵活和方便，但基本上大额保单都会在保险合同中约定保单贷款条款，即将保单质押给保险公司，保险公司以保单现金价值的80%为限，向投保人提供贷款。通常6个月为一个借款周期，可以随借随还，可以部分还款，也可以全部还款，按天计算利息，到期后还本还息，也可以只还利息不还本金，只要保单还有现金价值，就还可以循环贷款。保单质押贷款的利息水平一般都低于银

---

① 现金价值是保险术语，指人寿保险单的退保金数额。在保险期限较长的人寿保险中，由于采用趸交保费或均衡纯保费制度，保单项下积累有一定的责任准备金，被保险人要求退保时，保险人从责任准备金中扣除一定的退保手续费，余额即作为退保金（亦称"解约金"）退还给被保险人或投保人。趸交保费的人寿保险单可随时提出退保，领取退保金；分期交付保险费的人寿保险单，交费满1年或2年后，可随时提出退保领取保险金，这类保险单在退保时能够领取的退保金数额，就是该保险单的现金价值。具有现金价值的保险单，经背书后可转让（依合同的规定，有时须经受益人同意），这种转让并不更换被保险人。

行的贷款基准利率，目前大部分保险公司的保单质押贷款年化利率在5%左右。保单质押贷款的程序也非常简便，很多保险公司通过微信公众号、小程序或者App即可办理，一般申请次日即可放款。

综上，大额保单兼具保障功能和金融功能，是企业家保障家庭财富的优质金融工具。

三、大额保单与企业家家庭财富管理

（一）大额保单与债务隔离

大额保单最常被提及的衍生功能就是债务隔离。很多保险从业人员可能会跟客户大谈特谈保险避债，甚至可以欠债不还，这样的说法过于绝对，不仅不够准确严谨，甚至还存在一定程度的误导。保单的债务隔离功能能否实现要综合考虑债务人、债务发生时间和购买的险种等因素。

之所以说大额保单在一定条件下才可以实现债务隔离，主要的逻辑是，保险合同相比于一般的合同具有复杂性，一般的合同基本上是两方利益主体，而保险合同会涉及多方利益主体（如投保人、被保险人、保险人即保险公司和受益人），而且根据保险合同的约定，财产性权益会在满足一定条件的情况下在多方利益主体间发生转移。比如，王总给夫人买了份终身寿险，受益人是王总夫妇的儿子小王。王总的夫人身体健康，这份保单的现金价值完全掌握在王总的手中；当王总的夫人身故后，保险公司会把保险金支付给小王。这就体现了王总通过保单持有一段时间的财产性权益，达到一定条件时，将财产性权益转移给小王的过程。此外，保险合同的法律属性也相对特殊。通过保险合同可以控制财产性权益的持有人、持有时间和转移条件、受让人等，从而在一定条件下通过合理利用保单实现债务隔离。

具体来说，大额保单是通过什么逻辑和依据哪些法律实现债务隔离的呢？

1.可以避免被冻结、划扣

《中华人民共和国保险法》第二十三条规定："任何单位和个人不得非法干预保险人履行赔偿或者给付保险金的义务，也不得限制被保险人或者受益人取得保险金的权利。"也就是说，在保险合同有效的情况下，保险公司履行赔付保险金的义务可以排除被司法冻结、划扣等司法强制措施。

2.可以直接对抗债务

《中华人民共和国民法典》第一千一百六十一条规定："继承人以所得遗产实际价值为限清偿被继承人依法应当缴纳的税款和债务。超过遗产实际价值部分，继承人自愿偿还的不在此限。继承人放弃继承的，对被继承人依法应当缴纳的税款和债务可以不负清偿责任。"

同时，根据《最高人民法院关于保险金能否作为被保险人遗产的批复》的相关内容，通过保险合同被明确指定的受益人取得的保险金，不属于被继承的遗产，不用清偿被保险人生前所欠税款和债务。

比如，王总给自己买了一份终身寿险，受益人明确指定为小王，王总生前欠了一些债务和税款，在王总身故后，小王拿到这笔保险金，不需要用来偿还王总生前所欠的债务和税款。

3.可以对抗代位求偿权

《中华人民共和国民法典》第五百三十五条规定："因债务人怠于行使其债权或者与该债权有关的从权利，影响债权人的到期债权实现的，债权人可以向人民法院请求以自己的名义代位行使债务人对相对人的权利，但是该权利专属于债务人自身的除外。"此外，其他法律法规还明确，基于人寿保险形成的债权请求权属于专属于债务人自身的债权之一，可以直接对抗代位求偿权。

比如，王总欠李总100万元，张总欠王总100万元，且张总欠王总的钱也到期了。如果王总不还李总的100万元，同时也不向张总主张自己的100万元的到期债权，这时候，李总可以行使代位求偿权，直接向张总索要100万元。（如图7-1-2所示）

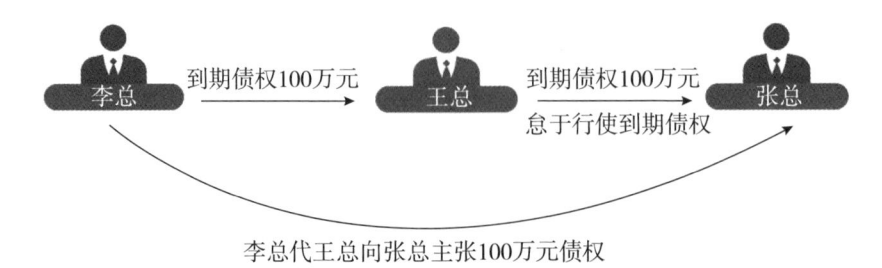

图7-1-2 可以对抗代位求偿权案例图解1

第七章 大额保单和家族信托的应用与详解

如果王总欠李总100万元，王总有份保险合同，依据保险合同可以从保险公司领100万元保险金，但是王总就是不领，李总无权向保险公司主张这100万元来偿还王总的债。（如图7-1-3所示）

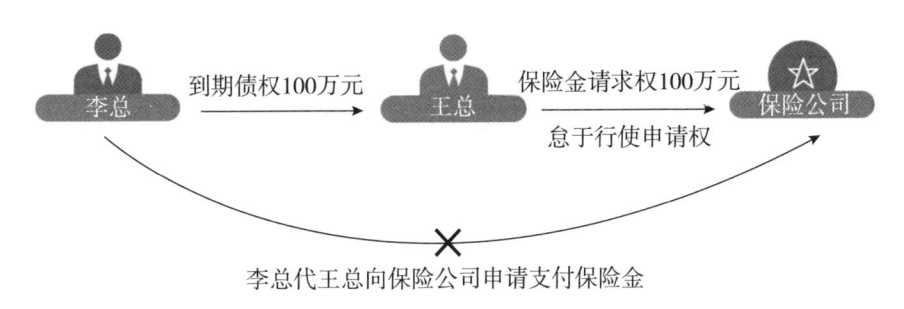

图7-1-3 可以对抗代位求偿权案例图解2

4.有效阻却强制执行

根据《最高人民法院关于人民法院民事执行中查封、扣押、冻结财产的规定》，保单是可以被执行的财产。保单的现金价值是被执行标的。但是，由于保单相对特殊的法律属性，基于《中华人民共和国保险法》第十五条"除本法另有规定或者保险合同另有约定外，保险合同成立后，投保人可以解除合同，保险人不得解除合同"的规定，保险公司并不当然地具有单方解除保险合同的权利。目前，针对保单的执行问题在全国范围内还没有统一的规定，保险公司单方配合司法机关解除保险合同存在法律障碍，加之保险合同往往涉及除被执行人以外第三人的权益，也不宜强制解除。因此，虽然退保产生的现金价值是可以被执行的财产，但在目前的司法实践中，在投保人不同意退保取得现金价值的情况下，法院普遍不能通过要求保险公司单方给投保人退保来执行这部分财产。这也是现阶段保单债务隔离功能的重要体现之一。

以上就是大额保单可以实现债务隔离的底层逻辑。实践中，专业的律师和财务顾问可以使用保单的特殊结构来进行债务隔离的筹划，从而做好企业家家庭财富的管理，在家庭财产与企业财产间构筑起一道风险防火墙。

（二）大额保单与子女婚姻财产保全

大额保单对于企业家子女的婚姻财产规划也有着十分重要的意义。用年金或类年金保险代替房产、现金给子女做婚嫁金，越来越受到高认知的企业家和高净值家庭的青睐。

在这里，我们为大家举一个现实的例子：王总在女儿婚嫁时，以自己的名义给女儿投保一份1000万元总保费的大额年金保单，女儿作为被保险人和生存受益人，生存年金开始领取后每年可以领取30万元。王总作为投保人是这张保单的实际控制人，女儿和女婿夫妻关系良好，可以把这30万元用于提高生活品质，一旦两个人婚姻关系发生变化，王总的投入也不会被外人分割，造成资产外流。

需要注意的是，在女儿女婿夫妻关系存续期间，女儿领取的年金是否为女儿个人财产的问题，司法实践中的认定还不甚统一。有些法官倾向于把子女从年金保单中领取的生存年金认定为子女一方的个人财产，有些法官则倾向于认定为夫妻共同财产。随着《第八次全国法院民事商事审判工作会议（民事部分）纪要》的发布，这个问题日渐清晰。这个会议纪要在法律界一般简称为"八民纪要"。根据"八民纪要"精神，婚姻关系存续期间，夫妻一方作为被保险人依据意外伤害保险合同、健康保险合同获得的具有人身性质的保险金，或者夫妻一方作为受益人依据以死亡为给付条件的人寿保险合同获得的保险金，宜认定为个人财产，但双方另有约定的除外。婚姻关系存续期间，夫妻一方依据以生存到一定年龄为给付条件的具有现金价值的保险合同获得的保险金，宜认定为夫妻共同财产，但双方另有约定的除外。一般来说，女儿基于年金保单领取的生存年金属于"八民纪要"中"依据以生存到一定年龄为给付条件的具有现金价值的保险合同获得的保险金"，宜认定为夫妻共同财产。所以说，女儿从作为嫁妆的年金保单中领取了生存年金，就成了夫妻共同财产。但是没领取，就没有转化为夫妻共同财产，这样的保单在一定程度上仍然具有资产保全的功能。两口子真闹离婚，已经领取的生存年金，可能会作为夫妻共同财产进行分割，尚未领取的生存年金则不会被当作夫妻共同财产进行分割。

值得一提的是，"八民纪要"不是法律，也不是司法解释，虽然在司法实践中具有较强的指导作用，但并非必须遵照执行，在判决书中可以引用为据以判案的法律依据。所以，还会存在把子女一方领取的生存年金认定为个人财产的情况。如果认定为子女一方的个人财产，原则上就跟另一方没有什么关系了。

实际上，通过大额保单来安排子女婚嫁金的方式，既考虑到了子女婚前财产的保全，又不会影响子女的婚姻关系。

第七章　大额保单和家族信托的应用与详解

（三）大额保单与资产代持

企业家基于保护隐私和隔离风险的需要，寻求他人（自然人或法人）代为持有不动产、机动车、股权、债券甚至现金等各类金融资产或非金融资产。代持这一行为，在一定程度上解决隐私保护和风险隔离的问题，不过也带来了新的风险。比如，为了规避法律法规的代持有效性问题；又如，代持人人身风险、婚姻风险、道德风险可能带来的资产外流和资产安全问题。

我们曾经遇到过一个案例：张总有一儿一女，女儿已经加入了美国国籍，常年在美国居住；儿子也取得了外国国籍，常年居住在国外。张总的女儿有一笔现金没有随移民带出境，于是跟张总约定，先由张总代持。张总已近古稀之年，有些担心百年之后这笔资金的归属问题会给子女带来不必要的麻烦。于是，张总希望律师起草一份代持协议。单就这笔代持资金而言，通过代持协议和遗嘱，可以基本解决未来资金归属的问题。但从家庭关系角度分析，毕竟这笔资金不是小数目，张总的儿子还是有可能觊觎。通过和张总的沟通，张总十分重视儿女关系的和睦，不想因为一个代持问题，给姐弟间造成不必要的误会。后来，我们给张总设计了一个方案：请张总的女儿和张总签署一份附条件的赠与协议，将这笔代持资金赠与张总，约定张总使用这笔资金为张总自己投保一份终身寿险，受益人指定为张总的女儿，且不得修改受益人。如果张总没有按照约定使用这笔资金，则张总的女儿可以撤销赠与，请张总归还这笔资金。这样，第一，明确了这笔资金的所有权人为张总的女儿；第二，张总百年之后，这笔资金将以保险金的形式支付给张总的女儿，且还会有一定溢价；第三，根据我国《个人财产对外转移售付汇管理暂行办法》，张总女儿作为外国人可以正常向外汇管理部门申请办理将境内获得的身故保险金通过移民转移的方式转到境外的业务，转移的金额不受我国外汇管理部门规定的外汇限制；第四，大额保单相比遗嘱，更加私密，家庭其他成员不会知晓保单的相关内容，解决了不必要的争产纠纷或婚姻风险导致资产外流的问题；第五，张总作为非美国税务居民，未来张总女儿领取的保险金会作为外国保险公司给付美国公民的财产，是不需要缴纳遗产税的。张总最后采纳并落实了这一规划方案。

可见，灵活运用好大额保单，可以在一定条件下相对完美地解决资金代持的问题。其他财产的代持问题，可以通过信托的方式加以解决，在后面的内容中会有相关介绍。

四、大额保单与企业家家庭财富传承

大额保单在现金资产传承方面具有非常明显的优势，也越来越受到包括企业家在内的高净值人群的青睐。

首先，大额保单具有保障功能，且可以通过杠杆以较低的保费实现较高金额的传承。

其次，大额保单具有相对的债务隔离功能，不会像现金资产那样，很容易受到债务风险以及其他风险的影响。

最后，大额保单可以实现定向、私密的传承。大额保单的受益人是明确的领取大额保单保险金的人，投保人、被保险人可以完全掌控精准的传承对象，且保险合同不像遗嘱，在领取保险金时，仅由受益人办理即可，无须通知其他亲属，具有很好的私密性，可以较好地避免家庭争端。

未来大额保单作为重要的传承工具之一会被广泛应用。

五、大额保单与企业家税务筹划

（一）大额保单与所得税

保险赔偿金免交个人所得税，这在我国是比较明确的规定。《中华人民共和国个人所得税法》第四条规定："下列各项个人所得，免征个人所得税：

"（一）省级人民政府、国务院部委和中国人民解放军军以上单位，以及外国组织、国际组织颁发的科学、教育、技术、文化、卫生、体育、环境保护等方面的奖金；

"（二）国债和国家发行的金融债券利息；

"（三）按照国家统一规定发给的补贴、津贴；

"（四）福利费、抚恤金、救济金；

"（五）保险赔款；

"（六）军人的转业费、复员费、退役金；

"（七）按照国家统一规定发给干部、职工的安家费、退职费、基本养老金或者退休费、离休费、离休生活补助费；

"（八）依照有关法律规定应予免税的各国驻华使馆、领事馆的外交代表、领事官员和其他人员的所得；

"（九）中国政府参加的国际公约、签订的协议中规定免税的所得；

"（十）国务院规定的其他免税所得。

"前款第十项免税规定，由国务院报全国人民代表大会常务委员会备案。"

那么，基于保单产生的年金、分红、收益等是否需要交纳个人所得税呢？目前，我国税法没有明确规定。实践中，也尚未对这部分所得进行征税。虽然曾经出现过对保险公司分红险孳息未代扣个税的税务稽查案例[①]，但这只是税务实践中的极个别案例，不代表保单产生的年金、分红等收益需要交纳个人所得税。

（二）大额保单与遗产税

目前，我国尚未开征遗产税。但是，近年来关于是否开征遗产税的关注度越来越高。未来是否开征遗产税、何时开征遗产税存在很大的不确定性。如果未来开征遗产税，作为大额保单的保险金也是不必作为税基的。因为人寿保险赔偿金除了《中华人民共和国保险法》第四十二条规定的三种情形，不会被作为被保险人的遗产。既然不是遗产，自然不需要缴纳遗产税。实际上，大额保单的保险金作为一笔可观的免税收入，还可以被用来缴纳其他被继承财产的遗产税费，以确保继承人顺利继承财产。

综上，大额保单在筹划个人所得税和遗产税方面可以发挥很好的作用。

此外，保费是否可做税前列支的问题，也与使用保单进行税务筹划相关。目前，在我国除了极少数个税优健康险以外，其他人寿保险均不能税前列支。从其他国家的实践经验看，可以进行税前列支、享受一定额度内免税政策的保险种类均为商业健康保险和长期护理保险。对于大额保单的保费，未来大概率也不会允许进行税前列支。

---

① 《某保险公司分红险孳息未代扣个税的稽查案例》，https://www.gaodun.com/guoshui/644968.html。

《关于补充养老保险费、补充医疗保险费有关企业所得税政策问题的通知》(财税〔2009〕27号)规定,"自2008年1月1日起,企业根据国家有关政策规定,为在本企业任职或者受雇的全体员工支付的补充养老保险费、补充医疗保险费,分别在不超过职工工资总额5%标准内的部分,在计算应纳税所得额时准予扣除;超过的部分,不予扣除"。对于企业家来说,可以充分利用这个政策抵扣企业的部分应纳税额。

第二节　家族信托

一、家族信托概述

信托的起源可以追溯到古罗马帝国时期,当时为了规避罗马法对遗产继承人的限制,遗嘱人将自己的财产委托移交给信任的第三人,由该人为遗嘱人的妻子或子女利益代为管理和处分遗产,间接实现遗产继承,这便是早期信托的雏形,主要处理遗产问题。现代信托制度起源于11世纪英国的"用益权制度"(Uses),主要用于规避当时法律对土地的限制,经过不断发展,到16世纪最终形成信托制度。

在国内,一提起信托,大部分人想到的都是理财产品。这是由于信托行业以融资渠道方式出现在世人面前。实际上,信托的本质是信用委托,是一种以信用为基础的法律行为,是一种由委托人依照契约或遗嘱的约定,为自己或第三者(受益人)的利益,将财产上的权利转给受托人(自然人或法人),受托人按规定的条件和范围,持有、管理、使用信托财产,并处理收益的行为。信托一般涉及三方面当事人,即投入信用的委托人、受信于人的受托人,以及受益于人的受益人。

家族信托刚出现时,并非一种法定的信托类型,而是信托业内对某种信托类型的称谓。随着家族信托在我国的发展,其财富管理和传承的优势日益凸显,越来越多的高净值人士开始选择家族信托。2018年8月17日,中国银行保险监督管理委员会下发了《关于加强规范资产管理业务过渡期内信托监管工作的通知》(信托函〔2018〕37号)(业内俗称"37号文")首次对家族信托进行了定义：家族信托是指信托公司接受单一个人或者家庭的委托，以家庭财富的保护、传承和管理为主要信托目的，提供财产规划、风险隔离、资产配置、子女教育、家族治理、公益（慈善）事业等定制化事务管理和金融服务的信托业务。家族信托财产金额或价值不低于1000万元，受益人应包括委托人在内的家庭成员，但委托人不得为唯一受益人。单纯以追求信托财产保值增值为主要信托目的，具有专户理财性质和资产管理属性的信托业务不属于家族信托。

"37号文"中特别指出家族信托不适用于资管新规的相关规定，表明了监管机构对家族信托发展的支持。最高人民法院发布《全国法院民商事审判工作会议纪要》，其中对信托财产的独立性和债务隔离属性进行了重申和进一步确认。《中华人民共和国民法典》强调了对私有财产的保护，同时也明确了遗嘱信托的法律地位，进一步丰富了家族信托的设立方式，对家族信托的发展也具有重要意义。信托财产登记制度未来也有望进一步细化和完善。

近年来，家族信托发展迅速，逐步成为信托公司重要的业务转型方向，多家公司加大投入力度、提升重视程度，家族信托服务能力普遍提升。中国信托登记有限责任公司数据显示：2013年仅有6家信托公司开展家族信托业务；截至2021年6月末，开展家族信托业务的信托公司已达59家，行业占比高达86.76%，家族信托业务规模约2800亿元，连续5个季度呈上升态势，家族信托已经被越来越多的高净值客户接受。

家族信托在企业家代际传承需求即将大规模爆发之际，或将成为其财富保护与传承最重要的制度安排之一。家族信托可以助力企业家实现财富管理与传承、资产隔离、家庭生活保障、教育婚嫁支持、家族成员创业、防止挥霍、股权安排、慈善事业、税务筹划等诸多方面的意愿安排。

二、企业家家族信托规划

家族信托对企业家来说是不可或缺的强大工具。本质上家族信托是一种法律构架，通过这个法律构架，企业家可以把资产装入家族信托计划，从而实现企业家的规划目的。

（一）家族信托的主要功能

1. 安全的财富保护

大额保单具有相对的债务隔离功能。大额保单的债务隔离功能之所以是相对的，主要是因为大额保单的财产所有权仍然在投保人手中，而设立家族信托，委托人的财产所有权会发生转移，即登记到家族信托计划名下，成为信托财产。《中华人民共和国信托法》赋予了信托财产独立性。这实际上是一种法定的"代持"。

企业家如果在企业运营状况良好、家庭资产净值较高的时候，拿出一部分合法资产进行合理安排，设立家族信托，信托财产便成了独立于企业家个人和家庭其他财产，独立于信托公司自有财产的一部分安全财产。未来，企业家如果产生大额债务，或因为不当行为受到行政甚至刑事处罚，都不会对这部分安全资产造成影响，信托关系也继续存立，可以继续按照家族信托计划既定的方式进行财产安排。

在婚姻财产隔离方面，家族信托也可以发挥很好的作用。从立法精神和司法实践来看，关于婚姻财产的处理基本上秉持了"约定优于法定"的原则。家族信托的设立，夫妻双方需完全知情且同意，这就实现了夫妻财产分配的约定。未来如果离婚，提前设立的家族信托中的信托分配财产可以不被卷入离婚纠纷，从而实现婚姻财产分割风险的隔离。

企业家对子女婚姻的财务支持，如果通过家族信托实施，只要在信托合同中约定"信托财产的收益为子女个人所有，与其配偶无关"，即可实现子女婚姻财产分割风险的隔离，避免财富外流。

2. 稳健的财富管理

中国引进信托制度的最初目的就是融资，信托公司作为专业的资产管理机构，基本上没有投资领域的限制，同时，又可以利用制度优势，整合相关行业的资源，加之长年累月的实践经验积累，绝大部分信托公司可以专业地实现家族信托计划下信托财产保值增值的目标。

同时，家族信托作为一个法律构架，可以将"投资顾问"的角色引入家族信托构架内，进一步提高家族信托计划的投资能力，以使信托财产获取更大增值收益。在国内的一些家族信托案例中，已出现不少专业持牌的投资顾问机构接受委托作为委托人的投资顾问被纳入信托构架中，提供专业的投资策略，家族信托计划按照投资顾问的指令开展投资活动。

3. 灵活的财富安排

包括企业家在内的高净值人群进行财富安排时往往有着更高的要求，需要更好的灵活性。家族信托在这方面有着比其他传承工具更为明显的优势。

首先，传承高效无争议。家族信托依据信托协议来安排委托人的财富传承意愿。传承的确定性、效率都是遗嘱这样的传统财富传承工具不能比拟的。委托人通过设立家族信托计划，可以将财产高效无争议地传承给受益人。

其次，满足家庭成员全面的生活保障。家族信托计划中的信托财产，可以持续稳定地用来保障家庭成员更好地生活。在未成年子女的抚养、老人的孝养、教育婚嫁支持、家庭成员创业支持等方面都可以给予资金保障。同时，家庭成员的保险费用、遇到突发事件或重大疾病的医疗费用等开支也可以在信托财产中列支。家族信托计划一旦设立，往往是长期甚至永恒持续运行的，信托公司会依照信托协议的约定，执行委托人的意愿，直到信托目的已经实现、不能实现或信托终止情形发生为止。

再次，按时按需分配信托财产或收益。在信托协议中，可以对信托收益的分配进行非常灵活的约定。一般来说，可以从时间和事件两个维度进行约定。比如，按照受益人的年龄，未成年前，每月或每年可以领取基本生活费用；进入学业期后，可以额外领取教育费用；进入家庭生活阶段，可领取更多的生活费等。又如，进入大学、考取研究生、创业、结婚、生子这样的标志性事件都可以作为信托协议约定的信托收益给付条件。甚至，考入什么样的大学，选择什么样的配偶这些细节、具体的条件都可以约定成获得信托财产或信托收益多少的标准。

最后，激励引导家庭成员行为。委托人可以通过信托协议约定信托财产或收益分配的具体条件，来引导家庭成员的行为，在一定程度上进行家庭价值观和文化的传承。比如，信托协议可以约定，家族信托计划的受益人考取指定的名校，可以获得额外的资金奖励；受益人的婚姻关系健康发展，银婚奖励一笔资金，金婚奖励一笔资金等。以此来激励引导信托计划受益人的正面行为；反之，可以约束信托计划受益人不得为的一些负面行为。比如信托计划受益人出现浪费成性、挥霍无度，或者有酗酒、赌博、吸毒等行为，就会限制其享受信托收益的权利，甚至取消其信托计划受益人资格。

4. 严格的隐私保护

《中华人民共和国信托法》第三十三条规定："受托人对委托人、受益人以及处理信托事务的情况和资料负有依法保密的义务。"这是法律赋予家族信托的强大隐私保护功能。这对于企业家来说极具吸引力。一方面，在家族信托计划存续期间，信托财产的投资、管理和应用均以受托人的名义进行，委托人和受益人是隐藏在信托背后的，可以帮助委托人和受益人隐匿一些不愿向他人公开的信息。另一方面，家族信托计划可以设计内部保密机制，多个受益人之间无法知晓他人的信托受益份额。这样可以减少受益人之间的矛盾冲突，促进家庭和睦。同时，也让家族信托尽量少受干扰，以便正常运行。

5. 丰富的衍生功能

了解和掌握了家族信托这一法律构架的本质，就可以充分发挥其法律属性和优势，充分挖掘其潜力，应用于更丰富的特定目的。近年来，家族信托在公益慈善、公司治理、股权安排、员工股权激励计划、税务筹划等方面的应用案例越来越多。

（二）家族信托资产

家族信托作为一种法律构架，理论上可以装入各种类型的资产。但是受到我国信托法律及配套规定的限制，目前尚未达到理想状态。近年来，随着家族信托的实践越来越多，信托财产较以往也趋于多元化，公司股权、不动产以及艺术品等其他另类资产逐步出现在家族信托的信托财产之列。在国内，可作为信托财产的资产有以下几类：

1. 资金

现金资产是最常见的一种信托财产。设立以现金资产为信托财产的家族信托也最为简单高效。委托人将自己合法持有的现金资产交付至信托计划，委托信托公司按照信托协议约定的资金运用方式和信托目的，进行管理、运用和处置，并按照预设的分配条件向受益人分配信托收益。

2.金融产品受益权

根据《中华人民共和国信托法》第七条"设立信托，必须有确定的信托财产"的规定，委托人已经购买的金融产品，如银行理财、保险等，权属清晰，收益权确定，价值估算简单，符合信托财产的法定要件。目前，绝大部分信托公司接受金融产品受益权作为信托财产。

3.公司股权

企业家采用股权代持的方式处理隐私和资产隔离的情况较多。然而，代持会引发很多新的风险，在很多情况下也缺乏法律保护。因此，将公司股权作为信托财产，装入家族信托构架中实现信托目的，成为越来越多企业家的刚性需求。这样，可以实现公司所有权与治理权分离，即所有权登记在家族信托计划名下，同时委托人可通过在家族信托计划内设立SPV，以GP的方式保持对公司的治理权，从而实现家族企业的控制权与治理权相分离的目的，以保障后续子女在不参与公司经营的情况下仍可享受公司的利润，同时公司的控制权不被稀释，实现家族企业的长久传承。

未来，随着我国信托财产登记制度的完善，股权信托这种模式定将成为企业家进行公司治理和税务筹划的重要方式。

4.不动产

与公司股权类似，不动产同样存在装入家族信托计划成本较高的问题。不动产作为信托财产进行交付，实际上视同于以企业作为房产的交易主体进行房产买卖。按照现有的政策，交易税费成本较高，且不动产作为信托财产的运营难度较大，较难成为维持家族信托计划运作的合适财产。因此，国内的不动产家族信托较为少见，目前只有少数信托公司落地了不动产作为信托财产的家族信托。

5.另类资产（艺术品）

对于企业家的家庭资产构成来说，高价值的艺术品是重要组成部分之一。艺术品作为信托财产的需求还是比较明显的。但受制于目前国内艺术品信托的环境和条件尚不成熟，虽然有信托公司成功落地了以艺术品设立家族信托的案例，但尚未普遍实行。未来，随着国内艺术品市场拍卖制度的完善，艺术品保险制度的成熟，信托公司对艺术品保存、运营、变现能力的提升，艺术品作为信托财产的案例也会越来越多。

（三）家族信托的设立流程

家族信托的设立并没有统一的标准化流程。为委托人提供家族信托构架设计的主体不同，也会有着不同的服务流程。目前，国内参与设计家族信托构架的主体主要有信托公司、私人银行、家族办公室、律师、财务顾问、税务顾问等。不管服务主体是谁，服务逻辑应该是基本相同的。

1. 理解需求

现实中，委托人的很多实际需求最开始并不会跟家族信托产生直接联系，了解其基本需求后，受托人需要洞察委托人基本需求背后的真实目的，并基于委托人的真实目的，为其选择合适的方案和工具，家族信托是其中可选择使用的重要工具之一。

理解需求的重要性不言而喻，这是开始设计家族信托构架的根本。因此，委托人需要选择合适的服务机构。服务机构的规划视角广度、专业跨度尤其重要，服务机构只有从法律、税务、财务多个视角审视、理解委托人的需求，才有可能设计出更全面可行的方案。相比于信托公司、私人银行以及单一专业的专业人士，合格的家族办公室因为具有跨多个专业的视角和更客观中立的立场，是提供此类服务的更优选择。

2. 匹配适合的服务团队

家族信托是一个复杂的法律、金融构架，不仅涉及遗产、婚姻、股权等法律问题，还会涉及税务、公司治理、投资等其他方面的问题。因此，服务机构要根据委托人的具体情况和实际需求，匹配合适的服务团队进行需求分析、服务方案设计。

3. 需求分析与反馈，草拟方案

专业的服务团队在深刻理解委托人的核心需求后，会形成初步的构架方案。此后会跟委托人进行沟通交流。比如，初始信托财产的金额是多少、后续是否准备追加、受益人是谁、如何安排分配条款、如何安排信托受益权流转、是否设置监察人等，这些都会逐一细化落实。随着方案的逐渐成形，还要适时与委托人的配偶，甚至家族信托构架中的关键角色进行沟通。这些是事关家族信托计划顺利落地的重要环节。

4. 选择合适的受托人

不同的信托公司有着不同的背景、不同的资产管理能力，也有各自擅长的服务领域，无所谓优劣，关键是看其是否能为委托人实现设立家族信托目的提供条件，是否更有利于未来家族信托计划稳定持续地运营。委托人的身份、信托财产的类别这些因素也会影响对信托公司的选择。专业的服务团队会与委托人共同对信托机构进行筛选，以确定哪一家信托公司可作为自己家族信托的受托人。

5. 方案完善

在选定信托公司后，需要将前期初步确定的家族信托构架方案与信托公司进行沟通，全部事项需逐一落实进信托协议。委托人、专业服务团队和信托公司一同进行讨论、修改和完善。

6. 家族信托设立

设立家族信托前，信托公司需要进行尽职调查。主要的调查内容包括委托人基本信息、家庭成员基本信息、反洗钱调查、资金来源证明、资金完税（免税）证明等。

在签订信托协议之前，信托公司需要提前帮助委托人在银行开设托管账户，并向中国信托登记有限责任公司报备，进行预登记。

正式签订信托协议，已婚的委托人需要夫妻双方共同进行双录（录音和录像）签约，如果家族信托构架中设有监察人，也需要监察人到场签约。同时，个人税收居民身份声明文件、配偶知情书、风险声明书等一系列相关文件也需要一并签署。

签约之后，委托人需要完成信托财产的交付，信托公司完成信托初始登记工作，信托设立完成。

7. 永续服务

家族信托计划设立并开始运行后，专业的服务团队会关注运行情况，发现异常及时向委托人反馈。适时了解委托人的家庭情况和委托意愿的变化，关注国家的相关法律法规、税收政策等的变化对家族信托计划运行的影响，适时帮助委托人对家族信托计划做出相应调整，确保其稳定持续地运行。

三、离岸家族信托与企业家海外资产规划

（一）离岸家族信托的概念

离岸家族信托是指适用离岸地法律，委托人委托离岸地受托人，并交付其信托财产，由其管理运营而设立的家族信托。近年来，国内的企业家资产全球化程度越来越高，加之离岸地有关家族信托的法律法规日趋完善、成熟，越来越多的企业家选择离岸家族信托作为其家族财富管理和传承工具打理其海外资产。

（二）离岸家族信托的特点

1. 资产隔离属性强

离岸家族信托适用离岸地法律设立，有些离岸地已拥有相对独立的立法权和司法权。一方面，这些地区的法律限制了债权人撤销信托的条件和时间；另一方面，因为拥有独立的司法权，这些地区可以拒绝执行境外法院生效裁判。离岸家族信托内的信托财产独立、安全。

2. 财富传承灵活

国内的家族信托虽然从法理层面可以指定任何人作为家族信托计划的受益人，但实践中，信托公司出于合规风险考虑，为了避免出现可能存在的利益输送、转移财产、洗钱等法律风险，家族信托计划的受益人往往被限定在委托人的血亲、姻亲或者有雇佣关系的人员范围内。离岸家族信托的受益人可选择的范围非常大，而且不受委托人居住地法律的限制。

3. 税务筹划空间大

离岸地往往针对离岸家族信托提供非常诱人的税收优惠或豁免政策。一方面，信托财产在离岸家族信托计划内保值、增值，只要不被提取就可以享受税收优惠；另一方面，受益人在接受信托收益分配时，也因非居民身份而无须交税。这样就给通过离岸家族信托进行税务筹划提供了更大的空间。

4. 信托财产类别丰富

相比于国内家族信托可接受的信托财产类别，离岸家族信托可接受的信

托财产类别更丰富，企业股权、不动产、艺术品这些资产类别相比于国内更容易转入家族信托计划，程序更简便、成本也更低。像数字货币这类资产，也可以作为信托财产交付离岸家族信托计划。此外，离岸家族信托的受托人多为专业的信托公司，具备良好的信用和丰富的管理经验，对于多元化信托财产的打理能力更强。

5.隐私保护彻底

离岸家族信托有着健全严格的信息保密机制。在很多离岸地，信托财产不能公开查询，财产转移时也无须登记，甚至连委托人的名字也不必在信托文件中出现。有些离岸地为了确保家族信托计划始终按照委托人的意愿运作而不受受益人的干扰，甚至允许对受益人保密。受益人可能享受信托利益却不知道委托人的身份。

此外，合理利用离岸股权信托，可以规避相关的汇率风险，还可以充分利用不同国家对资本的监管差异，助力家族企业在境外上市。

（三）离岸家族信托的设立流程

离岸家族信托的设立流程与国内家族信托的设立流程在基础逻辑上没有本质的不同。设立程序主要有以下几个步骤：了解需求，进行架构设计；委托人情况尽职调查；起草信托协议及配套法律文书；交付信托财产；签署信托协议及配套文件；信托备案与缴费；离岸家族信托设立完成。

对于有离岸家族信托需求的企业家而言，需要重点关注以下几个问题：

1.设立离岸家族信托的目的

信托的设立目的是首先要考虑的问题，信托设立目的的合法性是前提，这是各国信托法律制度的底层共识。基于信托设立目的，综合考量委托人的婚姻状况、家庭结构、拟交付的信托资产类别、未来规划（移民、居住地等）这些因素，评估设立离岸家族信托的适当性。

2.离岸地的选择

离岸金融中心一般具有法律制度完善、税收环境良好、政治环境稳定、金融制度发达等特点。

离岸地的选择需要站在家族财富管理的宏观视角下，根据委托人的国籍及企业注册地的相关法律制度、税收制度，结合离岸地法律、税收政策等综合考虑确定。

离岸家族信托的存续时间往往较长，而离岸地往往是较小的国家或地区，政治、经济发生剧烈变化的可能性较大，此类风险一旦发生，就会波及离岸家族信托的顺利运行。所以，委托人需要对离岸地的人口、政治形势、经济规模、基础设施等进行评估，以考察其政治和经济的稳定性。

3. 合适的受托人

明确了信托设立目的、选择了离岸地之后，委托人应当对受托人进行调查，评估其是否有资质和能力实现信托设立目的。具备良好的信用和丰富的管理经验的受托人，可按照委托人的意愿和需求进行多元化的境外投资，更好地实现信托设立目的。

国内家族信托和离岸家族信托各有特点，也都有不足，并无优劣之分。对于企业家而言，应该根据自身的实际情况，在专业服务团队的辅助下，按需选择。目前，最为稳妥的策略是，境内资产做国内家族信托，境外资产做离岸家族信托。

四、家族慈善信托

"慈"是指长辈对晚辈的爱，"善"是指人与人之间的友爱和互助。慈善事业是施善者自愿从事扶弱济贫，奉献爱心与援助的一种社会事业。施善者可以自由确定慈善事业的活动对象、范围、标准和项目，通过救济、援助或者捐赠等手段来增加人与人之间的爱，创造更多的社会福利。

慈善信托是仅以实施社会慈善事业为目的，并以全社会或部分社会公众为受益人的信托。2017年7月26日，中国银行业监督管理委员会、中华人民共和国民政部联合印发了《慈善信托管理办法》，以规范慈善信托行为。根据《中华人民共和国慈善法》《中华人民共和国信托法》《慈善信托管理办法》的规定，设立慈善信托必须有合法的慈善信托目的，如扶贫、济困、扶老、救孤、恤病、助残、优抚，减轻自然灾害、事故灾难和公共卫生事件等突发事件造成的损害，促进教育、科学、文化、卫生、体育等事业的发展，防治污染和其他公害，保护和改善生态环境等。

（一）设立慈善信托的流程

1. 提出设立慈善信托申请

为了一定的公益目的设立信托，委托人、受益人均可以提出申请，以简化手续，方便当事人设立慈善信托。委托人只有一人或者数人的，可以直接向公益事业管理机构提出设立慈善信托的申请；委托人人数众多，或者是不特定的社会公众的，宜由受托人提出申请。

2. 交付慈善信托财产

慈善信托设立申请经公益事业管理机构批准后，委托人将自己持有的合法财产转移给受托人，信托成立。受托人应将慈善信托文件向地县级以上人民政府民政部门备案。

3. 慈善信托财产管理与运用

慈善信托财产及收益，应当全部用于慈善目的。基于使信托财产保值增值的目的，受托人管理运用信托财产，每年编制信托事务处理情况及财产状况的报告，经信托监察人认可、公益事业管理机构批准后，予以公告；按照信托文件规定将信托资产或（和）收益交给受益人。

4. 慈善信托监管

慈善信托监管包括对信托财产运用的监管和对受托人的监管。公益事业管理机构有义务检查受托人处理慈善信托事务的情况及财产状况。受托人未经公益事业管理机构批准不得辞任。受托人违反信托业务或者无力履行职责的，由公益事业管理机构变更受托人。

5. 慈善信托终止

信托期满，慈善信托终止，受托人应当及时将终止事由和终止日期报告公益事业管理机构；慈善信托终止后，受托人应当做出清算报告。

家族慈善信托可以促进家族价值观的形成，增强家族凝聚力，有利于培养家族企业接班人，还能够提高家族及家族企业的美誉度，提升社会影响力。

（二）家族慈善信托在家族财富传承中的作用

1. 助力家风传承

家风传承对于一个家族和家族企业的传承延续来说十分重要。家族慈善信托作为一种家族行善为社会贡献力量的方式，同样会发挥持续有效传递家族精神的载体作用。家族成员通过家族慈善信托平台开展慈善活动，可以促使家族成员团结一心致力于慈善事业，从而提高家族的凝聚力。

2.助力家族企业发展

企业家通过慈善活动可以构建良好的关系网络。家族企业参与社会慈善、社会公益，对内可以增强企业员工的荣誉感和对企业的归属感，有利于企业价值观的塑造；对外可以展示企业的良好形象，有利于加强公众对企业的认识，形成社会赞誉等无形资产，提升家族的社会影响力。

3.助力家族税务筹划

目前，我国的慈善信托享有国家一定的税收政策支持。在家族企业捐赠时的企业所得税、增值税以及家族成员捐赠时的个人所得税、增值税、印花税、行政事业性费用等方面，已经有了相关的税收优惠政策。随着我国慈善信托税收优惠政策的进一步明确和完善，家族慈善信托的税收筹划优势将日益凸显。

第三节　保险金信托

"37号文"明确限定了"家族信托财产金额或价值不低于1000万元"，这也是实践中家族信托的起步门槛。有些信托公司对家族信托的门槛要求更高。对于很多中产家庭或者流动性可支配金融资产不多的家庭来说，这样高的门槛让他们对设立家族信托望而却步。

近年来，保险与信托相结合的规划模式进入市场，这就是保险金信托。

一、保险金信托概述

保险金信托起源于英国。信托业与保险业诞生后得到广泛发展。金融机构为了扩大客户群体，大量的信托工具与保险工具被投放到市场来满足个人投资者的需求，并且金融机构还为客户制定个性化的投资方案。在此背景下，保险金信托应运而生。1886年，英国推出第一款保险金信托产品"信托安全保险",运用信托及保险来规避家族的传承风险。随着保险制度和信托制度的全球化传播,美国、日本都纷纷开展保险金信托业务实践。2014年,中信信托和信诚人寿推出"传家"系列保险金信托产品,成为中国境内的首个保险金信托产品。我国的保险金信托仍处于发展的萌芽阶段,未来具有广阔的发展前景。

保险金信托是指投保人在与保险公司签订保险合同后,以人寿保险的相关权利及对应的利益作为信托财产,再与信托公司签订信托协议,约定未来的保险金直接进入信托账户,由信托公司进行管理和运作,并将信托财产及收益按信托协议约定,分配给信托受益人的信托计划。

在保险金信托实务中,投保人通常会先投保一张或多张保单(一般为年金保险、类年金保险或终身寿险产品)。与此同时,投保人作为信托的委托人会与信托公司沟通保险金信托方案。达成初步意向且保单犹豫期满后,投保人需将大额保单的受益人变更为信托公司。之后,保单的投保人作为信托委托人与信托公司签订信托协议,完成保险金信托的设立。保险金信托包含保险和信托两个法律关系。

当保单给付条件达成时,保险金实际进入信托账户,成为信托财产。信托公司根据信托协议的约定对信托财产进行管理和运作,信托利益按照信托协议的约定向信托受益人分配。保险金信托法律架构如图7-3-1所示。

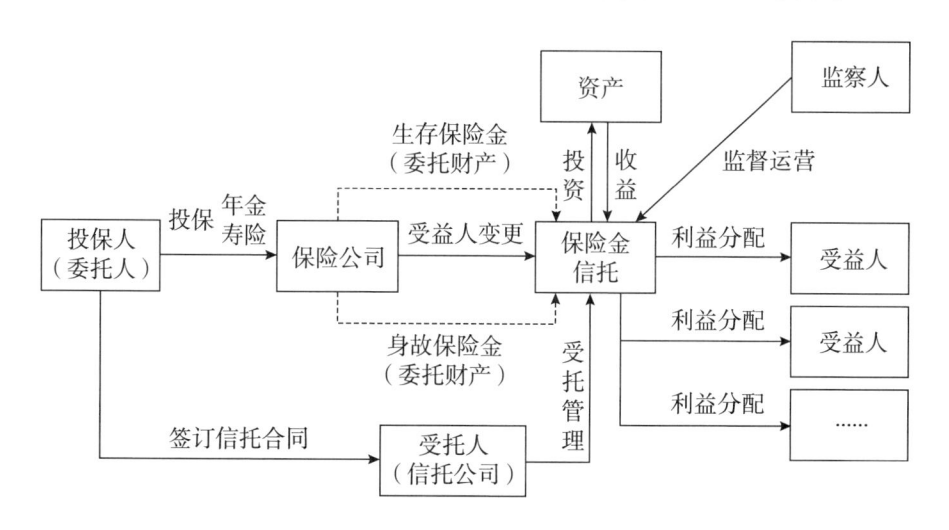

图7-3-1 保险金信托法律架构

从保险金信托的法律构架不难看出，保险金信托实际上就是迷你版的家族信托，只是信托财产的形式和资金量级有所不同。保险金信托的信托财产是大额保单相关权利及对应的利益（如身故保险金、生存保险金、保单分红等）。保险金信托的门槛普遍来说为总保费300万元。

二、保险金信托的模式和特点

（一）保险金信托的模式

近年来，国内的保险金信托发展较快，运作模式也在不断更新发展。到目前为止，已经产生了三种模式，行业内通称为"保险金信托1.0模式""保险金信托2.0模式""保险金信托3.0模式"。

1. 保险金信托1.0模式

保险金信托1.0模式是最早出现的保险金信托模式，也是目前最为普遍的业务模式。委托人（投保人）自行投保并将其持有的大额保单未来产生的保险金作为信托财产委托给信托公司设立信托。该模式下，委托人（投保人）的大额保单在犹豫期满后，经过被保险人同意，将保单受益人变更为信托公司。当保单约定的赔付条件达成后，保险公司将保险金赔付给信托公司，信托公司作为受托人，按照信托协议中的约定，管理和运用信托财产，将信托财产及收益逐步交付给委托人指定的信托受益人。

这种模式的弊端在于，如果投保人和被保险人不是同一人，那么当投保人先于被保险人身故时，保单可能会被作为投保人的遗产进行分割，从而造成保险金信托计划在事实上无法执行。另外，投保人退保也会导致保险金信托计划因无法获得保险金而终止。

2. 保险金信托2.0模式

保险金信托2.0模式是对保险金信托1.0模式的优化和升级，与保险金信托1.0模式不同的是，委托人（投保人）的大额保单在犹豫期满后，经过被保险人同意，将保单的投保人和受益人均变更为信托公司。委托人（投保人）将大额保单需交纳的剩余保费交付保险金信托计划，作为信托财产。在保单存续期内，由信托公司利用信托财产继续代为交纳保费。此后的运作模式与保险金信托1.0模式相同。

这种模式由于后续投保人变更为信托公司，避免了投保人身故后保单作为遗产被分割或者作为投保人财产被强制退保等风险，债务隔离功能进一步增强。

3. 保险金信托3.0模式

保险金信托3.0模式是委托人以其自有资金设立家族信托，委托信托公司用家族信托计划下的信托财产购买保险。信托公司作为受托人与保险公司签订保险合同，用信托财产支付保费，信托公司不仅是保险的受益人，也是保单的直接投保人。此后的运作模式与保险金信托1.0模式相同。

保险金信托3.0模式从投保阶段、保单持有、理赔后三个维度为客户的保单提供全方位托管服务，将投保品种由传统的人寿保险扩大为所有保险类别，让保险成为信托财产资产配置的组成部分，进一步发挥"家族信托+保单"在实现家庭成员基础保障、家族财富保值、增值方面的作用。

目前，保险金信托1.0模式是保险公司和信托公司合作的主要模式。保险金信托2.0模式实践中较少，保险金信托3.0模式鲜有案例。之所以保险金信托2.0模式和保险金信托3.0模式应用得较少，主要是因为在这两种模式下信托公司要作为保单的投保人，信托公司与被保险人之间是否存在保险利益难以界定，无法通过大多数保险公司严格的合规和内控制度。而实际上，保险金信托2.0模式和保险金信托3.0模式相比于保险金信托1.0模式的优势十分明显。未来，随着监管部门对此做出明确的规制，相信这两种模式会得到长足的发展。

近年来，在不断的实践和探索基础上，部分信托公司又推出了一些创新的保险金信托模式，丰富了保险金信托功能。"资金+保单""资金+多保单""家庭保单"保险金信托模式已经均有实践案例，对"保险金信托+遗嘱""保险金信托+养老""保险金信托+慈善"的服务模式都有所尝试。信托公司通过"跨界创新"不断拓展服务边界、丰富产品供给，高效高质地满足客户服务需要。

（二）保险金信托的特点

保险金信托不是简单地把保险和信托拼凑在一起，而是通过两个法律关系、一个法律构架进一步融合了二者的优势。保险金信托就是迷你版的家族信托，具有以下特点：

1.门槛相对较低，受众广

这点在前面有所提及。家族信托的起步门槛至少1000万元资产。保险金信托的门槛普遍来说为总保费300万元。有些信托公司保险金信托的起步门槛已经可以降到总保费100万元。甚至在一些特殊目的的保险金信托中，起步门槛仅为总保费40万元。如果按照10年交费的保单，年交30万元即可有条件设立保险金信托，甚至年交4万元都有机会设立保险金信托。门槛大幅降低，让更多中产家庭也有机会享受到家族信托的功能。

2.操作便捷

大额保单的投保流程比较简单。完成保单投保后，相当于完成了设立保险金信托的尽职调查，保单未来的保险金作为信托财产，权属清晰、来源干净，没有税务、债务风险。相比直接设立家族信托的尽职调查，保险金信托设立起来非常简便。

3.利用保险产品的杠杆属性放大资产规模

保险金信托中的保险产品一般都是大额终身寿险，而终身寿险具有较高的保险杠杆。这意味着，在被保险人身故后，保险公司给付的身故保险金，往往是保险费的数倍。因此，和纯资金信托相比，保险金信托可以利用大额保单的杠杆属性，放大传承的财富，扩大信托财产的规模。如果按照35岁男性作为被保险人，总保费为300万元的大额保单粗略测算，未来进入保险金信托计划的保险金有近千万元，着实有效扩大了信托财产规模。

4.使保单功能得到增强

在国内，保单的受益人一般仅限于被保险人的父母、配偶或子女等，而保险金信托可以拓展保单受益人的范围。只要是和委托人有亲属关系的人都可以作为受益人，包括血亲和姻亲、直系和旁系、近亲和远亲等。

保险金信托也可以改变保险金一次性给付受益人的情况，通过信托协议做出更具体、细致和灵活的安排。同时，保险金进入保险金信托计划成为信托财产后，便具有了独立性，可以通过信托协议的约定，使信托收益与受益人的债务相隔离。

此外，在保险金信托中，当保险金进入保险金信托计划成为信托财产后，会由信托公司进行管理，可以继续实现资金的保值增值。

5.提高资金使用率

大额保单的保费往往是分期交纳，这样可以减小交费压力，剩余的资金可以用于其他投资，获得更高的收益。同时，大额保单通常有保单质押贷款功能，现在主流的类年金保险（增额终身寿险）还有"减保"领取功能，这些方式都可以有效解决投保人的资金流动性问题，提高资金使用率。此外，保险金信托架构搭建起来以后，在流动性充裕的情况下，委托人还可以随时向信托账户中追加现金，因此，委托人在守住现有财富的同时，还可以为未来的财富规划留下空间。

6.资产隔离功能得到增强

保险金信托2.0模式和保险金信托3.0模式的投保人都是信托公司，大额保单不再是委托人的财产，相比于单纯的大额保单或者保险金信托1.0模式，资产隔离功能得到进一步增强。

同时，在信托协议中，委托人可以约定信托收益属于受益人的个人财产，不属于夫妻共同财产，这样就可以避免信托财产与子女的婚内财产混同。委托人还可以在信托协议中约定，保险金信托的受益权不得用于清偿债务，这样，即使受益人面临巨额债务，也不能用信托财产来偿还。

三、保险金信托的应用场景

保险金信托的应用场景和家族信托的应用场景趋同。在家企资产隔离、保护婚姻财富、家庭生活保障、慈善事业、税务筹划等方面均可以得到很好的应用。

保险金信托由于门槛低、受众广，又可以发挥保险产品本身的保障属性，在特殊家庭成员照顾方面，有着更为明显的优势。下面就以此为例，简要介绍保险金信托的一个应用场景。

【案例】

高先生夫妇即将进入不惑之年，均在外企工作，事业比较稳定，也都有不错的收入。5年前，高先生夫妇喜得一子，孩子不幸被诊断为孤独症。高先生夫妇现在年富力强，完全有能力照顾好这个孩子。但是，夫妇二人十分担心二人老了之后孩子的照顾问题。

高先生夫妇的家庭是典型的中产家庭。孩子患有孤独症，未来无法独立生活。为了解决后顾之忧，一方面，高先生夫妇趁年富力强时，做好自身的健康和养老保障；另一方面，高先生夫妇还得确保自己年老或身故后孩子有基本的生活费来源，且有人照顾。

服务公司为高先生夫妇组合投保年金保险和终身寿险，年金保险到达约定给付年龄，生存保险金进入信托计划，同时，充分利用年金保险附加的养老资源，解决高先生夫妇退休后，自己以及孩子的日常生活费用、看护费用、医疗费用等资金问题。高先生夫妇身故后，身故保险金进入信托计划，持续不断给付孩子各项费用直至孩子身故。此外，指定专业的孤独症看护机构为孩子意定监护人。在高先生夫妇身故后，由意定监护人继续照料孩子，意定监护人同时作为保险金信托的受益人，从信托收益中领取服务费。同时，信托计划设立高先生夫妇的亲属为监察人，并设计监察人接任机制，确保监察人不缺位。监察人监督保险金信托运营，从信托收益中领取相应工资，监督意定监护人对孩子的照料。特殊关爱对象保障安排法律架构如图7-3-2所示。

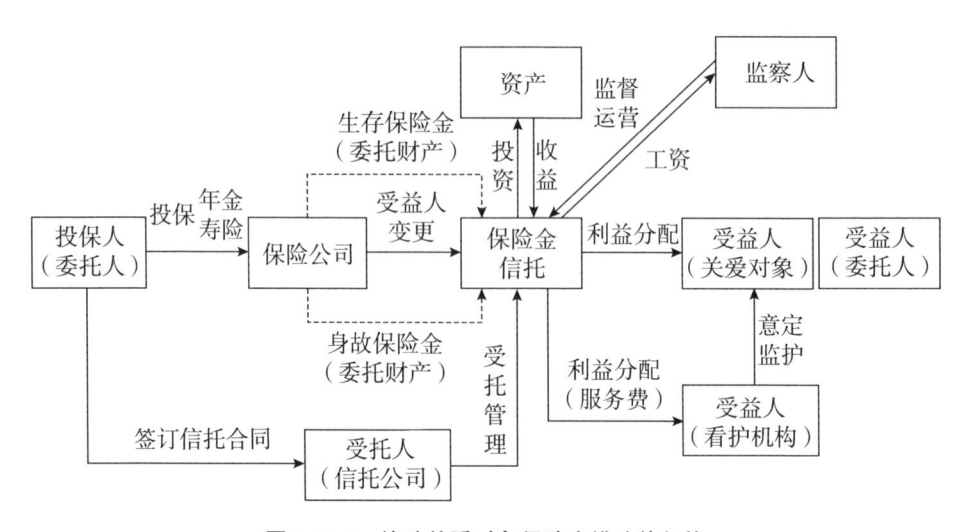

图7-3-2 特殊关爱对象保障安排法律架构

以上保险金信托构架可以应用于心智障碍者、失能失智老人、独居老人等特殊需要人群的长期照护。保险金信托能够持续不断地解决资金需求，结合意定监护制度和建立相应的监管机制,可以很好地解决对特殊需要人群实际看护的问题。在当今社会中,特殊需要人群的生存和保障状况不仅是各自家庭需要直接面对的困境,更是各级政府和全社会需要重点关注的问题。

第四节 实操案例

一、风险防范、规划先行

企业家往往会面临诸如企业经营、税务合规、家庭关系、人身健康,甚至刑事犯罪等诸多风险。无论何种风险导致的后果,都可能对企业或家庭造成毁灭性的打击。充分利用专业工具构建起一道道有效的风险防火墙,做好提前规划、防范风险越来越被企业家充分重视。

1. 基本情况

李先生年近40岁,结婚十几年了,夫妻感情尚好,育有二子,太太全职照料孩子。李先生经商十几年,有着还不错的财富积累。这几年初创了一家科技公司,目前有比较迫切的融资需求,未来有上市计划。李先生考虑,虽然目前公司经营状况良好,但未来国内外的经济形势不好判断,希望通过合理的规划,避免企业经营风险可能给家庭经济带来的影响,确保妻儿的优质生活始终有保障。

2. 对策

接到李先生委托后,公司首先通过风险测评系统对李先生的企业及家庭的具体情况进行评估分析,在充分了解李先生的核心需求后,把规划重点放在以下三个方面:

第一,企业经营。考虑到李先生经营的公司有上市打算,财税的合规化是重点之一,公司首先对李先生的企业进行了法律及财税合规评估,并出具了整改方案。同时,为了实现未来融资、利润分配的低成本和便利性,公司对李先生企业的股权构架进行了调整,李先生拿出一部分股权设立了股权信托。此外,公司为李先生的企业订制了常年法律顾问、税务咨询和企业信用监测等专项服务,为李先生的企业实现上市目标保驾护航。

第二，家庭生活。李先生的两个儿子尚未入学，公司为李先生详细进行了国内公立、私立教育路径的梳理，同时预先为孩子配置了海外学籍，增加了未来两个孩子教育路径的灵活性和可能性。此外，考虑到国内人口老龄化的趋势，公司为李先生家庭养老资源提前做出安排，届时李先生全家可方便使用国内优质的养老社区资源。

第三，资金保障。目前，李先生的家庭资产状况非常好，其经营的企业也在良性发展。李先生拿出部分金融资产设立家族信托。这部分资产不会因李先生未来融资，甚至其他债务问题受到任何影响。同时，根据李先生的投资风险偏好，公司为李先生匹配了适合的投资顾问，参与信托财产的投资决策，确保信托财产合理增值。科学合理的信托利益分配方案，可以有效保障李先生的家庭保费支出、父母孝养、自身养老、子女教育、婚嫁等多方面的资金足额、安全。

二、生活保障、财富传承

努力奋斗是为了过上更富足的生活，资金用途的合理规划，专款专用，定向支付，可以有效保障家庭成员的基本生活质量。确定、有效的传承方式，可以让后代继续享受财富积累成果，不会造成家庭不睦，可以让和谐、美满的生活世代传承。

1. 基本情况

刘女士年过半百，长期任职企业高管，积累了一定的财富。早些年，刘女士的丈夫因病身故，一直是刘女士抚养女儿长大。目前，女儿已经大学毕业，即将就业。刘女士开始考虑自己未来的生活，准备和已经相处多年的孙先生组成家庭。孙先生育有一子。刘女士考虑，与孙先生结合毕竟是半路夫妻，且双方都有子女，所以还是要给自己和女儿留有余地。当然，即使双方能够白头偕老，那也要避免双方子女因为遗产继承问题产生纠纷。

2. 对策

经过与刘女士的多次沟通，公司了解并确认了刘女士的两点诉求：一是把现有财产进行剥离，一部分专门用于自己和女儿的长期生活保障和女儿未来的婚嫁，另一部分用于刘女士与孙先生的婚后生活；二是确保未来刘女士的女儿和孙先生的儿子不会发生继承纠纷问题。对于刘女士的两点核心诉求，公司给出了以下解决方案：

第一，生活保障。经与刘女士协商，刘女士与孙先生结婚前将现有金融资产的一大部分设立了一个家族信托。该部分信托财产是独立于刘女士与孙先生婚姻的财产。信托利益分配方案确定了该家族信托计划的受益人是刘女士和刘女士的女儿，主要资金用途是刘女士及女儿的保险费用支付、刘女士女儿的婚嫁金以及刘女士外孙子女的教育金。同时，信托协议明确了刘女士及其女儿基于家族信托计划取得的收益为个人财产，进一步做好了刘女士及其女儿的婚姻资产隔离。刘女士百年后，刘女士的女儿及刘女士的外孙子女继续享受信托利益。在刘女士与孙先生结婚后，刘女士以剩余的部分金融资产与孙先生的部分金融资产设立一个家族信托。该部分信托财产主要用于为刘女士与孙先生的共同生活提供资金保障。

第二，刘女士的财产构成相对简单。除金融资产外，仅有一处房产。针对该处房产，通过订立遗嘱的方式安排传承给刘女士的女儿，并确定了遗嘱执行人和遗产管理人。刘女士用于设立家族信托的金融资产，通过信托计划实现定向传承目的。此外，刘女士还配置了大额寿险保单，可以有效利用金融杠杆放大财富量级，并定向传承给女儿，不会产生任何纠纷。

三、尽享天伦、家业传承

企业家奋斗一生，积累了大量财富，早已成为高净值人士，甚至是超高净值人士。进入晚年，往往会有两个方面的需求：一是在老有所养、老有所依的前提下，提高养老生活品质；二是顺利实现家族企业的有序传承，尽享天伦，百年之后，福泽世代。

1.基本情况

张先生和太太早年间创建了一家企业，辛苦运营几十年，企业一直健康发展。张先生夫妇也因此积累了大量财富。张先生夫妇育有一子，儿子远赴加拿大留学深造，即将博士毕业学成归来。夫妇俩已年近六十，正在考虑老两口的退休生活，也希望两人毕生精力创办的企业能够由儿子接手运营。

2.对策

接受张先生夫妇的委托后,公司首先对张先生夫妇的企业股权结构、经营模式、利润情况进行了全面了解,同时对二人目前持有的资产类型、价值、分布进行了系统梳理。经与张先生夫妇确认需求后,形成了规划方案:鉴于张先生夫妇的儿子尚未毕业,目前对二人之子是否能够直接接手经营张先生夫妇的企业也还没有最终决定,故由律师和税务专家对张先生夫妇企业的股权构架进行了调整,将张先生夫妇持有的股权进行了剥离,单独设立了顶层的持股构架,增加了未来传承的灵活性,且可以有效降低股权转让的税负成本。张先生作为委托人,设立一个家族信托,将张先生夫妇的股权和部分现金作为信托财产。张先生夫妇和儿子作为信托计划的受益人,享受信托利益。张先生夫妇的企业股权装入家族信托后,通过信托协议创设企业的控制机制,赋予张先生夫妇或二人之子选任企业管理人员的权利。这样,张先生夫妇继续享有企业的控制权,且二人之子拥有直接接管企业或间接控制企业的选择权,可以实现企业的有序传承。张先生夫妇持有的不动产、艺术品等通过订立遗嘱的方式进行了传承安排,并指定专业机构作为遗嘱执行人和遗产管理人。此外,公司为张先生夫妇配置了具有养老社区权益的大额寿险保单,提前锁定未来养老社区的入住权益。

四、慈善信托、共同富裕

在共同富裕的大背景下,越来越多的企业家关注如何开展慈善事业,用积累的财富回馈社会的同时,也实现精神层面的升华,并使这样的优秀价值观以家族精神的形式实现传承。

1.基本情况

杨先生出生在我国西部的一个小山村,通过自己的努力,走出了大山。本科毕业后他光荣入伍。退役后,杨先生和几个朋友创立了一家企业,近年来,企业运营情况非常好,每年都有非常可观的利润。杨先生与太太决定拿出自己的一部分财产设立一个帮扶基金,专门帮助像杨先生一样的退伍军人创业。

2.对策

设立慈善信托可以有效实现杨先生的委托目的。杨先生夫妇用自有资金中的一部分作为启动资金,装入慈善信托计划,将杨先生企业的部分股东分红每年划入慈善信托计划,作为善款来源。在慈善信托计划中,建立慈善信托受益人筛选机制、设置善款分配条件和标准,并聘请律师事务所和会计师事务所担任监察人,监督慈善信托计划的运行。慈善信托计划中未使用的善款,委托信托机构或投资顾问进行投资,确保善款稳健增值。同时,在税务专家的指导下,杨先生和慈善信托计划的受益人可以依据国家相关规定享受税收优惠。

结　语

中国的家族企业无疑是推动中国经济和社会发展进步的重要力量，是保存并不断传承中国"家"文化、和谐价值观和家风精神财富的重要经济载体，是最终实现中国共同富裕美好愿景的核心推动力和履行社会责任的重要践行者。本书围绕家族企业的财富管理痛点问题和解决方案，从企业到家族，从企业家到其他家族成员，从创业到企业发展成熟，从企业自身的发展到社会责任的践行，层层展开，但最终回归人心。通过阅读本书，家族企业家能够更强烈地意识到创富、守富、传富的成功归根结底取决于人心。因此，家族企业家应该更加清晰地了解到财富管理的重要意义。财富管理不仅可以帮助家族企业家解决局部问题和棘手的突发问题，帮助企业家奠定好家业的基础，更可以守护好家族成员共同努力的家业成果，让来之不易的家族财富得以稳定有序传承。我们不仅是专业的法律人，家族财富管理的规划设计师，更是在关键时刻提醒您"治企齐家，以和为贵，家和万事兴"的可信赖的朋友。所以，我们撰写本书的目的一方面是帮助家族企业家提升财富管理水平，另一方面是架起一座和家族企业家彼此信任的桥梁。本书是我们团队的财富管理系列丛书的第一部作品，受个案差异、时间和篇幅要求等因素的影响，我们虽然已竭尽所能地找出问题，并给出了解决问题的方法，但依然会有不足之处。对于文中未能深入解读的部分，希望读者朋友们予以理解和包容。感谢在这个过程中给予我们支持和帮助的法学专家、律师前辈和朋友们。我们将继续努力致力于家族财富管理的理论研究和实践，也会陆续出版财富管理的系列丛书，希望更多的家庭从中受益。

2022 年 3 月 5 日